삶은
긴 문제의 연속이다
천당이 아니라 해서
지옥이라고 말해서는
안된다.
삶은
앞으로 나아가는 것이다
그 이야기를 해보자

정 진 재

세상의 거짓말에 웃으면서 답하다

※ 이 도서의 국립중앙도서관 출판시도서목록(CIP)은
서지정보유통지원시스템 홈페이지(http://seoji.nl.go.kr)와
국가자료공동목록(http://www.nl.go.kr/kolisnet)에서
이용하실 수 있습니다.
(CIP제어번호: CIP2015011)

세상의 거짓말에 웃으면서 답하다
Copyright ⓒ 2015 by Kyu-Jae Jung

혼란스런 현실이 명쾌해지는 지식의 힘

세상의 거짓말에 웃으면서 답하다

정규재 지음

베가북스
VegaBooks

목 차

서문 6

추천사 15

Forum 1

정치·경제를 묻다

01 한국 민주주의의 디폴트 18
02 무지에서 나온 단통법 31
03 무상 복지, 이럴 줄 몰랐나? 41
04 천국을 만든다면서 지옥을 만드는 바보들 49
05 잘못된 통일 준비 55
06 임금의 진실 62
07 참담한 디플레이션, 정부가 만들었다 68
08 공무원연금개혁, 무엇이 잘못되었나? 77
09 국민연금, 이대로는 안 된다 89
10 한국은행, 돈이 뭔지 알기는 하나? 98
11 예산 시즌의 진풍경 105
12 이 분들이 만든 비뚤어진 '김영란법' 110
13 수도권 규제; "이 놈을 죽이면 저 놈이 살까?" 116
14 전혀 번지수가 틀린 자영업 대책 126

정치·경제 핵심 용어 정리 134

Forum 2

사회·문화를 묻다

15 국민을 전과자로 만드는 국가 148
16 '위헌'으로 판결난 간통죄 155
17 '그 여자'와 대한항공 이야기 162
18 세월호 보도에 숨은 '악마성' 168
19 노벨상과 한국인의 경제 지력 174
20 '아랫것'들의 분탕질, '찌라시'의 비밀 181
21 누가 통계를 오독하는가? 188
22 가끔은 좋은 소식도 있다 194
23 MRO를 기억하시나요? 199

사회·문화 핵심 용어 정리 206

Forum 3

**글로벌
이슈를
묻다**

24 파리의 테러, 톨레랑스의 문제   214

25 캐머런의 승리   220

26 리콴유 전 총리를 생각하며   226

27 다시 뜨거워지는 중동 정세   236

28 톈안먼사건 25주년에 생각할 점   244

글로벌 이슈 핵심 용어 정리   250

Forum 4

**인문을
묻다**

29 어이없다, 미신에 미쳐가는 사회   256

30 의회 독재의 끝은 어디인가?   264

31 고결한 야만인   271

32 평평한 지구 그리고 앵거스 디턴   277

33 박제가와 현대판 사치금지법   286

34 다양성이냐, 획일성이냐   292

인문 핵심 용어 정리   298

[부록] 정규재의 특별 강의:
"자유시장경제는 어떻게 우리를 풍요롭게 하는가?"   302

정규재 TV 3주년의 철학

책을 낼 때마다 망설이게 된다. 조심스럽다. 자칫하면 (책을 만든답시고) 아름다운 산의 나무만 베어내고 종이만 낭비하며 폐지만 산처럼 쌓게 된다. 아니, 실제로 대형 서점을 걷다보면 그런 느낌이 든다. 그렇다, 한숨이 나온다.

"아, 이다지도 높다랗게 쌓아올린 쓰레기들이여! 너희들은 과연 우리의 삶에서 무엇을 그르치며, 무엇을 파괴하며, 무엇을 무의미한 언어의 잡동사니로 이처럼 쌓아올렸다는 말인가? 너희들은 과연 그 어떤 거짓말들을 덕지덕지 페인트처럼 발라놓은 쓰레기 뭉치들인가?"

실제로 인생과 사회의 진리를 설파한다는 그 많은 사회과학 서적들과 한 권만 읽으면 인생이 바뀌게 해주겠다는 자기개발 도서들은 또 얼마나 우리를 오도된 길로 인도하는지, 알 수 없을 정도다. 저마다 우리들의 개인적 삶과 사회에 대해 진실을 말할 것을 다짐하는 글들이지만, 또 그 얼마나 무지하며 거짓말에 찌들어 있는지!

그동안 나는 가능하면 다큐멘터리 형태의 책이나 글을 쓰고자 했을 뿐, 어설픈 주장을 담은 거창한 제목의 글은 웬만하면 쓰지 않으려고 노력해왔던 것이 사실이다. 기자 생활 30여 년 동안 꽤 많은 책을 써왔지만, 대부분 현장의 취재기록을 정리한 다큐멘터리 성격의 책들이었던 것도 그 때문이다. 이들 중에 가장 자랑스러운 작품은 역시 『실록 외환대란; 이 사람들 정말 큰일 내겠군』이라는 긴 이름의 책이었다. 이 책은 1997년 대한민국이 외환위기에 빠져 들어가는 과정을 세세하게 기록한 소중하고 드문 책이다. 자기 책을 자랑삼는 것만큼 어리석은 일도 없겠지만, 지금도 외환위기 당시에 실제로 무슨 일이 일어났는지를 이해하려면 —전문 연구자건, 아마추어 독자건, 누구라도— 이 책 『실록 외환대란』을 읽어야 한다. 이 책은 정규재 TV에서도 특집으로 다룬 바 있다. 80년대 후반에 썼던 『기업 최후의 전쟁 M&A』도 그런 종류의 책이다. 이 책은 한국 기업들의 경영권 분쟁을 역시 다큐멘터리 식으로 기술한 책들이었다. 이런 책들은 별달리 해설이 필요 없이 사건들을 잘 연결해 보여주기만 하면 된다는 면에서 '팩트'를 추구하는 기자에게는 썩 어울린다. 그런데 무언가를 주장한다는 것은 적잖게 곤혹스런 것이 사실이다. 더구나 이 세상에는 거짓말들이 아주 많이 그리고 널리, 퍼져있고 그래서 팩트를 말하는 것만으로도 부득이 그런 거짓된 주장들과 맞서야 하는 순간들이 본의 아니게 생기게 된다. 무언가와 맞선다는 것은 그다지 즐거운 일이 아니다. 더구나 '팩트'라는 것의 진위를 다투는 주장의 경우라면 더욱 그렇다. 그래서 책은 약간 가벼워야 한다고 생각한다. 사람은 누구나 실수를 할 수 있고 과장된 주장에 몰입해 있는 자신을 발견하고 놀랄 때도 있다. 요는 그런 경우를 경계해야 한다는 것이, 책을 펴내는 사람에게는 어쩔 수 없이 필요한 준칙이 된다.

작년에 정규재 TV에서 발신했던 사회적 논점들을 정리한 책, 『닥치고 진실』을 출간할 때도 그런 기분은 어쩔 수 없었다. 그래서 책 제목조차 "닥치고 진실"이라는, 약간은 경망스런 이름으로 정했던 것이다. 별 것도 아닌 책을 출간하면서 마치 이 한 권이면 세상의 진리를 설파한다고 주장하는 것 같은 장중한 책 이름을 짓는 것은 얼마나 슬픈 일인가. 마침 출판사의 권기대 사장께서 "닥치고 진실"이라는 이름을 제안해주었고 흔쾌히 그 이름을 지지했던 것이다.

이번 책에도 재미있는 제목을 달았다. 『세상의 거짓말에 웃으면서 답하다』! 이 제목을 여러분들도 재미있게 받아들여 주었으면 한다. 이번에는 출판사 측이 아니라 내가 직접 제목을 붙여보았다. 세상에 거짓말이 넘치는 것은 불행히도 어느 정도는 사실이다. 거짓말이 온통 넘쳐날 정도까지는 아닐 것이다. 그러나 꽤 많다. 사람들이 철석같이 믿고 있는 주장에조차 거짓말이거나, 그와 비슷하거나, 거짓말이 적당히 버무려진 주장들이 섞여 든다.

미리부터 솔직히 말하자면 나는 세상의 진보를 아직도 철석같이 믿는 사람이다. 세상은 점점 살기 좋게 바뀌는 중이고, 인간의 삶의 조건은 개선되고 있으며, 인간들 간의 관계도 나빠지기는커녕 좋아진다고 생각하는 사람이다. 다시 말해 세계는 빠른 속도로 종말로 치닫고 있는 게 아니라, 서서히 살만한 곳으로 바뀌는 중이라고 생각한다.

물론 우리는 그 개선 속도에는 언제나 불만이다. 더구나 현실에는 언제나 악마, 혹은 악당, 혹은 악행이 존재하고 우리는 그것들에 대해 분노하곤 한다. 세상의 개선 속도는 매우 느리기 때문에 종종 화가 나는 경우도 많다. 아니, 그 정도가 아니라 세상은 점차 악으로 들어차 급기야는 종말적 혼돈으로 치닫거나 온갖 악행으로 넘쳐나 착한 사람들이 설 자리는 점차 없어진다고 느끼게 되기도 하는 것이다. 가난한 사람이 설 자리가 없어지고 있다는 전 세계적인 외침도 마찬가지다. 정말 다행스럽게도 그런 생각은 착각이다.

이 책의 머리말을 쓰고 있는 지금도 외신에서는 난민과 이민의 물결이 유럽 국가들로 넘쳐흐르고 있다는 속보를 숨 가쁘게 전하고 있는 중이다. 유럽의 좌파들이 유럽을 양극화한 사회라고 비난하고 시장경제를 저주하며, 인간의 삶이 형편없이 척박해지고 있다고 비난하는 바로 그 땅에서 살기 위해 아프리카에서 전역에서, 중동에서, 방글라데시에서, 인도에서, 유럽으로,

유럽으로 꾸역꾸역 몰려들고 있는 것이다. 그들에게는 유럽만 해도 천국인 것이고 기회가 널린 곳이고 일자리가 많은 곳이며, 풍요로운 삶이 보장된 곳이다. 문명이란 그런 것이다. 유럽은 천국은 아니지만 분명 문명화된 곳이다. 그리고 그 체제를 지탱하는 상당 부분은 자유민주주의와 시장경제에 의존하고 있는 것이다. 방글라데시에서 난민이 이토록 많이 터지고 있다는 것은 무엇을 말하는가? 그들은 이민선을 타고 망망대해를 떠돌거나, 난민으로 미어터진 차량 화물칸에서 서구의 밑바닥 인생이라도 되어보려고 목숨을 거는 것이다. 이럴 때야말로 우리는 방글라데시 나이키 공장의 아동노동을 떠올리게 되는 것이다.

세상이 점점 살기 좋아지고 있다는 것을 사람들은 잘 알지 못한다. 사람은 언제나 자신에게 당면한 새로운 문제를 직시할 뿐, 과거를 잘 기억하지도 못한다. 칼 포퍼 같은 철학자들은 인생은 문제 해결의 연속이라며 우리를 위로했지만, 많은 사람들은 이 새로 생겨나는 문제들 탓에 세상은 온통 문제투성이라고만 생각하게 되는 것이다. 더구나 우리의 기억들은 과거를 끔찍했다고 기억하기보다는 아름다웠다고 기억하는 편향적 속성을 갖고 있다. "추억!" 이 말만큼이나 우리 가슴을 아련하게 과거의 회상으로 돌려놓는 아름다운 말이 또 있을까? 그러나 이는 인간의 착각이다. 조물주가 인간에게 심어놓은 진보의 DNA는 인간으로 하여금 '문제중심적' 사고를 하게 만든다. 그래야 앞으로 나아가지 않겠는가?

과거를 아름답게 기억하는 것은 인간의 기억편향 혹은 사고편향 덕분이다. 인간은 잔혹했던 과거, 혹은 실로 고통스러웠던 과거에 대해서는 적당한 선에서 잊고 산다. 그래서 고생조차 미담으로 남게 되는 것이 인간의 기억의 속성이다.

개인의 문제라면 이런 기억편향은 아무런 문제도 되지 않는다. 그러나 그것이 사회현상에 대해서이거나 혹은 사회적 선택에 대한 것이라면 문제는 달라진다. 『닥치고 진실』에서도 여러 차례 지적하였듯이, 사람의 감각은 결코 지동설을 인지할 수 없다. 눈으로 보기에 지구는 네모난 것이고 둥근 하늘이 지구를 중심에 놓고 밤하늘을 빙글빙글 돌고 있는 것처럼 보인다. 그러나 우리가 과학이라는 틀을 통해 재인식한 우주는 그런 것이 아니다. 지구는 둥글며 우주의 중심도 아니다. 우연히 외로운 항해를 하는 존재일 뿐인 것이요, 지구는 끊임없이 태양의 주위를 공전하고 있다.

다행히도 우리가 살아가는 세계도 이와 같다. 칸트 같은 이들은 '세계사의 억측'이라고 말했지만, 문명이 선으로부터 시작해 악으로 진행된다고 생각하는 것도 그런 사고의 하나다. 요는 세계는 점점 나빠져서 도처에 가난이 넘치고 환경은 파괴되며, 인간성은 갈수록 메말라가고 있다는 잘못된 주장들이 너무도 널리 퍼지고 있는 것이다. 그런 생각은 너무도 많아 그렇지 않다는 말을 듣는 것이 오히려 불편한 일이 되고 말았다.

그런 주장들은 지구에 대한 잘못된 해석이고 우리의 삶을 너무도 가볍게 보는 감각의 착각이며, 지각의 오류라는 것이 이 책의 골자다. 물론 이 책은 지구물리학을 다루는 책이 당연히 아니다. 이 책은 우리가 살아가는 사회, 그것도 복잡다단한 한국 사회를 다룬다.

우리는 사실 오랜 신화들의 세계에서 아직 벗어나지도 못한 상태다. 그 신화의 미몽을 깨고 그다지 아름답지는 않지만 우리 주변에 존재하는 것들의 진면목을 한번 수수하게 들여다볼 것을 권하는 그런 책이다. 우리가 살아가는 사회는 여전히 천국이 아니요, 그것에 가깝게 다가간다는 그 어떤 증거도 없다. 그러나 악은 약화되는 중이고 민주주의는 확산되고 있으며, 가난은 서서히 (느리지만 조금씩) 극복되는 중이다. 수도 서울의 거리를 활보하는 중국인들만 봐도 그들의 삶이 나날이 개선되고 있다는 것을 우리는 잘 알 수 있다. 인도 역시 그렇다. 중국과 인도는 거대한 문제들에 둘러싸였다고 할 만한 복잡한 사회지만, 분명 개선되고 있는 사회이며, 인간이 서서히 인간으로 대접받고 있는 그런 사회다.

우리는 소위 학교라는 것에 들어서는 순간부터 어찌 보면 비현실적인 가르침에 노출되어 살아가게 된다. 학교는 우리더러 인간이면 도덕적이어야 할 뿐 이기적이어서는 안 되고 도시는 더럽고 혼잡하며 비인간적이기 십상이라고 가르친다. 경제는 다른 사람의 것을 착취하는 과정에 불과하고 국제무역은 국가 간 투쟁과 전쟁이며, 기업은 오로지 이익에 눈이 멀어 소비자와 지역사회에 해가되는 일만 하고 있다고 배운다. 그런 주장들은 얼마나 진실에 가까울까?

폭력이 점차 줄어들고 있고 가난은 극복되고 있다는 지극히 단순한 사실에 대해서도, 이를 인정하는 사람이 드물다. 천동설을 굳세게 믿는 사람에게 지동설을 가르치기란 너무도 어렵다.

이 책은 바로 그 지동설에 대해 말하는 책이다. 절망하기에는 이르다. 세상은 서서히 좋아진다. 문제는 그 시간의 경과가 때로는 그것을 충분히 지각할 정도로 빠르지 않다는 것이고 설사 빠른 경우조차 놀랍게도 당대를 살아가는 사람은 잘 느끼지 못한다는 것이다. 그러므로 약간의 인내심을 갖고 세상의 흐름을 잘 살펴보는 자세도 필요하다.

대저 머리말에는 으레 출판사의 노고에 대해 감사를 드리는 순서가 있게 마련이다. 이 책이야말로 그 어떤 말로도 편집진에게 충분한 감사의 말씀을 드릴 수는 없을 것 같다. 권기대 사장님은 이 책의 공동저자라고 해야 할 만큼 거의 모든 문장을 꼼꼼하게 교정해주셨다. 편집진 모두에게 감사드린다. 그리고 서점에서 우연히 이 책을 집어든 바로 당신과의 만남에도 감사를 드린다. 우리 삶의 하루하루가 알고 보면 누군가의 땀과 눈물의 결실이다. 시장경제는 그 점을 우리에게 말해주고 있다. 누군가 가 거대자본, 독점이익, 자본가의 음모 이런 식으로 이야기를 시 작한다면 그는 지금부터 거짓말과 무지를 한바탕 당신 앞에 쏟 아놓을 사람이라는 것을 기억해주시기 바란다. 그런 이야기일 수록 무지의 때가 많이 끼어 있다.

2015년 가을의 초입에서

정 규 재

거짓말이 횡행하고 있다. 나라를 망치고서야 그칠 거짓말이다. 무지와 위선의 거짓말이다. 음모도 있다. 거짓말의 전파자는 대학이고 언론이다. 그 실행자는 국회요, 정부다. 어느덧 거대한 권력이다. 정규재는 그에 대해 웃으면서 답한다. 그저 웃음이 아니다. 준엄한 진리다. 세계의 지성이 공유하는 선단仙丹의 철학이다. 이 책을 읽은 뒤 안도감을 느꼈다. 나라는 망하지 않을 것이다. 정규재가 선봉으로 펼치는 진리의 전선이 결국 이 세상 거짓말의 진영을 격파할 것이기 때문이다.

이 영 훈
서울대학교 교수

지금 어느 기자를 "한국의 헨리 멩켄Henry L. Mencken"이라 부르는 것은 분명히 과찬이다. 그러나 그런 호칭이 가장 잘 어울리는 기자로 정규재 주필을 꼽는다면, 많은 사람들이 선뜻 동의할 것이다. 텔레비전과 책이 크게 다른데도, '정규재 TV'의 통찰과 풍자가 『세상의 거짓말에 웃으면서 답하다』에 그대로 살아 있다는 것은 참으로 놀랍고도 반갑다.

복 거 일
소설가

대한민국은 자유주의와 시장경제 체제를 통해 압축 성장했고 전 세계가 경이로운 눈으로 보고 있다. 그러나 정작 우리는 시장경제 체제의 위대함을 모르고 있다. 오히려 시장경제를 폄하하는 것이 지식인의 양심인양, 비판의 경쟁에 몰두한다. 바야흐로 우린 거짓과 진실이 혼동된 시대에 살고 있다. 우리 사회를 이끌어 나갈 사상이 없기 때문이다. 정규재 TV는 자유주의 사상의 위대함을 일깨워 준다. 정규재 주필의 한마디 한마디는 우리 사회가 나갈 방향을 매섭게 꼬집어준다.

현 진 권
자유경제원장

세 상 의   거 짓 말 에   웃 으 면 서   답 하 다

Forum **1**

정치·경제를 묻다

한국 민주주의의 디폴트

▶ 베네수엘라가 디폴트Default 위기에 놓였습니다. 베네수엘라는 석유매장량이 세계 1~2위를 다툴 정도로 자원이 풍부한 나라입니다. 그런 베네수엘라가 디폴트 위기를 겪고 있다고 얘기하면 많은 이들이 고개를 갸웃거리겠지요? 석유 한 방울 나지 않는 나라에 사는 한국인이라면 더구나 그렇겠지요. 그런데 석유가 많은 나라들은 일부를 제외하면 대부분이 가난한 나라들입니다. 석유가 펑펑 쏟아지면 대부분 그때부터 가난해집니다. 이게 미스터리입니다.

아시다시피 베네수엘라는 우고 차베스라는 대통령이 14년 동안 통치했습니다. 스스로를 체 게바라를 잇는 혁명가라 지칭하며 반미·반자유주의 기치를 내걸었습니다. 그는 대통령이 된 후 무상교육, 무상의료 등을 시작했고 석유와 철도, 통신 등 국가 기간산업을 모두 국유화하고 외국 기업들을 자본주의의 앞잡이라며 축출해버리기도 했습니다. 석유를 팔아 번 돈으로 전 국민들에게 무료로 생필품을 나눠주기도 했습니다. 그는 많은 국민들의 열렬한 지지를 받았고 그 결과 14년간 베네수엘라 대통령 자리를 지킬 수 있었습니다.

하지만 지금 베네수엘라의 신용등급은 추락하고 있으며 경제성장률은 마이너스에 머물러 있습니다. 국민소득 역시 하락하고 있고 국가부채는 쌓여만 가고 있습니다. 가난한 사람들은 더 가난해지고 있습니다. 물가상승률이 100%를 넘으면서 국민들의 고통이 가중되고 있습니다. 일상에서 국민들이 피부로 느끼는 물가상승률은 200%가 넘을 겁니다. 설상가상으로 베네수엘라는 현재 석유생산량도 줄어들고 있습니다. 해외 자본들이 철수하면서 기왕에 개발된 유전에서 석유를 퍼 올리는 것조차 점차 노후화되고 있습니다. 유전이라고는 해도 신규투자가 계속 일어나 시설들을 새것으로 교체하는 노력이 있어야 일정한 산유량을 유지할 수 있습니다. 이제 베네수엘라는 석유에서마저 후퇴하고 있습니다.

게다가 미국에서 셰일가스가 발견되는 등 다른 에너지 공급자들이 나타나기 시작하면서 석유시세가 크게 떨어지고 있습니다. 최근에는 온난화조차 자원의 공급량을 늘리고 있습니다. 시베리아의 동토가 녹고 있는데 그 땅에서 석유 가스가 솟아오르고 있습니다.

사정이 이렇다보니 석유를 팔아 국민들의 환심을 샀던 차베스 정권의 인기 작전도 점차 한계에 봉착하기 시작했습니다. 한때 포퓰리즘으로 국민들에게 박수와 갈채를 받던 차베스. 그가 바로 오늘날 베네수엘라를 만든 장본인입니다.

저는 베네수엘라 정치를 지배하고 있는 분위기와 한국의 정치상황도 그다지 크게 다르지는 않다고 생각합니다. 포퓰리즘을 좇아 파국을 향해 달려가고 있는 모습이 흡사합니다. 최근 세월호 문제만을 보더라도 잘 알 수 있습니다. 지금 야당을 비롯한 일부에서는 세월호 조사위원회에 조사권과 기소권을 모두 부여해야 한다고 주장하고 있습니다. 대통령이 결단만 하면 된다는 것이지요. 하지만 대통령은 법의 지배를 받는 자리입니다. 대통령도 법의 지배를 받는 것이 바로 민주주의입니다. 야당뿐만 아니라 많은 대중들은 마치 대통령을 무소불위의 권력을 휘두를 수 있는 봉건적인 지도자로 생각하고 있는 것 같습니다. 정치가 참으로 걱정이 됩니다. 저는 그런 면에서 한국 민주주의가 견제와 균형의 원리를 축으로 돌아가는 서구형 민주정치가 아니라 절대 권력을 놓고 패권을 다투는 동구형의 투쟁, 전근대적 정치투쟁의 유혹을 심하게 받고 있는 사실상의 디폴트 상황에 직면했다고 봅니다.

한국 민주주의는 크게 1기와 2기로 구분해볼 수 있습니다. 1

기는 이승만 대통령으로부터 시작되는 시기입니다. 이승만 대통령으로부터 박정희 대통령을 거쳐 산업혁명을 달성하는 1987년까지를 1기라고 볼 수 있겠지요. 어떤 사람들은 이승만 대통령이 민주주의를 버리고 독재를 했다고 주장하는데, 이런 주장이 저로서는 매우 유감스럽습니다. 이승만 대통령 이전 시기에 보통의 한국 사람들이라면 민주주의가 뭔지조차 잘 몰랐을 겁니다. 조선왕조의 가혹한 지배를 5백년이나 받았고 바로 더 잔혹한 식민 지배를 받았습니다.

해방 직후는 농촌공동체 사회주의적 사고가 만연했던 시기입니다. 당시 헌법의 경제 조항들에도 사회주의적 성격이 농후했습니다. 1948년에 만들어진 제헌 헌법은 주요 기업들을 국유화하고 무역도 국가 무역으로 규정했습니다. 이때 이승만 대통령이 헌법에 경제자유를 삽입하면서 소위 서구형 시장경제 민주주의 국가가 된 겁니다. 이승만 대통령이 혼란스런 정치 과정 속에서 그나마 민주주의를 심었기에 지금의 민주주의가 가능하다고 봐야하지 않겠습니까? 독재를 했다고는 하지만, 후진국 독재자 중에 스스로 하야한 사람도 찾기 어렵습니다. 대한민국이 자유 진영에 속하고 민주적 가치를 지키며 자유로운 경제체제를 유지했던 바탕 위에서 박정희 대통령의 개발경제도 가능했던 것입니다. 박정희의 개발독재도 결코 용서할 수 없는 측면만 있었던 것은 아닙니다. 박정희 시대에는 무엇보다 경제성장을 통해 중산층을 만들어내고 이들은 서서히 한국 민주주의를 지탱하는 세력들이 되어 갔습니다. 박정희의 가혹한 개발 독재 속에서 민주주의가 무럭무럭 자라나는 역설이랄까, 역사의 모순이 바로 한국의 현대사입니다.

이승만 대통령에서 시작한 1기의 후반기에는 우여곡절이 많았습니다. 이 때는 민주주의가 성숙되는 과정이라고 봅니다. 대통령제와 현대적인 국가시스템이 그나마 자리를 잡아갔다고 이 시기의 의미를 평가할 수 있습니다. 만약 개발 경제 시스템이 없었더라면 대한민국 국가행정 시스템이 지금 같은 형태로 성숙하기는 어렵지 않았겠느냐고 생각해봅니다.

소위 1987년 6월 항쟁으로 본격적인 2기 민주주의 혁명이 시작됐습니다. 1987년 6월 항쟁 때, 넥타이를 맨 회사원들을 포함한 시민들이 대거 길거리로 나와 "우리가 직접 대통령을 뽑을 수 있게 해 달라"며 보다 실질적인 민주주의를 요구하는 시위를 감행했습니다. 서구형 대의 민주주의에 대한 욕구가 심플하게 표현된 시민혁명이었습니다. 87년 6월 항쟁은 결과적으로 아시아에서는 거의 유일한 시민혁명으로 자리를 잡았습니다. 그렇게 대한민국은 산업혁명과 민주혁명을 모두 이루어내는 유일한 아시아 국가가 되었습니다.

하지만 1987년 우렁찬 포효와 함께 시작한 민주주의는 시간이 지나면서 서서히 인민주의적 속성을 띠기 시작했습니다. 인민주의는 '인민의 의지'라는 이름으로 자유에 대한 구속이 정당화되고 타인의 경제적 자유에 대한 침해가 정당화되는 그런 체제를 말합니다. 쉽게 말해 포퓰리즘적 특성을 갖는 대중 민주주의를 말하는 것입니다. '마오쩌둥주의'라든가 '페론이즘', '차베스주의' 같은 것들이 바로 인민주의적 속성을 보여주는 정치체제들입니다. 정치학 이론들은 포퓰리즘을 인민주의와 애써 구분 짓고 있지만 포퓰리즘이 점차 제도화되기 시작하면 필시 인민주의적 정치행태를 띠게 되고 궁극적으로는 인민의 의지를 체화했다는 1인 독재자를 용인하게 되는 인민 독재로 흘러가게 됩니다. 인민 독재는 전체주의와 상통하는 것이며 이란성 쌍둥이와도 같은 것입니다. 히틀러의 나치즘이나 '스탈린주의', '마오쩌둥주의', '김일성주의' 등이 그런 독재체제의 쌍둥이들입니다.

2기 민주주의가 점차 대중민주주의로 변질해간 극단적인 형태가 노무현 정권이었습니다. 노무현 정권은 '참여 민주주의'를 슬로건으로 내걸었습니다. 참여라는 말 속에는 쉽게 규정할 수는 없지만 적지 않은 인민주의적 속성을 내포하고 있습니다. 국가 권력의 분립 위에서 각자의 자유권이 존중되는 서구형 민주주의가 아니라 인민의 지도자가 선출되고 인민의 의견이 그를 통해 집단적으로 관철되는, 전체주의적 속성을 띤 동구형 민주주의가 되는 것입니다.

나치즘, 파시즘이 스탈린주의와 김일성주의와 크게 다르다고 생각할지 모르지만 전체주의라는 측면에서는 쌍둥이들입니다. 오스트리아 경제학자 하이에크는 이런 얘기를 했습니다. "나치즘과 파시즘의 발현은 그 이전의 사회주의적 경향에 반대해서 생겨난 것이 아니라, 그 이전의 사회주의적 경향의 필연적 결과였다는 점을 제대로 인식하는 사람은 드물다" 인간 속에 내재한 대중독재적 속성, 집단주의적 속성이 정치제도로 드러나게 되면 열광하는 군중을 낳게 되고 전체주의적 정치체제를 만들어냅니다. 다시 말해 국민을 권력의 원천으로 본다는 민주주의는 바로 그것 때문에 대중을 독재권력화 하는, 그래서 민주주의를 부정하는 결과를 만들어 낼 수도 있습니다.

나치즘과 파시즘도 인민민주주의적 속성을 가지고 있습니다. 지도자를 신격화하거나 지도자를 자기와 동일시하면서 열정과 광기에 사로잡힌 정치의 예가 바로 차베스의 베네수엘라, 에바 페론의 아르헨티나 등입니다. 소위 '노빠 현상'도 바로 그런 연장선 위에 있다고 볼 수 있습니다. 정치가를 우상시하고 그 속에서 나약한 자신을 신격화하려 한다면, 그 어떤 시도라고 한들 모두 민주주의라고 볼 수는 없습니다. 정치에 너무 열광하지 말기를 바랍니다.

87년 6월 항쟁 이후 한국 민주주의 발전과정에도 이런 경향이 스며들게 됩니다. 그 결과 한국 민주주의는 서서히 궤도를 이탈해 인민민주주의적 속성을 강하게 띄게 됩니다. 국가 정책 전반에 걸쳐 포퓰리즘 성향이 심화됐습니다. 노무현 정부에서 주장했던 참여 민주주의와 이명박 정부의 동반성장, 박근혜 정부의 경제민주화라는 슬로건은 대부분이 사회주의적 무지가 만들어낸 반자유주의적 정책들입니다. 결과적으로 경제를 파괴하고 결과적으로 사회를 농촌 공동체적으로 환원하는 오도된 정책들입니다. 혹시 농촌으로 돌아가자는 주장이라면 그것에 동시에 비민주적이며 권위주의적 체제라는 점도 기억해주시기 바랍니다.

박근혜 정부는 뒤늦게 경제민주화라는 정치슬로건이 표현상 그럴듯한 논리에도 불구하고 실제로는 경제의 활력을 파괴할 뿐이라는 것을 알게 된 것 같습니다. 그러나 정치권 전체에 스며든 반시장 논리는 너무도 광범위한 것이어서 어디서부터 교정되어야 할지 모를 정도로 그 뿌리가 깊습니다.

민주당은 그나마 부분적으로 남아있던 민주정당으로서의 정체성도 완전히 상실해버린 것 같습니다. 새정치연합으로 이름을 바꾸었습니다만 강력하게 반시장경제적 논리에 스스로 포획되어 있는 것 같습니다. 아니 경제이론에 있어서는 전혀 그 어떤 정견이랄 것조차 가진 것이 없는 것처럼 보입니다. 오로지 반대만 되풀이할 뿐이고 포퓰리스트적 재분배만 요구할 뿐이어서 국가를 경영하는 정상적인 수권정당受權政黨의 면모와 내부구조를 갖추고 있다고 보기 어렵습니다.

새정치연합에게 정치란 길거리에서 머리띠를 두르고 투쟁하는 것을 의미하는 것처럼 보입니다. 끊임없이 분쟁과 갈등이 연속해서 일어나고 언론이 동요하고 벌거벗은 권력투쟁이 전개되는 항구적인 소요 상태를 정치라고 이해하는 것 같습니다. 그들은 87년도 민주화 과정에서 온 나라를 뒤흔들었던 시위와 함성의 추억에서 단 한걸음도 벗어나지 못하고 있습니다. 온 국민이 거리에 쏟아져 나왔던 그 혼돈의 외형 자체를 지금도 민주주의라고 착각하고 있는 것처럼 보입니다. 항구적인 함성과 부단한 소요 상태에 정치적 흥분을 느끼고 그것이 없는 일상적인 정치는 정치라고 보지 않기에 통상적인 국회활동에 대해서는 내심의 거부감이나 반감을 갖고 있는 것이 아닌가 하는 느낌을 갖게 합니다. 국회는 길거리 투쟁에서 얻은 결과를 서류로 만드는 형식절차로 생각하는 것 같습니다.

국회는 국가 의사결정을 하는 제도적 기구입니다. 국가적 의사결정을 대표하는 정당들이 있는 것도 이 때문입니다. 이 점을 잊지 마시기를 바랍니다. 또 그런 활동이라고는 해도 그것조차 법의 테두리에서 법치주의적 원칙 속에서 이루어져야 하고 일상적인 정치는 시민의 평화로운 생활을 담보하는 조건 속에서 진행된다는 사실도 기억해야 합니다.

하지만 지금의 한국 정치는 모든 국민들을 이익집단으로 만들고, 이익집단에 속해 이권 투쟁에 몰입하도록 요구하고 있습니다. 국민들이 정치에 무관심할 수 없도록 만들어갑니다. 일상적인 생활로부터 끌고나와 기어이 정치적 소요에 동참하도록 요구하는 것이 한국의 정치입니다. 모든 이익집단이 각자의 목소리를 내다보니 아예 질서정연한 소통이 불가능해집니다. 끊임없이 서로의 문제점을 찾아 고발하고 상대를 공격하면서 결과적으로 국민들을 평화스럽게 내버려 두지를 않습니다. 국민들을 더 가난하게 만들고 불평등을 더 심화시키고 있습니다.

"우리 다 같이 잘 사는 평등한 사회를 만들자!" 이 말은 너무나 아름다운 슬로건입니다. 하지만 인간은 본질적으로 남보다 잘살기를 원합니다. 다시 말해 불평등을 추구합니다. 인간은 굉장히 이기적인 존재이며 다른 자에게 군림하고 싶어 합니다. 경제 정책은 이런 인간의 본성을 잘 파악하고 이를 인정하는 바탕 위에서 설계되지 않으면 안 됩니다. 불평등에 대한 비판은 종종 가난한 자에 대한 자비심이나 이타심이 아니라, 잘사는 사람에 대한 시기심이나 질투심 혹은 적대감의 발로일 경우가 많습니다. 이 점은 특히 주의해야 합니다.

인위적으로 사회의 불평등을 해결하려다 보면 효율성이 저해돼 경제성장이 멈추고 그러면서 불평등이 더 심화되는 악순환으로 빠져듭니다. 남미를 포함해 많은 국가들이 그 길을 걸어갔습니다. 남유럽도 크게 떨어져 있지는 않습니다. 공산주의 국가였던 구소련이나 북한이 절대로 평등한 사회가 아닌 것도 이 때문입니다. 사람들이 열심히 일하도록 만드는 시장에서의 방법이 아니라면 인간을 평등하게 만들 방법은 존재하지 않습니다. 자신의 탓이건 우연적 여건이건 그 무엇 때문이건 가난에 처하게 된 사람들에 대한 지원이나 사회적 배려가 아닌, 그래서 사회 전체를 평등하게 만든다는 그 어떤 불평등 해소방법도 모두 거짓입니다.

노무현 정부의 성격은 두고두고 논란을 부를 수도 있습니다. 노무현 정부는 좌회전 깜빡이를 켰지만 실제로는 우회전을 했다

● ● ●

"우리 다 같이 잘 사는 평등한 사회를 만들자!" 이 말은 너무나 아름다운 슬로건입니다. 하지만 인간은 본질적으로 남보다 잘 살기를 원합니다. 다시 말해 불평등을 추구합니다. 인간은 굉장히 이기적인 존재이며 다른 자에게 군림하고 싶어 합니다. 경제 정책은 이런 인간의 본성을 잘 파악하고 이를 인정하는 바탕 위에서 설계되지 않으면 안 됩니다. 불평등에 대한 비판은 종종 가난한 자에 대한 자비심이나 이타심이 아니라, 잘사는 사람에 대한 시기심이나 질투심 혹은 적대감의 발로일 경우가 많습니다. 이 점은 특히 주의해야 합니다.

고도 하고 대통령 스스로 신자유주의 좌파정권이라고도 했다지만 인민주의적 속성을 그 본질 속에 강하게 숨겨놓고 있는 것은 사실입니다. 더구나 반자유주의적 정치 성향을 가진 소위 386 정치신인들이 대거 정치권으로 들어왔습니다. 대한민국의 역사를 부정하고 이념적 정체성이 의심스러운 자들까지 정치 전면에 총집결하게 된 겁니다. 이들은 대한민국의 건국을 부정하고 북한의 독재정권에 친화적이며 경제성장이나 국가발전보다는 모두가 똑같아야 하는 소위 평등의 가치를 더욱 중요시하는 정치적 입장을 나타내고 있습니다.

또 김일성 독재 정권을 지원하는 것을 통일운동이라고 강변하거나 한국 사회의 발전을 애써 부정하는 그런 외곬의 편향적 성격을 가진, 비뚤어진 성품의 인물들이 대거 정치인이 되었습니다. 이상주의적이거나 인민주의적인 슬로건들이 사회 갈등을 조장하는 최근의 성향들은 대부분 그 결과입니다. 이런 경향은 그다지 바뀌지 않은 채 이명박 정부에서는 '동반성장', 박근혜 정부에서는 '경제민주화'로 이어졌습니다.

최근의 '피케티 열풍'도 마찬가지입니다. 프랑스 경제학자 토마 피케티Thomas Piketty는 사회경제적 불평등을 해소하기 위해 마르크스주의적 해법을 주장하고 있습니다. 저마다 땀 흘려 각자가 올린 소득의 대부분을 국가에서 세금으로 걷어 사실상 국유화하자는 겁니다. 피케티 스스로도 몰수라는 단어를 쓰고 있습니다. 땀 흘려 올린 소득의 80~90%를 빼앗아 가는 것은 국가의 강제노동과 진배없습니다. 다른 사람의 소득을 너무 쉽게 생각하는 것은 사회주의적 사고를 가진 사람들의 전형적인 태도입니다. 구소련에서의 경험도 그렇고 일부이기는 하지만 대부분 사회주의권에서 살고 있는 국민들의 보통의 태도입니다.

이런 최근의 경향은 한국 민주주의가 정상적으로 발전해나가면서 발생한 필연적 결과일 수도 있고, 한국 민주주의가 발전하는 가운데 뭔가 잘못된 길로 들어선 우연적 결과일 수도 있습니다. 하지만 확실한 것은 자유 민주주의가 아니면 그 어떠한 형태의 민주주의도 거짓말이라는 겁니다. 디폴트 상태의 한국 민주주의를 어떻게 재건해낼 것인가? 저도 그 답은 아직 찾지 못하고 있습니다. 하지만 제대로 된 진단부터 시작되면 올바른 처방을 찾아낼 수 있을 것이라 생각합니다. 우리 모두가 다 같이 고민했으면 합니다.

무지에서 나온 단통법

▶ 오늘은 단통법 얘기를 좀 하도록 하겠습니다. 단말기 유통 구조 개선에 관한 법률을 줄여 단통법이라고 부릅니다. 그런데 개선법이나 발전법이란 이름으로 나온 법들이 말과는 달리 대부분 규제법들이라는 것이 문제입니다. 대부분 정부가 시장에 개입하는 그런 법들입니다. 그래서 참 혼란을 느끼는데요. 마치 조지오웰의 『1984』에서 나오는 오도된 단어들 같습니다. 전쟁을 하는 부서의 이름이 평화성이고 거짓말을 전문적으로 만들어내는 부서의 이름이 진리성이었던 것처럼, 유통구조 개선법 이런 이름의 법들이 대개 규제법에 불과하다는 사실은 우리에게 언어에 대해서 많은 것을 생각하게 합니다. 대개는 거짓말이 많습니다. 개선법, 발전법 이런 법들은 발전 아닌 후퇴법이요, 규제법들인 경우가 많습니다.

예를 들어서 골목상권 보호라는 명분으로 기업형 슈퍼, 대형마트들을 규제하고 있습니다. 이를 규정하는 법률의 이름은 유통구조 시장 발전법입니다. 이 희한한 이름의 법률로 국가는 유통구조의 혁신을 틀어막고 있습니다. 유통산업 발전법이 유통산업의 발전을 막고 있는 거죠. 단통법도 마찬가지입니다. 이 법 자체가 잘못된 법입니다. 이 법이 명령하는 방법으로는 단말기 유통시장이 개선되지도 않을뿐더러, 통신비도 내려가지 않고 단말기 가격도 내려가지 않습니다. 오히려 통신비와 단말기 가격이 올라갈 것입니다. 단통법은 보통의 소비자를 보호한다는 당초의 취지와 달리 전혀 다른 결과를 불러올 것이라는 예측들이 이미 여기저기서 나왔습니다. 많은 국민들도 이 법에 반대하고 있습니다.

그런데도 정부와 국회는 이 법을 추진해왔습니다. 정말 어리석은 일입니다. 명목가격만 떨어뜨리면 실질적으로 시장 가격이 내려갈 것이라고 착각한 선한 바보들이 단통법을 만들었습니다. 단통법이 아니라 국민들의 머리만 아프게 만드는 '두통법'입니다. 법률을 만들어 시행해보았지만 역시나 그 결과는 그들이 원하는 대로 되지 않았습니다. 오히려 단말기 가격이 껑충 뛰었습니다.

평균적으로 단말기 가격이 평균 15만 원에서 20만 원씩 올랐습니다. 단통법이 막 시행됐을 당시 갤럭시 노트4라는 모델을 미국에서는 35만 원 정도면 살 수 있는데, 한국에서는 95만 원 정도를 줘야 살 수 있는 상황이 발생하기도 했습니다. 단말기 가격을 내리겠다면서 오히려 올려버렸습니다. 그 결과 단말기 소비만 위축되었습니다.

2014년 10월 24일 *한국경제* 1면에 〈5만 휴대폰 매장 단통법 날벼락〉이라는 기사가 실리기도 했습니다. 단통법 시행 일주일 전 단말기 35만 5천 대가 팔렸습니다. 그리고 단통법 시행 일주일 후에는 10만 대밖에 팔리지 않았습니다. 시행 전의 3분의 1, 4분의 1 수준입니다. 단통법 이후 스마트폰 새 제품 판매는 급감했고 중고폰 판매는 약간 늘었다고 합니다. 기사를 일부 살펴보겠습니다.

값 오르자 판매 뚝 끊겨
法 시행 후 71.5% 격감

경기 평택에서 휴대폰 판매점을 운영하는 박재권 씨(48)는 지난 1일 단말기유통구조개선법(단통법) 시행 이후 폐업 위기에 몰렸다. 한 달에 150대까지 팔리던 휴대폰이 요즘은 하루 한 대도 나가지 않는다. 점포 직원 세 명은 지난주 모두 내보냈다. 박써는 "매장 임대료 낼 돈도 못 번다"며 "이대론 두 달도 못 버틴다"고 말했다.

단통법 시행 이후 동네 휴대폰 판매점들이 벼랑 끝에 몰렸다. 가계 통신비 절감을 위해 만들었다는 단통법이 휴대폰 값을 오히려 올려놓으면서 소비자들이 발길을 끊어서다. 시장조사기관 애틀러스 리서치 앤 컨설팅에 따르면 단통법 시행 직전 1주일간 스마트폰 판매량은 35만 5,000대였지만, 시행 직후 1주일간은 10만 1,000대로 뚝 떨어졌다. 71.5% 줄어든 것이다.

전국의 휴대폰 대리점주와 판매점 사업자는 각각 8,000여 명과 3만여 명. 매장 수는 5만여 개에 달한다. 2009년 아이폰 붐을 타고 급격히 늘어난 휴대폰 판매점은 대표적 골목상권 업종이다. 매장 외에 특별한 기술이나 시설 투자가 필요 없기 때문에 명예퇴직자나 취업하지 못한 20~30대 청년들이 주로 창업했다. 박씨도 KT에서 19년간 근무하다가 2009년 대규모 명예퇴직 때 나와 휴대폰 판매점을 시작했다.

정부가 기업을 압박해 휴대폰 값을 내리고 있지만 소비심리를 되살리기에는 역부족이라는 지적이다.

정부가 법을 시행해서 가격이 급등하게 만들었으니 판매가 될 리가 없죠. 그러니까 이게 법 때문이라는 것을 인정해야 될 텐데 인정을 하지 않고 그대로 강행하고 있습니다. 5월에 법이 통과되고 10월부터 법이 시행된 일주일 동안 판매가 부진하니 미래창조부 장관과 방통위원장이 SKT, 삼성전자, LG, KT 등 통신사와 단말기 제조업체 대표들을 호통을 치며 불러 모았습니다. 그리고는 "가격을 내리지 않으면 특단의 조치를 취하겠다"고 겁을 주었습니다. 이게 무슨 회의입니까? 협박에 불과합니다. 법이 안 통하자 정부가 위력을 사용하여 가격을 끌어내리는 장면입니다. 이게 과연 법치국가에서 할 수 있는 행동인가요? 이런 행동을 취했다는 것만으로도 이미 단통법에 문제가 많다는 것을 인정한 것이나 다를 바 없습니다.

그 후 각 통신사들은 보조금을 조금 올리고 가입비를 폐지하는 등의 대책을 내놓았습니다. 그리고 삼성은 단말기 출고가를 약간 내렸습니다. 하지만 체감되는 효과는 그리 크지 않습니다. 이렇게 정부가 우격다짐으로 약간 가격을 내려놓고는 단통법 효과라고 주장하고 있습니다. 이는 단통법의 효과가 아니라 정부가 완력을 사용하여 가격을 억지로 끌어내린 결과입니다.

단통법은 대표적인 악성 규제법입니다. 규제법 중에서도 우리가 봐줄 수 있는 것이 있고 봐줄 수 없는 것이 있습니다. 단통법은 봐줄 수가 없는, 아주 어리석은 법입니다. 이런 법이 국무회의를 통과했다는 게 믿겨지지 않습니다. 청와대에서 진행되는 회의에 종종 참여하는 기회가 있는데, 대통령이 직접 주재하는 회의에서도 단통법에 대한 얘기가 나왔습니다. 그때 저는 "단통법이라는 것은 말이 안 된다. 단통법은 소기의 목적을 이룰 수 없다. 그것은 불가능하다. 미래창조부나 방통위원회가 제조회사들의 사무실에 들어가 제조원가 관련 서류를 비롯한 각종 서류들을 마음대로 들여다보는 것부터가 사적 영역을 침해하는 것이다. 말도 안 되는 일이다. 이게 무슨 법이냐?"며 강하게 비판했습니다. 그때 해당 부처 장관들의 얼굴이 붉어지더라고요. 회의가 끝나자마자 한 장관이 제게 "정 실장은 대기업만 옹호한다"고 반발하였습니다. 이게 무슨 말입니까. 절대 그렇지 않습니다. 단통법을 옹호하기 위해 대기업 운운하는 것은 말 그대로 억지입니다. 단통법을 비판하는 것은 대기업을 옹호해서가 아닙니다. 이법은 소비자, 판매자, 제조사 누구에게도 좋지 않은 법이기 때문에 반대합니다.

법을 만든 착한 바보들은 크게 두 가지 명분을 가지고 단통법을 만들었습니다. 첫째, 통신비를 내리겠다. 둘째, 모두에게 똑같은 보조금과 지원금을 지급하게 해서 차별을 당하는 사람들이 없도록 하겠다.

우리나라 통신비가 외국보다 비싸다고 합니다. 가계지출에서 차지하는 비율이 3.4%로 다른 나라의 배 이상이라고 합니다. 아마 그럴 겁니다. 그런데 지금 스마트폰을 단지 전화기로만 쓰는 사람이 얼마나 될까요? 아침에 지하철을 타보면 알 수 있습니다. 스마트폰으로 음악을 듣고 동영상을 보고 인터넷 검색을 합니다. 우리나라에서 스마트폰은 단순히 전화기가 아닙니다. 스마트폰은 생활수단이고 여가 수단이기도 합니다. 이러니 단순히 통신 용도로만 사용하는 외국소비자들의 통신비와는 비교 자체가 불가능합니다. 통신비의 개념 자체가 잘못된 겁니다.

요즘 '호갱'이라는 말을 많이 사용합니다. 어수룩해서 이용당하기 좋다는 뜻인 호구라는 말에 고객이라는 말이 합성된 단어죠. 표현이 좀 그렇습니다만, 정보가 없어 제값을 다 주고 사는 사람들을 요즘 이렇게 부른다고 합니다. 요금제가 몇 십 가지가 될 정도로 우리나라 핸드폰 요금 체계가 복잡합니다. 거기에 기기 비용, 보조금, 지원금 등이 섞이면 저 정도의 나이만 되어도 이해하기가 매우 어렵습니다. 그렇게 되면 비싼 값에 핸드폰을 사는 사람은 '호갱'이 될 수밖에 없는 거죠. 반면에 인터넷 등으로 정보를 잘 찾는 젊은이들은 새벽부터 줄을 서서 보조금, 지원금을 많이 받아 새로 나온 고가폰을 저렴하게 구매하기도 합니다. 정도의 차이는 있지만 다수가 보조금, 지원금의 혜택을 그렇게 챙깁니다.

정부는 그러나 보조금을 단일화하고 간단하게 만들어 일부 '호갱'이 되는 고객들을 없애겠다고 했습니다. 그렇게 해서 단통법 이전에 평균 42만 원이던 지원금이 10~15만 원 정도로 뚝 떨어졌습니다. 그래서 부랴부랴 통신사, 제조사 협박해서 올린 금액이 최대 26만 원입니다. 단통법 이전에 비하면 절반 정도밖에 안 되는 금액이죠. 이 법이 나오자마자 이동통신사들의 주가가 크게 올랐습니다. 이익이 많이 나기 때문입니다. 소비자들의 얻어야 할 이익을 이동통신사로 모두 몰아준 것이 단통법입니다. '호갱'을 없애겠다던 정부가 모든 구매자들을 '호갱'으로 만들어버린 겁니다.

물론 이동통신사들의 담합은 문제입니다. 아마 과점체제의 문제점이겠죠. 하지만 정부의 고시告示제도라는 것이 담합을 조장하고 있습니다. 과점체제에서도 가격이나 정책 등을 고시하게 하니까 서로 슬금슬금 눈치를 보는 것이죠. 예를 들어 A 회사가 보조금을 얼마 주겠다고 먼저 고시하면 나머지 두 업체도 뒤따라 고시를 합니다. 고시를 할 때는 그것보다 약간만 많이 주면 되는 겁니다. 물론 좋은 말은 다 써놨습니다. 지원금은 비례적으로 주고 단순 기기 변경에도 상응하는 요금 혜택을 주라고 했지만 그게 명령대로 되지 않고 있습니다. 과점체제이지만 3사만으로도 충분이 경쟁이 일어납니다. 그러니 보조금 경쟁이 그렇게 치열했겠죠. 하지만 정부 정책으로 인해 서로 눈치를 보며 가격인하 경쟁을 하지 못하게 됐습니다. 정부가 싸게 파는 것을 막은 거죠.

인터넷 쇼핑몰 같은 경우 똑같은 제품도 가격이 천차만별입니다. 거기에 할인 방법, 포인트 사용 등도 천차만별입니다. 시간을 내서 정보를 더 얻어낸 사람이 더 싸게 살 수 있는 거죠. 해외여행에 처음인 사람들은 자신이 직접 해외에 전화해서 호텔예약을 하려고 하면 제 값을 다 줘야 합니다. 하지만 경험이 많은 프로가 예약을 하면 전혀 다른 저렴한 가격에 예약을 할 수도 있습니다. 하다못해 보통의 시장에서도 여기저기 발품을 팔아 많이 돌아다닌 사람이 더 저렴한 가격에 제품을 살 수 있습니다. 정보를 더 가지기 위해 노력한 사람이 더 저렴한 가격에 구매하는 것이 시장입니다. 그런 경우가 아니더라도 시장에서는 다양한 종류의 차별가격이 존재합니다.

경제 용어 중 가격차별이라는 말이 있습니다. 예를 들어 생선시장도 그런 경우입니다. 생선은 생물이기 때문에 정해진 유통기일 내에 팔지 못하면 상하거나 가치가 매우 떨어져 팔 수 없는 상황에 놓이게 됩니다. 이제 문을 닫을 시간이 얼마 남지 않았습니다. 그렇다면 평소에는 3만 원 받던 갈치를 단돈 천 원에라도 팔아야 합니다. 버리는 것보다는 천 원에라도 파는 것이 이익이기 때문입니다. 그렇다고 앞서 3만 원에 산 사람이 상인을 비난할 수 있나요? 그렇지 않습니다. 그런데 지금 이 단통법은 천 원짜리 갈치를 왜 3만 원에 팔았냐며 상인을 윽박지르며 겁주는 것과 마찬가지입니다.

가격차별이라는 것은 시장에서 지극히 정상적인 방법입니다. 제품 주기가 다 끝나거나 마감시간이 있거나 어떤 제품에 대해 정보 비대칭이 존재할 때는 가격차별을 하는 겁니다. 어떻게든 이익을 만들어내는 사람들이 상인인데 그것을 나쁘다고 할 수는 없습니다. 단통법은 이렇게 경제학의 기초를 모르고 만든 악법입니다.

말하자면 정부의 태도는 지금 이런 겁니다. "사치품 사지마라. 검소하게 살아라" 이런 개인의 소비 윤리를 국가가 강제하고 있는

●●●●

가격차별이라는 것은 시장에서 지극히 정상적인 방법입니다. 제품 주기가 다 끝나거나 마감시간이 있거나 어떤 제품에 대해 정보 비대칭이 존재할 때는 가격차별을 하는 겁니다. 어떻게든 이익을 만들어내는 사람들이 상인인데 그것을 나쁘다고 할 수는 없습니다. 단통법은 이렇게 경제학의 기초를 모르고 만든 악법입니다.

겁니다. 이러다가는 음주도 금지하고 과소비도 금지하고 사치품도 금지하고 성형수술도 금지하는 건 아닌지 모르겠습니다. '모두가 다 공평하게 혜택을 누렸으면 좋겠다'는 희망사항을 법으로 만들어 놓으니 문제가 생길 수밖에 없습니다.

　우리나라의 정부와 입법자들의 수준이 이렇습니다. 오늘은 단통법과 가격차별화에 대해 알아봤습니다. 정부와 입법자들이 무지한 시장개입을 거듭 되풀이하면 결국에는 시장경제가 무너지고 맙니다. 더 이상 이런 말도 안 되는 규제법들이 나오지 않았으면 합니다.

03

무상 복지, 이럴 줄 몰랐나?

▶ 무상 복지가 말썽을 일으키고 있습니다. 이미 예고된 문제였습니다. '견물생심見物生心'이라고 공짜로 준다니 누구나 욕심이 안 생길 수가 없겠죠.

급증하는 3대 무상 복지

	2014년	2015년	2017년(전망치)
	21조 8,110	**미정**	**29조 8,370**
무상보육▶ (누리과정 포함)	12조 2,871	13조 1,444	14조 7,169
기초연금▶	6조 9,000	10조 2,000	11조 4,000
무상급식▶	2조 6,239	미정	3조 7,201

(단위: 억 원)

자료:교육부, 복지부, 국회예산정책처, 한국경제연구원

Forum 1. 정치·경제를 묻다

급증하는 '3대 무상 복지 그래프'를 만들어봤습니다. 지금 논란이 되고 있는 무상급식에 올해 2조 6,239억 원이 들어갑니다. 내년에 조금 더 늘어나게 됐는데, 아직 정확하게는 계산이 되진 않았습니다. 2017년의 전망치가 3조 7천억 원인데요. 기초연금이 6조 9천억 원에서 10조, 11조 4천억 원으로 가파르게 늘어날 겁니다. 그 외 누리과정을 포함한 무상보육이 있습니다. 이게 12조 2,870억 원에서 14조 7천억 원으로 껑충 늘려져있습니다. 이 세 분야를 합치면, 올해 21조 8천억 원이었지만 내년, 내후년에는 30조 원이 됩니다.

중요한 것은 결국 이 돈을 누가 내느냐는 문제입니다. 얼마 전 홍준표 경남도지사가 무상교육, 무상급식을 계획대로 실시할 수 없게 되었다고 발표해 논란이 되고 있습니다. 어제(2014.11.18)는 서울시 구청장 협의회에서 강남구청을 제외한 모든 구청들 새누리당 소속 구청장 포함이 내년도 무상보육과 기초연금 증액분 예산 총 1, 182억 원을 편성하지 않겠다고 결의했습니다.

무상보육과 기초연금 증액분은 그래프에서 보듯이 덩치가 큽니다. 기초연금은 노인 70%에 대해 월 20만 원씩 무차별로 뿌리는 것입니다. 말이 좋아서 보편적 복지라는 말을 쓰지만 사실은 무차별 복지입니다. 많은 사람들이 단지 마음이 아프다는 것을 내세우며 무상급식을 지지했습니다. 유시민 같은 이들은 "이건희 회장도 세금을 많이 냈으니까 손자가 학교에서 밥을 공짜로 먹어야 하는 게 맞다"는 식으로 무상급식을 하지 않는 것은 부자에 대한 역차별이라는 주장을 펼치기도 했습니다. 물론 비꼬는 말입니다. 부자들의 자식을 왜 공짜로 먹이냐는 반발을 이런 비아냥대는 어법으로 공박했던 것이지요.

무상급식 문제는 단순한 돈 문제만은 아닙니다. 무상급식은 밥 먹이는 것을 어떻게 보느냐는 철학의 문제입니다. 저는 국가에서 주는 급식을 먹는 아이들과 그렇지 않은 아이들이 구분돼야 한다고 생각합니다. 인간은 자신에게 누가 밥을 주는지 누가 자기에게 밥을 먹이는지 알아야 합니다. 국가가 밥을 주는 것인지, 자기 엄마 아빠가 주는 것인지, 왜 자신이 국가가 주는 밥을 먹어야 하는 것인지를 알아야 합니다. 물론 무상급식 아닌 종전의 제도에서도 굳이 정부에서 주는 밥을 먹는다는 것을 지원받는 학생이 알아차리지 못하도록 할 수 있습니다.

그러나 인간은 자존감이나 자기의식이라는 측면에서 다른 동물과는 크게 다른 존재이고 그런 자존감을 느끼기 때문에 각자가 모두 자유의지를 가지기도 하는 겁니다. 인간은 사육되는 존재가 아닙니다. 혹자는 무상급식을 하지 않으면 급식 받는 어린아이들의 마음이 다친다고 합니다. 안 다칩니다. 왜 다칩니까? 그 밥을 먹는다고 마음을 다치는 정도라면 이 험한 세상을 살아갈 힘이 있겠습니까? 자신이 불우한 처지에 있다면, 그것을 알아야 하는 것이 인간입니다. 눈물을 흘리면서 먹어야 하는 경우도 있습니다. 그게 인간이고 그게 짐승과 다른 점입니다. 집에서 키우는 동물은 누가 밥을 주든 상관없습니다. 그저 밥 주는 주인에게 꼬리치면 그만입니다. 그러나 인간은 그렇지 않습니다. 눈물 젖은 빵도 소중한 빵입니다.

무상기초연금도 마찬가지입니다. 뭣도 모르고 진보 이념을 따라갔던 젊은 사람들이 이제 기초연금의 문제점을 좀 느끼겠지요. 이것 역시 국민들은 병들게 하고 노인들이 거짓말을 하도록 조장합니다. 박근혜 대통령은 무상보육을 하겠다고 나섰습니다. 안종범 경제수석이 "무상보육은 우리 공약이고 무상급식은 우리 공약이 아니었다"라고 주장하는데, 정말 화가 납니다. 무상보육이 무상급식 위에 놓여져 있습니다. "네 복지는 엉터리고 내 복지는 좋다"는 논리야말로 국민을 무시하는 발언입니다.

무상급식, 무상보육, 무상기초연금 소위 이 3대 항목에서 예산이 기하급수적으로 늘어나고 있습니다. 지금 무상급식 하느라 다른 예산들이 다 깎여나가고 있습니다. 무상보육이 본격적으로 시작되면 예산 부족은 더 심해질 겁니다. 무상급식은 현재 교육 예산으로 편성되어 있는데 무상보육도 교육 예산으로 책정되면 걷잡을 수 없습니다. 누리교육도 당연히 그렇겠지요. 나중에는 중앙

정부와 지자체 사이에 수많은 갈등이 속출할 것입니다. 외국어 교육, 과학 교육 등의 예산이 엄청나게 깎여나가고 있습니다. 심지어 90%까지 깎여나간 곳도 많습니다. 학교 벽에 금이 가 있는데도 지원할 예산이 없어 고치지를 못하고 있습니다. 이게 무상복지의 결과입니다. 나중에는 큰 청구서가 되어 날아올 것입니다. 지자체들은 중앙정부가 책임을 지고 지방 교부세를 확보해달라고 난리들이죠.

중앙정부는 중앙정부대로, 지자체는 지자체대로 돈이 없습니다. 돈 나올 구멍이 어디 있습니까. 부자들에게 더 거둬서? 법인세를 더 거둬서? 그것 참 정말 비열합니다. 보편적 복지라는 것은 이처럼 본질적으로 숨겨진 비열성을 가지고 있습니다.

복지는 크게 보편적 복지와 선별적 복지로 나눌 수 있습니다. "선별적 복지는 잔여적 복지"라고 학교에서 가르치고 있습니다. 선별적 복지라니까 마치 받는 사람이 소외받고 뭔가 불쾌한 기분이 들 것 같습니다. 보편적 복지라는 말이 왠지 좋은 말처럼 들립니다. '잔여적 복지' — 이것은 내가 쓸 돈 쓰고 남는 돈 있으면 복지한다는 뜻입니다. 복지라는 말에 아주 고약한 단어를 붙여놓은 것입니다. 복지학을 전공한다는 일부 교수들은 선별적 복지를 마치 부자들이 남은 돈으로 복지한다는 뜻에서 시혜적 복지라고 주장하기도 합니다.

● ● ●

보편적 복지라는 말을 함부로 써서는 안 됩니다. 선별적 복지라는 말 대신에 서민 복지라는 말로 바꾸어야 합니다. 복지는 서민 복지, 세금은 보편적 세금으로 가야 합니다. 이게 도덕적으로 깨끗한 사회이고 건전한 사회입니다. 십시일반의 복지, 복지의 기본 이념으로 복지의 도덕성을 회복해야 합니다.

말을 조금 바꾸어볼까요? 보편적 복지는 무차별 복지, 무차별 세금입니다. "복지는 모두가 나누어 갖고 돈은 부자들이 더 내라!", "모두에게 무차별적으로 혜택을 주되, 돈은 선별적으로 내도록 하자!"

보편적 복지는 돈은 내기 싫고 복지는 누리고 싶은 사람들이 주장하는 잘 포장된 거짓말의 언어이론입니다. 거기에 보편적이라는 말을 붙여놔야 그럴듯해 보이는 것이지요. 그러나 실은 도덕적 타락일 뿐입니다. 왜 다른 이의 도움이 절실하지도 않은 사람에게 복지를 주자고 주장할까요? 그래야 나의 복지 혜택도 은폐할 수 있기 때문입니다. 저는 보편적 복지를 주장하는 사람일수록 자기 돈을 내기 싫어하는 사람일 거라고 생각해봅니다.

복지를 보편적으로 하려면 세금도 보편적이어야 합니다. 예를 들어 개인들이 소비하는 만큼 세금을 내는 부가가치세 같은 것은 보편적 세금 과목이지요. 보편적 복지를 하려면 부가세를 걷어 하는 것이 맞습니다. 그런데 소수의 부자들에게 돈을 빼앗아 모두가 나누어 갖는다면 이는 소수를 상대로 강도짓을 하는 것과 다를 것이 없습니다.

만일 여러 가지 사정으로 세금을 보편적으로 걷기 어렵다면 아껴 쓰는 세금 일부로 서민 복지를 해야 하는 것이지요. 복지는 그것이 반드시 필요한 사람들에게 주어져야 합니다. 그러면 세금은 누가 내야 합니까? 보편적 세금으로 가야 합니다. "우리 모두 돈을 조금씩 모아서 생활이 어려운 사람들을 도와주자" 이게 인간의 인간성이고 도덕성입니다. 소수의 부자들에게 빼앗아 우리 모두가 나누어 먹자고 한다면 강도가 되는 것입니다. 보편적 복지라는 말은 참 아름답게 들리지만 거짓말입니다.

돈을 펑펑 쓰고 부담은 특정 사람에게만 전가시킨다는 것은 강도와 다름없습니다. 그런 얘기를 보편적 복지라는 이름으로 은폐하고 있는 것입니다. 이런 부도덕성이 어디 있습니까? 실로 대중 민주주의가 타락한 것을 상징하는 것이 바로 보편적 복지론입니다.

보편적 복지라는 말을 함부로 써서는 안 됩니다. 선별적 복지라는 말 대신에 서민복지라는 말로 바꾸어야 합니다. 복지는 서민

복지, 세금은 보편적 세금으로 가야 합니다. 이게 도덕적으로 깨끗한 사회이고 건전한 사회입니다. 십시일반의 복지, 복지의 기본 이념으로 복지의 도덕성을 회복해야 합니다.

바보들은 천국을 만든다면서
지옥을 만든다

▣ 서민 보호, 일자리 보호, 비정규직 보호, 최저임금을 통한 저임금 근로자 보호 등과 관련된 법들이 오히려 그런 그룹에 속한 사람들의 발전을 저지하는 법이라는 얘기를 전에도 많이 언급했습니다. 일자리도 마찬가지입니다. 정부가 "일자리를 만들어낸다", "일자리를 도와준다" 같은 취지의 법률들이 오히려 일자리를 줄이고 있습니다. 무상복지가 서민복지를 오히려 나쁘게 만든다는 실증 자료들이 나타나고 있습니다. 바보들은 천국을 만들기 위해 열심히 노력한다고 생각하지만, 언제나 지옥을 만들어내고 있습니다.

프랑스 시민혁명으로 정권을 잡았던 혁명가 로베스피에르 Robespierre는 민심을 얻을 방법을 찾던 중에 당시 값이 매우 비쌌던 우유 값을 잡기로 했습니다. 그는 우유 값을 절반으로 낮추라는 포고령을 선포하고 법을 어기는 자들을 엄하게 처벌했습니다. 그러자 시민들은 환호했습니다. 그는 민심을 얻는 데 성공한 것 같았습니다. 하지만 얼마 후 문제가 생겼습니다. 우유 값을 제대로 받지 못하자 목축업자들이 젖소를 도축하기 시작한 겁니다. 그러자 로베스피에르는 이번에는 목축업자들의 민심을 얻기 위해 사료를 절반으로 낮추라는 포고령을 선포했습니다. 이번엔 사료업자들이 사료 생산을 중단했습니다. 그러면서 우유의 공급이 크게 줄어들었습니다. 결국 우유 값은 혁명 전보다 4배가 넘게 폭등해 시민들의 삶은 더 어려워졌습니다. 로베스피에르는 나중에 자신이 그토록 좋아하던 기요틴 위에서 이슬로 사라져갔습니다.

우리나라에서 최근 엄청나게 쏟아지고 있는 소위 사회적 약자 보호법들은 대부분 비슷한 운명을 갖고 태어납니다. 한국 조세재정 연구원의 전병목 선임 연구 위원이 내놓은 〈복지 확대, 효율적이었나〉라는 보고서(무상복지가 소득격차 더 키웠다. 한국경제, 2015.4.28)에 따르면, 오히려 무상복지 확대가 소득 적자를 더 키우고 빈부격차를 더 확대시켰다고 분석합니다. 이는 소득분배의 불평등 정도를 나타내는 지니계수를 살펴봐도 잘 알 수 있습니다. 우리나라의 지니계수는 2008년에는 8.7%에서 2011년에는 9.1%로, 아주 소폭 상승하는 데 그쳤습니다. 그런데 다른 나라를 보면 2011년 기준으로 독일은 42%, 프랑스 39%, 이탈리아 36%, 영국 34% 등으로 최고 4배 이상의 지니계수 개선 효과가 있었습니다.

우리나라의 경우, 무상복지는 엄청나게 늘어나는데 비해서 지니계수의 개선 효과는 거의 없었습니다. 왜일까요? 보편적 복지, 갈라먹는 복지로 돈이 흩어져버리기 때문에 그렇습니다. 가난한 서민들에게 집중적인 지원이 되지 못하고 그나마 복지기금이 잘게 찢어져 모두 분산되어 지원되기 때문에 누구도 큰 도움을 받지 못합니다.

최저임금제도 마찬가지입니다. 최저임금이 굉장히 가파른 속도로 매년 거의 두 자리 가까이 올라가면서 16만 8천 명이 아르바이트로 전락하고 아파트 경비원 4만 명 정도가 일자리를 잃었다고 합니다. (최저임금 적용 '아파트 경비원의 눈물 … 4만 명 일자리 잃었다' *한국경제*, 2015.4.28.)

비정규직 보호법이 만들어질 당시 저는 비정규직 보호법은 절대 안 된다고 TV 토론에 나가 여러 번 주장했습니다. 하지만 비정

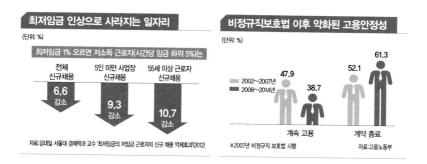

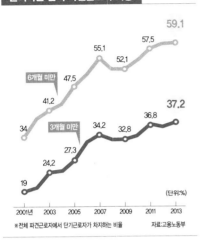

늘어나는 단기 파견근로자 비중

6개월 미만

59.1

57.5

55.1

52.1

47.5

41.2

34

3개월 미만

37.2

36.8

34.2

32.8

27.3

24.2

19

(단위:%)

2001년 2003 2005 2007 2009 2011 2013

※전체 파견근로자에서 단기근로자가 차지하는 비율   자료:고용노동부

규직 보호법은 통과됐습니다. 비정규직 법안이 통과된 후 정말 실업률이 줄어들고 비정규직이 보호되었나요? 보호되지 않았습니다. 비정규직 보호법 통과 후 '계속 고용'은 54.7%에서 38.7%로 급감했습니다. 또 여기에서 10만 명 정도가 일자리를 잃었습니다. 파견근로자들을 보호하기 위해 만든 파견 근로자 보호법이 만들어진 후, 6개월 미만 근로자가 34%에서 59.1%로 급증했습니다. 모두가 바보들이 세상을 좋게 만든다면서 세상을 더욱 지옥으로 만들고 있기 때문입니다. 모두가 어리석은 곰과 같습니다.

중소기업 적합업종 같은 것도 마찬가집니다. 중소기업 적합업종은 노무현 대통령 시절에 별로 효과가 없는 것으로 판명되어 폐지되었던 제도인데, 이명박 정권에서 다시 부활하였습니다. 당시 서울대 총장까지 지낸 경제학자 정운찬 교수도 적극적으로 찬성하였습니다. 하지만 이 정책은 효과도 없고 결과적으로 외국계 기업만 배불려준 정책이었습니다. 외국계 기업에는 적용할 수 없는 법이었기 때문입니다. 대형마트를 규제해서 전통시장이 살아났습니까? 아닙니다. 이미 정부의 지원이 있어야 버티던 업종은 그 자체로 시대의 흐름에 맞지 않아 도태되고 있던 중이었습니다. 의무휴업 일수만 늘린다고 전통시장으로 사람들이 갈까요? 소비만 더 줄어들 겁니다. 최저 임금, 비정규직, 파견 근로자법 이 세 개의 영향만으로도 34만 개의 일자리가 없어졌습니다. ('서민정책의 역설, 일자리 34만개 날렸다', *한국경제*, 2015.4.29)

"지옥으로 가는 길은 선한 의도로 포장되어 있다"는 영국 속담처럼, 바보들은 항상 "나는 의도는 좋았다"라고 변명을 합니다. 바보들은 의도만 좋다면 결과도 좋아질 것이라고 믿습니다. 시장경제는 '보이지 않는 손'에 의해 움직인다는 것을 모르기 때문입니다. 문제가 생기면 눈에 보이는 정부 규제로 해결하려고 들면서 그렇게 실패하는 겁니다. 결국 이런 '바보 정치'가 경제를 완전히 위축시킬 겁니다. 의도가 좋았다는 것으로 이런 끔찍한 결과의 면죄부가 될 수 없습니다. 개인에게는 무지가 변명거리에 불과하지만 정부는 그래서 곤란하지요.

무상복지라는 전면적, 보편적 복지로 인해 하위 계층에게 돌아가는 몫이 줄면서 오히려 빈부 격차를 늘리고 있다는 사실을 우리는 꼭 기억해야 합니다. 이번 국회 들어서도 국회의원들이 규제 법안들을 어마어마하게 발의하고 있습니다. 규제 건수가 벌써 천

"지옥으로 가는 길은 선한 의도로 포장되어 있다"는 영국 속담처럼, 바보들은 항상 "나는 의도는 좋았다"라고 변명을 합니다. 바보들은 의도만 좋다면 결과도 좋아질 것이라고 믿습니다. 시장경제는 '보이지 않는 손'에 의해 움직인다는 것을 모르기 때문입니다. 문제가 생기면 눈에 보이는 정부 규제로 해결하려고 들면서 그렇게 실패하는 겁니다. 결국 이런 '바보 정치'가 경제를 완전히 위축시킬 겁니다.

여 개를 넘었습니다. 전경련에서는 규제 1개가 발생할 때마다 국민 1인 당 3백만 원 정도의 기회비용을 만들어낸다는 보도자료를 내기도 했습니다.

우리 정치는 아직도 로베스피에르 수준의 정치를 계속하고 있습니다. 과연 우리나라 국회의원들이 바뀔까요? 저는 안 바뀔 것 같습니다. 국회의원 중에는 경제를 이해하고 있는 사람도 거의 없는 것 같습니다. 결과를 생각하지 않고 법을 만드는 이 프로세스를 개혁할 의지가 있는지 의문이 듭니다. 지금 우리 국회는 포퓰리즘에 깊이 빠져 있습니다. 그 포퓰리즘이 서민들의 삶을 파괴한다는 것을 꼭 기억하고 국회가 보다 신중하게 움직여주기를 바랍니다.

잘못된 통일 준비

▶ 오늘 아침(2014.12.02.), 청와대에서 200명 정도가 참여한 통일 준비위원회 3차 회의가 있었습니다. 저는 통일준비위원회의 자문위원(언론계)으로 활동하고 있는데 오늘은 발언 기회를 얻지 못했습니다. 10시부터 2시간 정도 회의를 하고 오찬을 하면서 또 다시 두 시간을 더 회의를 진행했습니다.

통일준비위원회 3차 회의를 마치고 나오면서 내심 큰일 났다는 생각이 들었습니다. 통일에 대한 담론을 만들어가기 위해 소위 이념적으로 좌우 구분 없이 통일의 기본 원칙을 만들어보자는 생각을 대통령께서 가지고 계신 것 같습니다. 그러다보니 어떤 발언자는 친미와 종북이 이제는 화해해야 할 때라는 식으로 얘기를 내놨습니다. 우리 사회의 이념 스펙트럼을, 한쪽 극단에는 친미를 놓고 한쪽 극단에는 종북을 놓고 얘기를 하는 듯한 느낌을 받았습니다. '왜 저런 친구들이 여기 와 있나?' 하는 생각이 들었습니다.

몇 가지 토론 주제들이 제시되었습니다. 그 중에는 'DMZ 세계생태평화공원 후보지별 발전 구상', '통일 공공 외교 활성화 방안', '인도적 개발 협력 실현 방안', '북한 농촌 지역 자립 기반 지원 방안', '통일 준비를 위한 국민 공감대 형성 방안' 등의 주제들이 포함되어 있었습니다. 물론 야당 정책위 의장도 초대되어 있었고 김대중연구소에 있는 분들도 합석해서 외견상은 진보, 보수를 가리지 않는, 그래서 이념 스펙트럼이 아주 넓은 행사였다고 봅니다. 하지만 저는 '이래 가지고 통일이 될까'라는 의문이 들었습니다.

통일준비위원회라는 곳에서 가장 중점적으로 논의됐던 것이 바로 DMZ에 세계생태평화공원을 만들자는 이야기였습니다. 관련 계획들이 장황하게 설명됐습니다. DMZ 세계생태평화공원에 이미 내년도 예산까지 배정되었다고 했습니다. 위치를 DMZ의 서부 쪽으로 하느냐, 동쪽으로 하느냐에 따라 각각의 이름까지 준비했더라고요. 금강산, 설악산 지역 전체를 포괄한 생태 관광지로 구축하자는 의견도 있었습니다. 저는 DMZ 세계생태평화공원 안에 대해 반대의사를 갖고 있습니다. 세계생태평화공원은 한마디로 통일준비 사업도 아니고 단순히 통일을 열망하고 자위하는 사업일 수밖에 없기 때문입니다.

DMZ 세계생태평화공원은 사실 통일과는 큰 관련이 없습니다. 그렇기에 통일이 되고 나서 해도 늦지 않습니다. 막상 통일이 되었다고 생각해보십시오. 그때 그런 공원은 통일 대한민국의 수많은 다급한 투자사업 중 과연 어느 정도의 중요성을 갖는 사업일까요? 통일이 되면 그야말로 다급한 과제들이 폭발적으로 늘어날 겁니다. 북한의 수많은 난민들을 어떻게 수용할 것이며, 어떻게 먹일까요? 수많은 제대 군인들을 어떻게 다시 교육시키고 재취업시킬 것인가요? 주체사상으로 세뇌된 아이들을 어떻게 다시 교육시킬 것인가요? 문을 닫은 공장들은 재가동할 수 있기나 한 수준일까요? 수많은 실업자들에게 어떤 일감을 줄 수 있고 어떻게 국민으로 재교육시키고 편입시킬 수 있을까요? 이런 수많은 문제들이 폭발할 것입니다. 난민 캠프는 어디에 차리고 치안은 어떻게 유지하며, 북한군은 어떻게 해체하고…. 등등의 문제들 말입니다. 이런 문제들에 대해 우리는 전혀 준비가 되어 있지 않습니다.

정말 필요한 준비는 하지 않고 그저 상징적인 평화공원을 만드는 데 그렇게 많은 돈을 써야 되겠습니까? 나중에 통일이 된 후에 천천히 만들어도 되는 공원에 왜 그렇게 몰두하는 건지 모르겠습니다. 공원을 만든다고 통일이 빨라지나요? 이런 사업이 어떻게 박근혜 정부에서 나왔는지 모르겠습니다. 마치 김대중 정부 시절의 평화 공세, 위선적인 통일 운동을 보는 것 같았습니다. 그런 통일 운동은 남북정상회담과 더불어 김대중 개인의 노벨상만 받게 했을 뿐입니다. 아니 남측의 협력을 바탕으로 북한이 핵폭탄을 만들고 말았지요. 이런 아이디어는 바보들의 자위거리밖에 될 것이 없습니다.

더욱 큰 문제는 북한을 아직 신뢰할 수 없다는 것입니다. 우리는 아직도 금강산 관광객 '박왕자 사건'과 관련해서 어떠한 사과도 북한으로부터 받지 못했습니다. 또 다시 그런 사건이 벌어지지 않는다는 보장이 없습니다. 언제 관광객들이 위험해질지 모릅니다. 그런 관점에서도 생태평화공원을 만드는 건 타당치 않습니다. 천안함과 연평해전은 또 어떻습니까?

통일 공공 외교라는 말도 문제가 있습니다. 외교라는 것은 공공이라는 말을 갖다 붙일 수 있는 일이 아닙니다. 외교란 치열하고 조용하고 은밀해야 합니다. 각 국가 간의 수많은 이해관계가 얽혀 있기에 철저하게 보안이 유지되어야 합니다. 그렇기에 그런 과정들을 공개할 수 없는 것입니다. 내용을 공개하라고 요구하는 것은 외교의 본질을 전혀 모르고 하는 주장입니다.

그저 말로만 공공외교라고 하는 것이지 실체도 없습니다. 인도적 개발 협력 실현 방안도 문제가 많습니다. 개발 협력을 하겠다고 하는데 그동안 해오던 원조에서 개발로 전환하겠다는 전략입니다. 고기를 잡아다 주는 구호활동이 아닌 고기를 잡는 법을 가르쳐주는 구호활동을 하겠다는 겁니다. 그것의 연장선상에서 북한의 농촌 지역을 현대화시켜 자립할 수 있는 방안을 마련해주겠다고 합니다. 참 아름답고 이상적인 이야기입니다만, 사실상은 대북 퍼주기에 불과합니다. 통일준비위원회에서 소위 대북 퍼주기 찬성론자들이 전면적으로 재부상하고 있다는 느낌이 들었습니다. 박근혜 통일정책이 아니라 김대중, 노무현 통일정책이 부활하는 것 말입니다.

90년대 김정일은 김일성이 만든 소위 주체 농법 때문에 결과적으로 고난의 행군을 해야 했습니다. 하지만 김정은 정권이 들어서고 3년 만에 북한의 경제는 어느 정도 성장을 했습니다. 왜 그럴까요? 첫째, 작년 기후가 워낙 좋아서 풍년이었습니다. 둘째, 대한민국에서 '대북 퍼주기'가 사라졌습니다. 여유 식량이 없어지다 보니 북한 당국은 이제 배급제를 할 수가 없습니다. 그렇게 되면서 북한 정권은 식량 생산을 장려하기 위해 어느 정도 자율권을 줄 수밖에 없게 됐습니다. 그렇다보니 더 열심히 일하게 되고 자신들

● ● ●

"북한 주민들은 우리와 한민족이다!", "포용이 필요하다!" 그렇게 주장하는 이들이 많습니다. 맞는 말입니다. 그렇다고 김정은 정권을 포용하는 것은 다른 문제입니다. 원칙과 이념이 확고하지 않고서는 통일을 말해서는 안 됩니다. 통일 준비를 한다면 더 실질적인 문제에 예산을 배분해야지 그저 이상적이고 상징적인 곳에 예산을 낭비해서는 안 됩니다. 지금의 통일 방안은 뭔가 크게 잘못됐습니다.

의 수익이 생기기 시작한 겁니다. 그렇게 되면서 '장마당'이 활성화되어 북한 주민들이 먹고 살 만해진 겁니다. 만약 대북 퍼주기가 지속됐다면 또 다시 많은 북한 주민들이 굶어죽는 사태가 발생했을 겁니다. 아주 역설적인 상황이죠. 함부로 북한을 도와주면 그것은 북한 주민을 굶기는 일과 같습니다.

전 세계적으로 '원조를 받는 나라'에서 '원조를 주는 나라'로 탈바꿈한 나라는 대한민국 말고는 거의 찾아보기 힘듭니다. 대부분의 나라들이 그 순환을 벗어나기 힘들다는 거죠. 분단 초기에 북한은 경제적으로 어렵지 않았습니다. 일제시대 때 남은 산업기반들이 주로 북한에 다 몰려 있었기 때문입니다. 하지만 지금은 어떻습니까? 그 산업기반들은 모두 무너져버렸습니다. 이게 바로 공산주의의 비효율성입니다. 북한의 체제가 바뀌지 않은 상태에서는 우리가 아무리 도와준다 한들 자립하지는 못할 겁니다. 밑 빠진 독에 물붓기입니다.

아무리 북한의 상황이 딱하더라도 함부로 도와줘서는 안 됩니다. 아이가 넘어져서 울 때마다 달래주고 일으켜주면 그게 오히려 아이를 망치는 겁니다. 자신이 스스로 일어날 수 있도록 해줘야 합니다. 아무리 자립기반을 마련해주겠다고 할지라도 자율적이며 시장친화적인 체제 변화가 보장돼야 합니다.

"북한 주민들은 우리와 한민족이다!", "포용이 필요하다!" 그렇게 주장하는 이들이 많습니다. 맞는 말입니다. 그렇다고 김정은 정권을 포용하는 것은 다른 문제입니다. 원칙과 이념이 확고하지 않고서는 통일을 말해서는 안 됩니다. 통일 준비를 한다면 더 실질적인 문제에 예산을 배분해야지 그저 이상적이고 상징적인 곳에 예산을 낭비해서는 안 됩니다. 지금의 통일 방안은 뭔가 크게 잘못됐습니다.

임금의 진실

▶ OECD에서 재밌는 통계가 나와서 소개해드립니다. OECD는 통계를 굉장히 많이 만들어냅니다. 그 통계 중에는 오류도 굉장히 많습니다. 비교치가 다르고 또 실상을 반영하기 힘들어 오히려 현실이 가려진 통계도 많습니다. 엊그제 나온 자료이지만 이 통계를 한번 눈여겨볼 필요가 있습니다.

OECD 30여 회원국 중에서 대한민국 근로자들의 임금 수준이 어느 정도인지 임금 구매력으로 평가했습

OECD 구매력 기준 임금 수준

(단위: 구매력평가 적용 달러)

스위스	1위	66,506
룩셈부르크	2위	60,158
노르웨이	3위	59,355
네덜란드	4위	59,280
독일	5위	57,628
한국	14위	46,664
OECD평균		40,770

※2014년 기준   자료:OECD

만 위의 통계에서 봤듯이 구매력 기준으로 따지면 우리나라가 세전 14위고 세후는 무려 6위입니다. 물론 통계에 허점이 있겠습니다만, 그래도 우리나라 근로자들이 임금을 적게 받는 것은 아닙니다. 다른 나라처럼 절반 가까이 세금을 내는 것도 아닙니다. 근로자들의 평균 조세부담률은 4.6%밖에 되지 않습니다.

세금을 걷는 방식도 비교적 평등합니다. "유리 지갑만 털어간다"는 이야기들이 많은데 8,800만 원 이상 연봉자들은 40%, 1억 5,000만 원 이상 연봉자들은 43%를 냅니다. 한 사람 한 사람의 삶은 다 힘들 겁니다. 그러나 사회를 비판하고 정책적인 방향을 제시할 때만큼은 객관적인 사실을 가지고 이야기 했으면 좋겠습니다. 객관적인 자세가 토론의 기본적인 자세임을 명시하시기 바랍니다.

참담한 디플레이션, 정부가 만들었다

▶ 디플레이션 걱정이 온 나라에 퍼지고 있습니다. 어제(2015. 3. 5) 최경환 기획재정부 장관 겸 부총리가 디플레이션 가능성 때문에 큰 걱정이라고 했습니다. 그제는 지난달 소비자 물가상승률이 0.5%에 그쳐 3개월째 0%대에 머물렀다는 발표가 있었습니다. 사실상 디플레이션에 빠졌다는 분석이 여기저기서 나오고 있습니다.

그동안 정부는 이렇게 얘기해왔습니다. "농산물, 석유류를 제외한 물가의 상승률이 2%대를 넘기 때문에 디플레이션은 아니다" 그런데 공식적인 물가상승률이 0.5%. 3개월째 0%대입니다. 담뱃값 인상분을 빼면 −0.06%입니다. 경기 침체 가운데 물가까지 떨어지는 디플레이션입니다.

인플레이션은 금리를 올리면 어느 정도 해결되는데, 디플레이션은 명확한 해결책이 없습니다. 일각에서는 금리를 올려서 대응하자고 하기도 합니다만, 사실 지금 우리나라의 디플레이션은 시중에 돈이 없어 생긴 것이 아닙니다. 오히려 시중에 돈은 넘쳐나는데 물가가 떨어지고 사람들이 소비를 안 하고 있는 거죠. 우리 경제 미래에 대한 전망이 어둡기 때문입니다. 한국 경제가 이대로 가면 정말 위험하다고 생각하기 때문에 소비를 안 하게 되는 겁니다.

전통적으로는 금리를 낮춰서 돈을 풀면 디플레이션 상황은 해소됩니다. 이론상 디플레이션은 공급 상품의 총량보다 화폐량이 부족하기 때문에 일어나는 일입니다. 화폐량을 고정 상수로 놓으면 공급이 넘치기 때문입니다. 그런데 지금 우리나라의 상황은 전통적인 디플레이션 원인들이 아닌 것 같습니다. 흔히 쓰는 디플레이션 해결책은 돈을 푸는 것인데, 지금 상황에서 돈을 풀려고 금리를 끌어내리면 디플레이션이 더 심각해질 확률이 높습니다.

금리를 내리면 기대되는 이자 소득이 적기 때문에 시중에 돈이 풀린다고 생각하는 경우가 많습니다. 하지만 자산 소득이 있는 사람의 경우, 오히려 저축액을 늘리는 반응을 보이는 경우가 많습니다. 만약 금리가 2%에서 1%로 떨어지면, 이자 소득이 절반으로 줄어드니 예금액을 2배로 늘려 오히려 이자 소득을 유지하려고 움직이는 겁니다. 이 같은 대책이 오히려 예금을 늘리는 상황으로 치닫게 되는 거죠. 그래서 금리를 내리는 처방도 굉장히 위험한 처방이 될 수 있습니다.

가계부채가 많기 때문에 이자를 내려줘야 된다는 주장도 있습니다. 일반적인 경우에는 옳은 주장 같습니다. 그런데 역설적으로 가계부채가 많은 상황에서 금리를 내리게 되면 가계부채가 더 늘어나게 됩니다. 한국은행에서는 현재 전세 대금 때문에 가계부채가 엄청나게 늘어났다고 분석하고 있습니다. 그런데 지금 상황에서 금리를 낮춰 시중에 돈을 더 풀면 전세 가격이 더 올라갑니다. 전세가 집값보다 비싸지는 상황이 발생할 수도 있습니다. 그런 상황에서 갑자기 집값이 떨어지기 시작하면 전세 가격의 거품은 급속도로 꺼지면서 디플레이션 정도가 아니라, 디폴트채무불이행 상태가 될 것입니다. '깡통전세'가 발생할 수도 있는 겁니다.

최경환 부총리는 또 이런 얘기를 했습니다. "노동 시장의 이중 구조, 현장과 괴리된 교육 시스템이 청년층 고용난의 원인이 되고 있다. 청년층의 비정규직 일자리마저 감소하는 지금의 현실을 보면, 대한민국의 미래가 있는가 하는 생각이 든다. 올해 삼사월이 우리 경제에서 굉장히 중요한 시기다. 노사정 대타협이 이 기간에 이루어지고 6월 국회에서 결판이 나야 한다. … 적정 수준의 임금 인상이 일어나지 않고는 내수가 살아날 수 없다"

저는 임금을 올려주자는 이 주장이 황당무계하다고 생각합니다. 지금 우리나라 기업들은 이익이 급격하게 줄어들어서 고민입니다. 지금 기업들이 임금을 늘려줄 여력이 있을까요? "현 정부 들어서 최저임금 인상률을 연 평균 7%대로 유지해왔으며, 올해도 빠른 속도로 올릴 수밖에 없다" 최경환 총리는 또 이렇게 주장하기도 했는데 저는 이해가 가지 않습니다. 최 부총리는 최저임금을 올려야 한다고 주장하는 것 같은데, 그렇게 하면 청년층의 비정규직 일자리는 더 줄어들 겁니다.

진단과 처방이 이렇게 엇박자를 내고 있습니다. 이게 디플레이션의 특징입니다. 디플레이션은 제대로 된 대책을 세우기가 어렵습니다. 디플레이션이 왜 생겼을까요? 통화의 감소 때문일까요? 한국은행은 최근에 통화 긴축을 한 적이 없습니다. 우리나라는 돈이 줄어들어서 일어나는 소위 전형적인 디플레이션은 아닙니다. 공급이 대폭 늘어났다? 그런 것 같지도 않습니다.

지난 3월 4일자 *한국경제* 사설('디플레이션? 그렇게 반시장 정책들이 쏟아졌으니', 2015.03.04.)을 본 사람들은 알 것입니다. 그동안 대한민국 정부가 해왔던, 국회가 쏟아냈던 '경제민주화'라는 반反 시장 정책들이 이제 본격적으로 시장에, 경제에 영향을 주기 시작한 것입니다. 이제 그러한 법이 만들어졌고 그런 정책들의 약발이 제대로 발휘되면서 우리 경제를 다 죽이기 시작하고 있습니다.

유통법이 나오고 경제민주화 깃발이 나올 때, 저는 이미 예견했습니다. 우리 스스로 우리 경제를 무너뜨릴 시한폭탄을 만든 겁니다. 그 대표적인 것 중의 하나가 2013년도에 도입된 유통산업발전법입니다. "대형마트 영업하지 마라!", "품목을 줄여라!" 말은 발전법인데 사실상 유통산업 발전 금지법입니다. "대기업은 들어오지 마라!", "MRO Maintenance·Repair·Operation를 다 없애라!" 중소기업 적합업종 규제는 모든 것을 다 하지 말라고 합니다. 지금 중소기업 적합업종을 보면 거의 모든 것들이 그 시장에서 열심히 투자하고 노력해왔던 자들을 규제하고 있습니다. 대형마트는 영업 일수 줄이니까 당연히 수요가 줄죠. 시장에 가는 사람이 줄어드니까요. 그런데 왜 이제 와서 걱정하나요? 유통산업 발전법 만들 때 당시 최경환 의원은 뭐 했습니까?

대형마트 요일 규제를 했잖아요. 전통시장으로 유도하겠다는 취지는 참 좋습니다만, 과연 그렇게 될까요? 조사해보니까 요일 규제 때문에 대형마트를 못 간 사람들 중 대형마트 휴무일 대신 다른 요일에 마트를 방문하는 사람들이 60.29%이고 전통시장 등 다른 상권을 찾는 이들은 고작 27%입니다. 이 중에서 전통시장을 간다는 사람은 10%밖에 안 됩니다. 그럼 나머지 다른 시장은 어딜까요? '아예 쇼핑을 안 한다'가 11.29%예요. 연간 3조 원 가까이 쇼핑이 줄어든 것입니다. 돈이 없어서 수요가 줄어든 게 아니라 규제 때문에 수요가 줄어든 겁니다. 수요가 줄어들면 그만큼 경제도 영향을 받는 것이죠. 일자리가 그만큼 줄어들 것이고 농민들, 중소기업들이 그만큼 물건을 못 팔았다는 얘기입니다.

이 법을 만든 게 누구죠? 유통산업 발전법은 2013년에 만들어졌습니다. 시행한 지 딱 2년 3개월 만에 이제 그 효과가 나오는 것입니다. 롯데마트 매출액이 2014년에 8조 5천 7백억 원, 전년 대비 7.7% 감소했습니다. 영업이익은 전년 대비 64.3% 급감입니다. 롯데마트에서 있는 비정규직 알바도 그마저 다 없어진 거예요. 롯데마트의 매출 감소 7.7%, 전통시장 매출 약간 증가, 아주 '약간'이죠. 나머지 대부분은 아예 시장을 안 간다는 겁니다. 마트가 쉬

• • • •

원래 눈에 보이는 것과 보이지 않는 것을 구분할 줄 아는 능력이 경제적 지혜의 기본입니다. 마치 눈으로는 해가 뜬 것처럼 보이지만, 사실은 지구가 돌았다는 것을 인식하는 것이 현실을 논리적으로 인식하는 첫걸음입니다. 대형마트 때문에 골목의 가게가 죽는 것을 보는 것이 아니고 대형마트가 커지고 유통시장의 혁신이 일어나면서 또 다른 곳에서 눈에 보이지 않는 일자리가 발생하는 것을 볼 수 있어야 합니다. 그게 바로 천동설에서 지동설로 바뀌는 지적인 전환이죠. 근데 우리나라 국회의원들은 없어지는 것만 봅니다. 발생하는 것을 보지 않습니다. 눈에 보이는 것만 보고 눈에 보이지 않는 운동 원리를 인정하지 않습니다.

니까 소비를 줄이는 거죠. 유통산업 발전법은 발전법이 아닙니다. 발전 금지법입니다.

최경환 부총리가 노동시장에 대해 걱정을 많이 하고 있습니다. 왜 저 지경이 되었나요? "청년층의 비정규직 일자리마저 감소하고 있다"고 말하는 그 법을 누가 통과시켰습니까? 어디에서 통과되었습니까? 2012년 11월 이명박 정부 때 국회에서 통과되었습니다. 그리고 2013년 박근혜 대통령의 취임과 더불어 시작되었습니다.

중소기업 적합업종이 시장을 더 쪼그라들게 합니다. 다 막아놓고 무슨 투자를 하라는 거예요? 그 어떤 경제적 혁신도 불가능하도록 기업 활동을 모조리 틀어막아났습니다. 대기업들도 투자할 수 없게 만들어났습니다. 대규모 투자가 들어가려면 위험을 분산해야 합니다. 위험을 분산하려면, 예를 들어 계열사별로 십시일반 식으로 투자해야 합니다. 그런데 그것은 순환 출자가 되기 때문에 못 하게 되어 있습니다. "다 하지 마라"고 틀어막아 놓았습니다. 기업 투자, 안 이루어집니다.

유통산업, 중소기업 보호, 골목상권 보호라며 다 틀어막아놓았습니다. 경제가 어떻게 죽지 않겠습니까? 무엇으로 공장을 차리고 무엇으로 일자리가 생깁니까? 시한폭탄이 착착 돌아가고 있습니다. 특히 올해부터는 경제민주화 입법들이 착착 다 돌아가게 되어 있습니다. 저는 정말 걱정입니다. 이 나라의 미래가 깜깜합니다.

원래 눈에 보이는 것과 보이지 않는 것을 구분할 줄 아는 능력이 경제적 지혜의 기본입니다. 마치 눈으로는 해가 뜬 것처럼 보이지만, 사실은 지구가 돌았다는 것을 인식하는 것이 현실을 논리적으로 인식하는 첫걸음입니다. 대형마트 때문에 골목의 가게가 죽는 것을 보는 것이 아니고 대형마트가 커지고 유통시장의 혁신이 일어나면서 또 다른 곳에서 눈에 보이지 않는 일자리가 발생하는 것을 볼 수 있어야 합니다. 그게 바로 천동설에서 지동설로 바뀌는 지적인 전환이죠. 근데 우리나라 국회의원들은 없어지는 것만 봅니다. 발생하는 것을 보지 않습니다. 눈에 보이는 것만 보고 눈에 보이지 않는 운동 원리를 인정하지 않습니다. 그래서 유통시장 발전법, 아니 금지법이죠. 시장이 안 될 수밖에요. 수요 부족으로 물가가 떨어지는 현상이 나타날 수밖에요. 아무도 사업을 늘릴 수가 없습니다.

지금 겨우 부동산 가격 올려서 해결하고 있습니다. 겨우 부동산 가격 올려서 그나마 이 정도 유지하고 있습니다. 저는 그 시기가 언제일지는 모르겠지만, 부동산 가격은 곧 떨어진다고 봅니다. 어떤 형태이든 인구통계학적으로 집값은 떨어지게 됩니다. 그렇게 되면 정말 쇼크가 옵니다. 그 쇼크가 2017년 또는 2017년~2018년 사이가 될 것이라 주장하는 사람도 있습니다. 정치권이 그동안 어떤 착각에 의해 폈던 정책들의 결과를 우리가 이제 목도하기 시작한 것입니다.

디플레이션이 걱정되나요? 그렇게 반 시장적인 정책들을 쏟아냈는데, 어떻게 경제와 시장이 안 죽기를 바랍니까? 그게 시작되고 있습니다. 디플레이션 걱정은 정부의 실패가 만든 것입니다. 시장의 실패가 아닙니다. 정부가 시장의 진보를 다 틀어막았어요. 낡은 게 죽고 새로운 것이 만들어져야 시장 혁신이 이루어지는데, 그 모든 길을 다 틀어막아 놓았습니다. 지금이라도 제대로 된 인식으로 정책 방향을 전환해야 합니다.

공무원연금 개혁, 무엇이 잘못되었나?

▶ 최근 공무원연금 개혁안 때문에 대통령까지 나설 정도로 큰 논란이 되고 있습니다. 그런데 문제는 지금 공무원연금을 개혁하는 데 국민연금까지 끼워 넣어서 한다는 겁니다. 그럼 먼저 국민연금

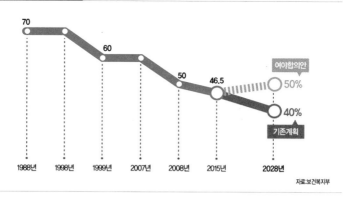

국민연금 소득대체율

70 1988년
60 1999년
50 2008년
46.5 2015년
여야합의안 50%
기존계획 40% 2028년

1988년 1998년 1999년 2007년 2008년 2015년 2028년

자료:보건복지부

부터 짚고 넘어가겠습니다.

　이번에 합의된 국민연금안이 이 그래프입니다. 일단 한 번 보시죠. 국민연금은 원래 1988년에 시작할 때 소득대체율을 70%로 설정해서 시작이 되었습니다. 이 소득대체율이라는 것은 말하자면 내가 재직 기간 중에 받던 소득의 몇 %를 대체해주느냐, 보전해주느냐, 하는 겁니다. 70% 보전에서 점차 떨어져 지금 2015년 현재 46.5%까지 떨어져 있습니다.

　이 소득대체율이 올라가야 되는데 왜 떨어지느냐? 돈이 없으니까 떨어지는 거죠. 근데 2028년까지 40%로 떨어지게 되어 있습니다. 그러니까 더 많이 내고 덜 받는 쪽으로 개혁을 앞으로 계속할 수밖에 없습니다. 1988년에 국민연금을 설계할 때, 아주 좀 극단적으로 얘기하면 그때 정부가 국민들에게 사기를 친 겁니다. 70%씩 보전해주겠다고 말이죠. 근데 실제로 해보니까 70%를 줄 수는 없는 것이 명백해졌기 때문에 점차 낮추는 개혁을 한 겁니다.

　이제 2015년도 현재 46.5%이고 2028년까지 40%로 낮추는 이 계획도 실현 불가능하기에 더 낮춰야 한다는 얘기까지 나오고 있습니다. 그래서 현재 국민연금을 점차 현실화해서 수정해나가는 과정에 있습니다. 국민연금의 연장선상에서 공무원연금도 개혁을 해야 할 필요성이 대두되었습니다. 공무원들은 자신들이 낸 돈의 2.5배를 받고 일반 국민들은 자신들이 낸 돈의 1.7배를 받고 있기 때문입니다. 국민연금의 수익률이 공무원연금보다 훨씬 낮은 겁니다. 그래서 두 개를 비슷하게 맞추겠다는 게 공무원연금 개혁안입니다.

이런 상황에 놓이자 공무원 단체들은 공무원연금을 건드리지 말고 국민연금을 올리라고 주장했습니다. 국민연금을 더 주면 공무원연금은 줄이지 않아도 된다는 생각이죠. 아닙니다, 공무원연금을 내려서 국민연금하고 맞춰야 합니다. 오히려 공무원연금을 국민연금보다 더 내려야 하는 상황인데 다시 국민연금을 올려서 비슷한 수준으로 맞추자는 이 황당한 주장을 여야 대표인 김무성, 문재인 이 두 사람이 받아들였습니다. 국민연금의 소득대체율을 50%로 높이기로 한 겁니다. 소득대체율을 50%로 올리면 국민 한 사람당 한 달에 16만 원씩은 더 내야 합니다. 그 돈은 누가 줄 것인가요? 국회의원들이 사비를 털어서 줄 건가요? 책임지지 않고 그저 생색내는 정치일 뿐입니다.

이번 공무원연금안은 이렇습니다. 기여율로 따지면 7%에서 9%로 올라가게 되는 겁니다. 쉽게 말해서 지금 받는 기본 소득에서 7%를 연금보험료로 냈는데 앞으로 2%를 더 내게 된 것입니다. 그 다음 받는 돈은 매년 적립이 되어나가죠. 만약 1년에 2%가 적립된다고 하면 2년은 4%, 10년은 20%가 되는 겁니다. 그런데 지급률이 지금 현행 1.9%인데, 이것을 1.7%로 낮추기로 한 것입니다. 그래서 기여율은 2%p 높이고 받는 것은 0.2%p 내립니다. 물론 이것은 아주 장기적인 겁니다. 기여율은 단기적으로 올리고 지급률은 천천히 내리도록 되어 있습니다.

근데 이제 이걸 두고 충분한 개혁이다, 아니다, 말이 많은데, 충분할 리가 없죠. 우선 이 안을 한 번 볼까요?

처음 안은 이렇게 되었습니다. 1996년 임용자, 2006년 임용자, 2016년에 들어올 공무원을 각각 넣고 계산해보면, 96년부터 20년 째 공무원을 하고 있는 사람의 경우에 1인당 200만 원씩을

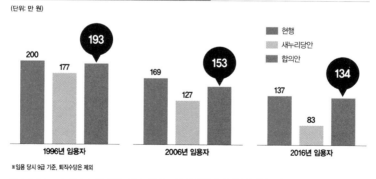

공무원연금 개혁에 따른 월별 퇴직연금 수령액

(단위: 만 원)

현행
새누리당안
합의안

1996년 임용자 200 177 193
2006년 임용자 169 127 153
2016년 임용자 137 83 134

※임용 당시 9급 기준, 퇴직수당은 제외

세상의 거짓말에 웃으면서 답하다

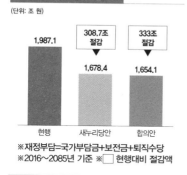

공무원연금 개혁에 따른 향후 70년간 총재정부담			
(단위: 조 원)			
현행	1,987.1		
새누리당안		308.7조 절감 → 1,678.4	
합의안			333조 절감 → 1,654.1

※재정부담=국가부담금+보전금+퇴직수당
※2016~2085년 기준 ※☐ 현행대비 절감액

공무원연금 개혁에 따른 적자보전금		
(단위: 억 원)	현행	합의안
2016년	3조 6,575	2조 1,689
2017년	4조 2,341	2조 1,507
2018년	4조 8,882	2조 1,960
2019년	5조 5,832	2조 2,641
2020년	6조 3,650	2조 4,025
2025년	10조 4,398	6조 1,144
2030년	14조 3,136	8조 2,011

자료:인사혁신처

받고 있는데, 이건 퇴직수당을 제외한 액수입니다. 여기에 퇴직수당이 27만 원 들어갑니다. 그럼 227만 원이 되지요. 퇴직수당도 사실 감안을 해야 되는데, 정부에서 발표할 때는 퇴직수당은 늘 빼고 얘기해요. 조금 받는 것처럼 보이게 하기 위해서.

20년 경력자가 받을 수 있는 연금은 200만 원이었는데 이번 개혁으로 193만 원을 받게 되었습니다. 7만 원을 적게 받게 되었지요. 그 다음에 2006년 임용자, 지금 10년 경력자는 153만 원을 받게 됩니다. 그 다음 2016년에 임용될 공무원은 134만 원을 받도록 되어 있습니다. 이런 식으로 개개인으로 보면 지금 현재 공무원 생활을 꽤 오래 한 사람들은 받는 돈에 거의 변화가 없습니다. 대신 신규 임용자로 갈수록 액수가 점점 줄어듭니다.

그래서 개개인별로 보면 꽤 효과가 있는 것처럼 보이는데, 실제로 공무원연금개혁에 따른 향후 70년간 총 재정부담으로 보면 현행은 1,987조 원의 적자를 보게 되어 있습니다. 당초 새누리당 안으로 만들었던 안에도 퇴직수당이 빠져 있어서 명확하게 계산할 수 없습니다. 일단 새누리당 안을 보자면 현재 1,987조 원의 적자, 이번 합의안은 1,654조 원의 적자로, 현행보다는 333조의 공무원연금 적자가 줄어들 것이라고 나와 있습니다.

공무원연금 적자가 향후 70년에 걸쳐서 333조 원 줄어들더라도 연금적자가 1,654조 원이라는 거대한 액수라는 사실은 그대로입니다. 1,654조 원의 연금적자도 잘못된 계산입니다. 다른 적자보전금을 계산해보면, 2016년에만 3조 6천억 원 이상의 적자보전을 해야 되는데 이번에 개혁을 해서 2조 1천억 원 정도로 조금씩 줄어든다는 주장을 정부 측에서는 내놓고 있습니다.

처음에 '김용하 안'은 이런 것이었습니다. 지금 현재는 공무원연금 개혁에 따른 총 재정부담은 국가가 부담하는 것, 보전금, 퇴직수당까지 포함해서 2016년부터 2085년까지 1,987조 원의 적자가 생기게 되어 있습니다. 그런데 원래 김용하 교수 안은 394조 원을 절감해서 1,592조 원의 적자가 발생하도록 설계되어 있습니다. 글쎄요. 과연 이 안이라도 지켜질까요?

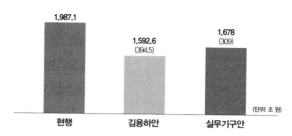

공무원연금 개혁에 따른 총재정부담

1,987.1 현행

1,592.6
(394.5) 김용하안

1,678
(309) 실무기구안

(단위: 조 원)

※재정부담=국가부담금+보전금+퇴직수당
2016~2085년 기준, ( )안은 현행대비 절감액

지금 공무원연금에 투입되는 정부 보전금, 정부에서 적자를 메워주는 안이 조금 전에 보신 그 숫자지요. 근데 이 숫자가 쭉 누적되어서 이번 안이 통과되더라도 1,654조 원의 누적적인 재정 적자를 보게 되어 있습니다. 하지만 여기에 또 공적연금, 군인연금, 사학연금 이런 것도 있습니다. 다른 연금도 공무원연금 수준에 맞춰서 조정을 해야 하는데, 현재 적자들이 눈덩이처럼 늘어나고 있습니다.

여기서 공무원 연금을 개혁해야 하는 세 가지 이유를 말씀드리겠습니다. 첫째, 현재 공무원의 숫자가 많습니다. 공무원연금은 1960년도에 처음 도입되었습니다. 당시 공무원 숫자는 30만 명이었는데 현재 공무원의 숫자는 101만 명입니다. 3배 이상 늘어난 것이죠. 이 숫자는 앞으로도 더 늘어날 것입니다. 현 박근혜 정부까지 모든 정부에서 공무원의 수가 늘어났고 노무현 정부 때 공무원 숫자가 엄청나게 늘어났습니다. 이번 개혁 안으로 333조 원이 줄어들었다고 하지만 공무원 숫자가 급증하고 있어 전체적인 재정 적자가 줄어들지는 않을 것입니다.

둘째, 평균 수명이 연장되고 있는 점입니다. 공무원연금이 도입된 1960년 당시에는 우리나라 국민 평균 수명이 52세였습니다. 사실상 국가가 52세까지만 책임을 지면 됐던 것입니다. 하지만 이제 우리나라 국민 평균 수명이 82세로 늘어났습니다. 향후 평균 수명이 더 늘어날 것으로 예상되는데 그렇게 되면 부담액도 비례해서 늘어나는 겁니다.

셋째, 공무원들의 임금이 개선된 점입니다. 1960년도에 공무원연금을 처음 설계했을 때, 공무원들의 평균 임금은 민간 기업 임금의 48% 정도였습니다. 공무원들의 임금이 다른 근로자들 임금의 반도 되지 않았던 것이죠. 임금이 적다 보니 연금이라도 많이 줘서 평균을 맞추려고 했던 겁니다. 하지만 지금은 공무원들의 임금이 현실화됐습니다. 이제는 대기업 사원들과 견줄 수 있을 정도입니다. 지금 다른 국민들보다 월급을 덜 받는 것도 아닌데, 오히려 연금으로 혜택을 보고 있습니다.

공무원연금을 설계했던 시절과 환경, 조건 등이 상당히 변했습니다. 340조 원이 절약됐다고 하는데 이것은 거짓말입니다. 단순히 조금 더 내고 조금 덜 받는 것으로 해결될 문제가 아닙니다. 앞으로 상황은 악화될 수밖에 없습니다. 공무원 숫자는 더 늘어나고 공무원 퇴직자들의 평균 수명은 늘어날 겁니다.

그래서 공무원연금 개혁이 반드시 필요한 겁니다. 하지만 김대중 정부 때는 공무원연금이 모자라면 세금으로라도 충당해주겠다고 오히려 약속하는 법안을 통과시켰습니다. 노무현 정부 때는 개혁이 너무나 미약했고 이명박 정부 때는 아예 개혁을 시도조차 하지 않았습니다. 박근혜 정부 들어서 공무원연금을 개혁하겠다고 했지만 쥐꼬리만큼 수정하고 그만뒀습니다. 김무성 의원은 무슨 생각을 했는지, 국민연금 소득대체율을 끌어올리는 것으로 공

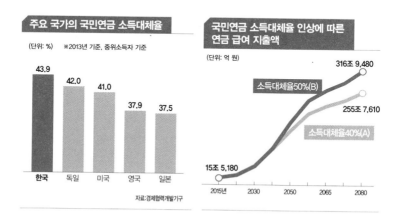

무원연금을 협상하는 바람에 국민연금 개혁까지 어렵게 만들었습니다.

우리 국민연금이 원래 이렇게 돈이 나가게 되어 있습니다. 연금이 이렇게 지출되면 약 2040년을 기점으로 떨어져서 2060년이 되기 전에 연금이 고갈될 것입니다. 그러면 지금 젊은 사람들은 나중에 연금 받을 돈이 없습니다. 그래서 연금 잔액 자체가 이렇게 극단적으로 급증했다가 2040년을 기점으로, 2060년 정도까지 급격하게 줄어들면서 연금재정이 0원으로 떨어질 겁니다.

이번에 김무성 대표가 야당하고 합의한 안은 소득대체율을 50%까지 끌어올려서 더 많이 주자는 겁니다. 그러면 국민연금은 더 빨리 소진되겠죠. 그럼 지금 직장에 들어가는 사람들은 국민연금 아무리 부어봤자 나중에 받을 돈이 없습니다. 게다가 공무원연금은 세금으로 보전해주도록 되어 있지만 국민연금은 그런 것도 없습니다. 이 무책임한 안에 김무성 대표와 문재인 대표가 동의한 겁니다.

공무원연금 개혁을 하지 말고 국민연금을 더 키워서 주면 된다는 이 논리에 정말 화가 납니다. 정말 대단한 국회입니다. 전형적인 포퓰리즘과 선심성 퍼주기 정책이 국회에 구조화되어 있음을 보여주고 있습니다. 원래 국가의 사무는 굉장히 전문적인 식견이 필요한 일입니다. 국회가 이런 업무를 감당하기에는 적절치 않습니다. 하지만 전문가들이 아닌 국회의원들이 일을 주도하려고 하지요. 이번에는 국회에서 사회적 합의기구라는 것을 만들었습니다. 지금 박근혜 대통령도 사회적 합의기구를 강조하는데요, 사회적 합의기구를 통해서 개혁이 이루어지지 않습니다. 사회적 합의기구는 절대 개혁을 이뤄낼 수 없는 조직입니다.

국가 운영은 동네 소꿉장난이 아닙니다. 절대 이상이 이뤄질 수가 없습니다. 백만 명의 공무원들이 조직적으로 거부를 하고 있는데 사회적 합의기구로 개혁이 될까요? 우리 사회는 개인의 이기심으로 움직이는 사회입니다. 5천만 명이 넘는 거대한 사회에서 합의라는 게 가능하지 않습니다. 과연 누가 손해를 보면서 양보를 할까요? 어떠한 경우에서라도 원칙대로 가야 유지가 됩니다. 애당초부터 국회는 개혁을 할 능력이 없는 곳입니다.

김무성 대표나 문재인 대표 개인들의 지력을 탓하는 것이 아닙니다. 아마 국회의원 대대분이 저보다 훨씬 지력이 우수한 분들일 겁니다. 그런데 문제는 이런 이슈가 정치판으로만 들어가면 안 된다는 겁니다. 저항하는 기득권층 사이에서 아무리 뛰어난 지력을 가진 사람들이라도 무슨 특별한 능력이 있겠습니까. 그래서 국회에서는 개혁이 힘듭니다. 전문가적 식견을 가지고 만든 안을 국회에서는 찬반 정도만 결정해서 입법을 하면 된다고 생각합니다.

●●●

국가 운영은 동네 소꿉장난이 아닙니다. 절대 이상이 이뤄질 수가 없습니다. 백만 명의 공무원들이 조직적으로 거부를 하고 있는데 사회적 합의기구로 개혁이 될까요? 우리 사회는 개인의 이기심으로 움직이는 사회입니다. 5천만 명이 넘는 거대한 사회에서 합의라는 게 가능하지 않습니다. 과연 누가 손해를 보면서 양보를 할까요? 어떠한 경우에서라도 원칙대로 가야 유지가 됩니다. 애당초부터 국회는 개혁을 할 능력이 없는 곳입니다.

처음부터 정부가 했어야 할 일을 국회에 떠넘기면서 이렇게 된 겁니다. 그렇기에 이번 공무원연금 개혁은 실패한 것입니다. 우리나라 정부와 국회를 보면서 참 답답함을 금치 못합니다.

국민연금, 이대로는 안 된다

▶ 저번에 공무원연금을 이야기했는데, 이번에는 국민연금에 조금 더 집중해서 이야기해볼까 합니다. 국민연금 소득대체율을 40%에서 50%로 높이겠다는 정치권의 합의는 참 부끄러운 일입니다. 새누리당은 정말 부끄러워해야 합니다. 합의해준 적이 없다고 주장하고 있습니다만, 누가 보더라도 합의해준 것입니다. 지금이라도 새누리당의 김무성 대표와 유승민 원내대표는 정식으로 국민들에게 사과하고 잘못된 것을 바로 잡겠다고 선언하는 게 좋을 것 같습니다. 국민들에게 사과한다고 해서 부끄러울 것은 없습니다. 사과 자체가 부끄러운 일은 아니죠.

우리 속담에 이런 말이 있죠. "외상이면 소도 잡아먹고, 공짜면 양잿물도 마신다" 국민연금의 소득대체율을 50%로 끌어올리겠다는 합의에 그런 심리가 담겨 있습니다. 정치인도 그런 심리에 부응해서 퍼주기를 하겠다고 합니다. 자기 돈도 아니고 남의 돈을 빼앗아 우리 다 같이 나눠먹자는 발상입니다. 복지국가란 그런 것이 아닙니다. 경제적으로 어려운 서민들을 도와 더불어 살려고 하는 것이지, 아직 태어나지도 않은 미래 세대의 돈을 담보로 우리가 나눠서 쓰자는 것이 아닙니다.

국민연금 소득대체율 50% 주장은 그동안 있었던 어떤 정치인의 막말보다 더 충격적인 발언이었습니다. 국민연금 소득대체율이 갑자기 어디서 튀어나왔느냐? 바로 공무원연금 개혁에서 나왔습니다. 공무원연금을 개혁해야 하는데 국민연금을 올려주면 공평해지니 공무원연금은 건드리지 않아도 되지 않느냐는 논리입니다.

국민연금과 공무원연금의 표면상의 차이부터 살펴보겠습니다. 우선 공무원 연금은 741만 원까지 가입할 수 있습니다. 그런데 국민 연금은 421만 원까지 가능합니다. 예를 들어 저 정규재의 소득이 매월 421만 원보다 훨씬 높아도 연금에 가입할 수 있는 한도는 421만 원까지만 가능합니다. 공무원은 근 2배 가까이 가능합니다. 소득대체율도 국민연금은 40% 향해 내려가는 중이지만, 공무원연금은 62.1%입니다. 보험료율은 국민연금이 더 많습니다. 국민연금은 9%, 공무원연금은 7%입니다. 연금 개시 연령은 공무원연금은 57세, 국민연금이 65세입니다. 한마디로 내는 돈은 국민연금이 더 많고, 받는 돈은 공무원연금이 훨씬 더 많은 겁니다. 공무원 연금과 국민연금 사이의 차이가 너무 큽니다. 통합하거나 맞춰야 합니다.

국민연금은 사실 처음부터 자기 저축이 아닙니다. 국민연금은 정규재가 내는 국민연금 보험료가 차곡차곡 쌓여서, 수익 전부를 가져가는 개념이 아닙니다. 국민연금은 기본적으로 지금 은퇴한 노인들이 소득이 없으니 지금 돈을 벌고 있는 우리들이 돈을 벌어서 그분들에게 주는 것입니다. 내 이름으로 적립되지 않습니다. 지금 국민연금이 적립되고 있는 외형을 띠는 이유는 뭘까요? 국민연금을 1988년에 설계한 당시 인구 추세를 보니까 베이비부머 세대가 은퇴하게 되면 한꺼번에 많은 돈이 필요합니다. 그래서 지금 연금을 내는 사람들이 미리 돈을 좀 더 내어서 기금을 쌓아 놓은 것입니다. 그렇게 하다 보니 적립되는 것처럼 보인 겁니다.

국민연금은 사회적 부조 체제입니다. 내가 낸 돈은 다른 이들에게 가는 겁니다. 나중에 내가 늙어 경제활동을 할 수 없을 때는 내 후손들이 낸 연금을 받는 것입니다. 다만 내가 조금 많이 내었으면 나중에 조금 더 받고 조금 덜 냈다면 나중에 조금 덜 받는 일부 소득 재분배의 기능이 들어있기도 합니다.

공무원연금과 국민연금은 전혀 다른 겁니다. 공무원연금은 국민들이 고용한 임금의 일부분입니다. 공무원연금을 개혁하겠다는

● ● ● ●

국민연금은 사회적 부조 체제입니다. 내가 낸 돈은 다른 이들에게 가는 겁니다. 나중에 내가 늙어 경제활동을 할 수 없을 때는 내 후손들이 낸 연금을 받는 것입니다. 다만 내가 조금 많이 내었으면 나중에 조금 더 받고 조금 덜 냈다면 나중에 조금 덜 받는 일부 소득 재분배의 기능이 들어있기도 합니다.

판국에 국민연금 개혁 이야기는 왜 나왔을까요? 공무원에 임용됐을 때 했던 계약이므로 공무원연금은 계약대로 전액 지급해야 하는 걸까요? 천만의 말씀입니다. 공무원연금은 이미 십여 년 전에 고쳤어야 했습니다. 국민연금이 설계될 당시 공무원들의 숫자는 30만 명이었고 공무원들_{국민들의}의 평균 수명은 52세였으며, 공무원들의 급여가 일반 국민들 평균의 48%밖에 안 됐습니다. 이 세 가지 이유 때문에 정부가 공무원들에게 약속한 것입니다. 예산이 부족해서 지금 월급을 조금밖에 주지 못하니까, 나중에 연금으로 주겠다고 한 것이죠.

그런데 문제는 공무원 숫자가 당시의 30만 명에서 지금의 110만 명으로 불어났다는 데 있습니다. 3배 이상 불어난 거죠. 평균 수명은 52세에서 82세로 늘어났습니다. 공무원 월급은 대기업 수준이 부럽지 않을 정도로 치고 올랐습니다. 지금의 고용 계약이라면 연금을 줄 이유가 전혀 없습니다. 퇴직금 상당액만 주면 됩니다. 그러니까 개혁을 해야 하는 겁니다. 완전히 새로 계약을 체결하는 일대 개혁이 있어야 하는데, 김대중 정부, 노무현 정부, 이명박 정부는 안했습니다. 미세 조정, 모수 조종이라는 이름을 달고 조금씩 줄였을 뿐입니다

　　여야가 공무원연금 개혁 합의를 했다고 발표했습니다. 보험료를 7%에서 9%로 올리고, 2090년인가 70년 후에 333조 원의 절감효과를 갖는 개혁을 했다고 합니다. 실제로 개혁이 될까요? 이 333조 원이 지켜지려면 지금의 82세 평균 연령, 110만 명의 공무원이 더 늘어나지 않아야 하고 임금은 모수가 완전히 바뀌어야 합니다. 하지만 공무원 숫자는 또 늘어날 것이고 이 333조 원도 절약이 안 되게 되어 있습니다. 여야가 공무원연금을 개혁하라는 사회적 요구 때문에 급하게 개혁안을 합의하다가 난데없이 국민연금 소득대체율을 높여준 겁니다.

　　고참 공무원의 기득권은 그대로 유지되었습니다. 말하자면 이때까지 많이 준 공무원연금의 구조개혁은 되지 않은 겁니다. 지금 받고 있는 사람들은 예전과 똑같이 받고 있습니다. 새로 들어오는 신규 공무원만 약간 손해를 볼 뿐입니다. 은퇴자들에게 지금보다 더 적게 주어져야 합니다. 그럼에도 가입기간을 종전 33년에서 36년으로 연장해주었습니다. 비업무 상태에서도 장애를 판정받으면 연금으로 커버해줍니다. 국민연금 혜택은 줄어만 가는데 공무원연

금의 특혜는 늘어만 가고 있습니다.

2040년 이후면 연금 재정에 문제가 생길 것이고 2050년이 넘으면 완전히 고갈될 것이라는 전망이 나오고 있습니다. 그때가 되면 거대한 혼란이 일어날 겁니다. 그리 먼 미래가 아닙니다. 불과 30년 후입니다. 지금 직장에 다니고 있는 30세 직장인이 본격적으로 연금을 받게 될 때입니다. 금리와 출산율이 갈수록 떨어지고 있습니다. 국민연금 채권수익률이 갈수록 떨어지고 있습니다. 채권수익률이 1%가 떨어지면 연금고갈이 1년씩 앞당겨진다고 합니다. 예상했던 것보다 더 좋지 않은 상황에 직면하고 있습니다.

고갈이 되면 그때 연금 보험료를 1% 더 내면 되지 않겠냐고 새정치연합은 주장했습니다. 이걸 새누리당은 덜컥 받아들였습니다. 만약 매달 십만 원 이상의 돈이 더 빠져나간다고 생각해보세요. 십만 원이라는 돈이 적은 돈입니까? 얼마나 부담이 큽니까? 기존의 연금안도 재정이 불안정했는데 여야가 합의를 해서 재정을 더 불안하게 만들었습니다. 여야 대표들의 선심성 공약 경쟁이 이렇게 만든 겁니다.

국민연금 소득대체율은 OECD 평균이 40%대입니다. 우리 40%대가 결코 낮은 게 아닙니다. 이번 연금안을 계속해서 유지하려고 하면 지금 20대 청년들은 나중에 소득의 4분의 1 가량을 연금으로 납부해야 합니다. 이것으로 끝나느냐? 그렇지 않습니다. 무상급식, 무상보육 등으로 박근혜 정부의 복지 예산 지출이 100조 원을 넘었습니다. 이명박 정부 수준의 복지가 계속해서 유지된다고 가정했을 때 2050년도에는 조세부담률이 48%에 이른다는 연구 결과가 있었습니다. 국민연금에 다른 세금까지 합치면 월급에서 75%가 빠져나간다는 이야기입니다. 실질 임금은 훨씬 떨어지겠죠? 이렇게 되면 경기침체가 더 심해질 것이고 실업자는 훨씬 더 늘어날 겁니다.

전체 실업자가 늘어나면 그 세금은 또 누가 감당할까요? 아마 75%가 아니라 그 이상이 세금으로 빠져나갈 겁니다. 지금도 살기 힘들다고 하는데 미래는 생지옥이 기다리고 있을 겁니다. 미래 세대에게 생지옥을 물려줄 겁니까? 이번 합의안은 해서는 안 되는 겁니다. 국민연금 고갈을 최대한 연장시키는 것이 개혁이지, 단기간에 많은 돈을 당겨받아서 잔치하는 것이 개혁이 아닙니다. 늙은이가 젊은이들을 착취하는 세상이 되는 겁니다. 열심히 경제발전을 위해 노력해온 지금의 기성세대가 진정 이것을 원할 것 같습니까?

국민연금은 설계부터 잘못됐습니다. 처음 설계된 88년도에 국민들을 가입시키기 위해 많은 돈을 주겠다고 약속했습니다. 지금 국민연금은 자신이 낸 돈보다 훨씬 많은 돈을 가져가는 구조로 되어 있습니다. 나이가 많을수록 많이 가져가고 있습니다. 퍼주기식 복지정책을 펼쳤던 노무현 정부조차도 국민연금을 40%로 끌어내리려고 했습니다.

그런 상황에서 지금 정치권이 야합해서 50%로 끌어올려 돈을 더 주겠다는 어처구니없는 합의를 한 겁니다. 책임은 당연히 집권당인 새누리당이 큽니다. 새정치연합은 공무원연금 개혁 책임을 회피하기 위해, 또 인기를 얻기 위해, 소득대체율을 50%로 끌어올리는 안을 던진 거겠죠. 그것을 새누리당이 받아들인 겁니다.

국민연금 개혁이란 국민들에게 허리띠를 졸라매도록 하는 정책이기도 하고 복잡한 계산이 필요하기에 정치인들이 나서기 힘듭니다. 국민연금은 정년제도, 평균수명, 고용 형태 같은 여러 같지 정책들과 지금 경제 상황들을 고려해서 조정을 해야 할 문제지, 단순히 숫자를 고친다고 해결될 문제가 아닙니다.

저는 개인적으로 국민연금은 폐지되었으면 합니다. 대신에 서민들, 노인들 같은 사회적 약자들을 위한 기금을 더 두텁게 하는 것이 좋다고 생각합니다. 그들에게 집중해서 사회안전망을 만들어줘야 합니다. 부자들, 중산층들의 복지까지 왜 정부가 책임져야 합니까? 내가 충분히 능력이 있는데, 왜 정부가 내 돈을 강제로 빼앗아다가 나중에 내 노후를 책임지겠다고 합니까? 이건 인간적인 굴욕입니다. 나중에 나에게 줄 돈은 있나요? 나에게 줄 돈을 마련하려면 젊은이들을 착취해야 할 겁니다. 저는 그것이 싫습니다.

국회는 사회적 합의를 이끌어야 하는 곳입니다. 이번 합의는 사회적 합의와 거리가 멉니다. 자신의 이익을 관철하려는 이익집단에게 휘둘린 겁니다. 우리 국민들은 충분히 이 논란을 이해하고 있는 것 같아 다행입니다. 하지만 갈수록 질이 떨어지고 있는 우리나라 정치를 보면 참 부끄럽습니다. 우리 정치인들이 합리적인 사고를 했으면 합니다.

한국은행, 돈이 뭔지 알기는 하나?

▶ 오늘은 한국은행 이야기를 할까 합니다. 한국은행도 대출을 합니다. 시중은행에 대출해주기도 하고 '대정부 일시 대출금'이라는 명목으로 정부에 대출해주기도 합니다. 세금이 안 걷히거나 하는 이유로 정부의 예산이 갑자기 부족해지는 일이 발생하기도 합니다. 정부에서 급히 쓸 일이 있는데 돈이 부족하면 곤란해지죠. 그래서 정부는 한국은행으로부터 대출을 받습니다. 쉽게 말해서 마이너스 통장을 만드는 겁니다.

또 한국은행은 '정책자금 지원'이라는 명목으로 대출을 하기도 합니다. 2015년 4월 1일 현재 정책자금 지원 명목으로 한국은행이 대출한 금액은 15조 3,671억 원에 달합니다. 작년 이주열 총재 부임 이후 1년 만에 66.5%나 크게 늘어난 액수입니다. 문제는 한국은행이 원래 정책자금을 지원해서는 안 되는 기관이라는 데 있습니다.

그런데도 한국은행의 정책자금 지원은 점차 늘어나고만 있습니다. 마치 정부가 한국은행의 자금을 쌈짓돈처럼 쉽게 가져다 쓰는 일이 발생하고 있는 겁니다. 금리정책 등은 정부와 긴밀하게 발을 맞추고 협력해야 하는데 이 방면에서는 엇박자를 내고 있으면서, 정작 또렷한 목소리를 내야 할 정책자금 지원에 대해서는 굉장히 협조적으로 움직이고 있습니다.

정책자금 지원은 원래 정부가 하는 일입니다. 한국은행이 정책자금을 취급한다는 것 자체가 한국은행법 위반입니다. 지금 정책자금 지원으로 대출된 15조 3,671억 원 전체가 한국은행법을 위반하고 빌려주었을 가능성이 있습니다. 한국은행이 돈을 빌려준 곳은 한국정책금융공사라는 기관입니다.

사실 한국정책금융공사의 존폐 여부 자체가 논란의 대상입니다. 산업은행이 한국정책금융공사의 일을 계속해오고 있었는데 산업은행에서 분리되어 나온 것이 한국정책금융공사이거든요. 지금 다시 산업은행과 합병해야 할 것인가를 두고 얘기가 오가고 있습니다. 한국은행이 이 한국정책금융공사라는 곳에 작년에만 3조 4,590억 원을 대출해줬습니다.

회사채 신속 인수 제도, 그러니까 쉽게 말해 해운업체, 조선업체 같은 곳들의 경영이 어려워져서 회사채가 안 팔리자 정책금융공사가 회사채를 인수해준 겁니다. 정책금융공사가 회사채 인수에 소모한 비용이 3조 4,590억 원입니다. 사실 이 비용은 정부 예산으로 보전해줘야 합니다. 그런데 정부가 예산이 없다는 이유로 한국은행에 3조 4,590억 원을 떠맡긴 것이죠. 정부가 한국은행의 돈을 강탈해간 거나 마찬가지입니다. 그런데도 한국은행은 이 사안에 대해서 아무 말도 없어요.

그리고 '금융중개지원대출' 명목으로 나간 돈이 11조 9,871억 원입니다. 금융중개지원대출은 이전에 '총액한도대출'이라고 불렸습니다. 두 이름 모두 무슨 말인지 알아듣기 어렵지 않습니까? 이름만 듣고서는 무엇을 뜻하는지 유추하기가 어렵죠. 대체 금융중개지원대출은 무슨 말일까요?

진실을 숨기기 위해 이런 복잡한 말을 쓰는 거죠. 뭔가 떳떳하지 못한 일을 하려다보니 이름을 어렵게 하는 겁니다. 금융중개지원대출은 중소기업 지원 대출입니다. 금융중개라는 말처럼 중간에 시중은행을 끼고 한국은행이 중소기업에 대출을 해주는 겁니다. 이게 11조 9,081억 원입니다. 물론 이것 역시 한국은행이 할 일은 아닙니다.

한국은행의 통화정책이라는 것은 원래 보편적이고 무차별적인 정책입니다. 무차별이라는 말은 문자 그대로 차별이 없다는 이야기입니다. 한국은행은 금리를 올리거나 내리면서 시중 자금을 통제합니다. 밀물과 썰물처럼 보편적인 법칙에 따라 시장을 통제하는 거죠. 이 사람에게 빌려주고 저 사람에게 빌려주는 것은 한국은행의 통화정책이 아닙니다.

한국은행은 지난달에 금리를 0.25% 내리면서 동시에 20조 원까지 대출 한도를 늘리겠다고 발표했습니다. 지금 한국은행이 중소기업에 대출해준 돈이 11조 9,081억 원인데 더 늘리겠다는 거죠. 아마 이 한도는 또 늘어날 겁니다. 그렇게 되면 아마 중소기업 대출 총액이 20조 원을 넘어가겠죠. 한국은행이 자신들 본연의 역할을 망각하고 있습니다. 대출받을 사람을 심사해서 돈을 대출해주는 것은 한국은행이 아니라 시중은행이 할 일이죠.

시중은행은 자신들의 신용평가에 따라 대출 가능 여부와 대출 액수를 산정합니다. 원래 금융이란 것은 비가 내릴 때 우산을 빼앗는 짓과 같습니다. A라는 기업의 비즈니스가 갑자기 어려워지면 돈을 회수하고, A의 사업이 잘 풀리면 돈을 더 쓰라고 빌려주는 겁니다. 그래야 은행이 수익을 낼 수 있는 거죠. 또 그렇게 하면서 산업구조조정이 자연스럽게 이뤄지게 하는 거고요. 그렇게 하지 않으면 구조조정이 이뤄지지 않죠. 시장기능을 통해 자본이 효율적인 곳으로 흘러가게 하는 것이 금융 중계 기능의 원칙입니다.

대출을 받을 만한 자격이 있는 자가 돈을 빌려가는 것이 금융의 원칙입니다. 충분히 갚을 수 있는 자에게 돈을 빌려줘야지, 갚을 수도 없는 사람에게 돈을 빌려주는 것은 그 사람의 파산을 부추기는 것과 다름없습니다. 그래서 시중은행들은 신용평가를 엄격하게 하고 선택해서 대출을 해줍니다. 이건 시중은행들이 해야 할 역할입니다.

한국은행은 통화정책을 총괄하는 기구입니다. 한국은행이 무슨 시중은행 본점처럼 행동하면 안 됩니다. 대체 한국은행 사람들은 무엇을 하고 있는지 모르겠어요. 정부도 문제입니다. 한국은행은 자기 쌈지주머니가 아닙니다. 돈이 필요하다고 해서 한국은행을 압박하고 있는데, 그런 일이 발생해서는 안 됩니다.

지금 한국은행이 중소기업에 대출한 돈은 누구의 돈일까요? 이건 돈이 아닙니다. 돈이라고 하는 것은 공짜가 아닙니다. 피와 땀을 흘려서 벌어야 돈입니다. 그렇기 때문에 돈이 귀한 겁니다. 돈이 필요한 사람에게 돈을 대출해주고 이자를 받으며, 예금을 한 사람에게는 이자를 주는 것이 은행의 기능입니다. 누군가의 수고와 희생이 배어있지 않은 15조 3,671억 원이라는 돈을 한국은행이

● ● ●

한국은행은 통화정책을 총괄하는 기구입니다. 한국은행이 무슨 시중은행 본점처럼 행동하면 안 됩니다. 대체 한국은행 사람들은 무엇을 하고 있는지 모르겠어요. 정부도 문제입니다. 한국은행은 자기 쌈지주머니가 아닙니다. 돈이 필요하다고 해서 한국은행을 압박하고 있는데, 그런 일이 발생해서는 안 됩니다.

빌려주고 있습니다.

미국 중앙은행도 화폐를 찍어내는 양적완화를 하고 있지만, 이렇게 몰지각하게 하지는 않습니다. 한국은행처럼 아무 채권이나 사주고 그러지 않습니다. 국채 발행 등은 결국 국민들의 세금으로 채워야 하는 것을 바로 인식하고, 양적완화를 하더라도 얼마를 풀어야 할지 정확하게 계산해서 합니다. 채권의 경우도 국가기구인 프레디 맥Freddie Mac, 패니 메이Fannie Mae에서 만든 모기지 채권 두 가지만 취급합니다.

그들은 양적완화의 총액 한도를 정할 때 인플레이션을 일으키지 않는다는 조건 하에서 고용을 유지하는 데 필요한 금리 차, 금리수준이라는 것을 계산해내요. 물가상승을 촉발시키지 않는 실업률을 나이루NAIRU, Non-Accelerating Inflation Rate of Unemployment라고 합니다. 그저 인위적으로 필요하다고 찍어내는 것이 아니에요. 명확한 규칙을 가지고 양적완화를 하고 있다는 겁니다.

　지금 대한민국은 원칙도, 규칙도 없이 그냥 되는 대로 살고 있는 겁니다. 더 이상 이래서는 안 됩니다. 한국은행이 이렇게 타락해서야 되겠습니까? 돈이라는 것은 함부로 하면 안 됩니다. 그런데 지금 한국은행은 수십 조 원을 찍어서 마음대로 쓰고 있습니다. 부디 한국은행이 다시 정신을 차리고 본연의 모습으로 돌아가길 바랍니다.

예산 시즌의 진풍경

▶ 우리나라 정치가 돌아가고 있는 것을 보고 있노라면 참 재밌습니다. 정부에서 만드는 법이 있고 국회에서 만드는 법이 있는데, 최종적인 입법권은 국회가 가지고 있습니다. 그것을 악용해 국회가 법을 장난처럼 만들고 있습니다. 지금 그 얘기를 하려고 합니다.

국회의원들은 대통령을 보고 제왕적 대통령이라고 말합니다. 하지만 국회야말로 무소불위無所不爲의 권력을 가지고 있습니다. "민주주의에서 입법부, 행정부, 사법부의 삼권은 분립되어 있고, 서로 견제와 균형을 이루고 있다." 교과서에도 그렇게 나와 있습니다만, 실제로는 입법부가 절대적으로 우위를 가지고 있죠.

국정감사 기간이 되면 입법부인 국회에서 행정부에 대한 감사를 진행합니다. 하지만 국회에서는 도를 넘는 행동을 합니다. 국정감사를 핑계 삼아 행정부 인사들은 물론이고 민간 기업인들까지 불러내서 호통을 치고 위세를 부립니다. 그래서 기업에서는 국회에 불려가지 않으려고 감사 기간만 되면 문이 닳도록 국회의원 방을 드나듭니다. 국회의원들로서는 으쓱하죠. 유력한 기업의 인사들이 자기를 면담하겠다고 줄을 서고 있으니까요. 힘 꽤나 있는 국회의원들은 100명씩 줄을 서서 기다리기도 합니다. 권력 좋아하는 사람들에겐 국회의원, 이것 참 좋은 직업입니다.

특히 예산 심의를 하는 기간은 정말 가관입니다. 다음 해의 정부 예산을 확정해야 하는데 그 예산을 조금이라도 따먹어보겠다고 하는 사람들로 국회는 인산인해를 이루게 마련입니다. 국회에는 주차할 공간이 없고 복도는 공기가 탁할 정도로 민원인들이 몰려듭니다. 예산을 편성하는 권한은 정부가 가지고 있습니다. 국회는 단지 예산 심의만을 하는 곳입니다. 심의는 제출된 예산안을 옳고 그름을 따져 예산을 줄이는 일이지, 자신들의 입맛대로 예산을 늘리는 일이 아닙니다.

하지만 지금은 국회에서 예산을 자신들의 마음대로 주무르고 있습니다. 그러다보니 여러 분야의 민원인들이 국회의원들에게 달려가고 있는 겁니다. 돈이 걸려 있기 때문에 모든 민원인들이 필사적으로 달려듭니다. 국회의원들을 찾아가 로비 등을 하는 거죠.

이게 바로 부정부패로 이어지는 겁니다. 국회 예결위에서 마지막으로 계수 조정을 할 땐 호텔에 가서 합니다. 왜 예산안을 가지고 조용한 밀실로 들어가는 걸까요?

국회의원이 예산심의를 할 때 질문이 있으면 기획재정부에 질문을 해야 합니다. 기획재정부에는 따로 예산실이 있습니다. 예산실장이 정부 각 부처의 예산안을 제출받은 후, 각 부처와 협의한 다음 예산안을 확정합니다. 이 과정은 정말 어렵습니다. 굉장히 객관적으로 계산을 해야 하며, 냉정하게 다른 부처들의 요구를 거절해야 하기도 합니다. 예산안이 확정되면 국회에 이를 제출합니다.

그렇게 복잡한 과정 속에서 만든 예산안을 국회의원들이 앉아서 다시 편성하는 겁니다. 이건 명백한 월권입니다. 그런데도 국회의원들은 자신들이 뭘 잘못하고 있는지조차 모르고 있죠. 그저 자신들에게 입맛을 맞춰주는 민원인의 요구에 따라 예산을 만집니다.

그러면서 온갖 부조리가 나옵니다. 국회의원 몇 명이 툭하면 검찰에 고발되어 소환당하고 고발된 국회의원들은 국회 뒤에 숨어버리고 동료 의원들이 숨겨주는 일이 해마다 반복됩니다. 오죽하면 '방탄국회防彈國會'라는 말까지 나오겠습니까?

● ● ●

왜 예산안을 들고 막판에 호텔에 들어가서 문을 걸어 잠급니까? 왜 국회의원 사무실 앞에 민원인들이 100명씩이나 들이닥쳐 몇 시간 동안 기다리고 있는 겁니까? 이렇게 결정되는 예산을 여러분은 어떻게 생각하십니까? 국회가 정상적으로 움직이기 위해서는 로비 양성화법이 통과돼야 합니다. 어떤 돈이 어떤 사람들의 손을 거쳐 갔으며 누가 누구를 만났는지, 다 기록하고 공개해야 합니다. 더 이상 고급식당, 호텔 등 은밀한 장소에서 로비가 이루어지는 일이 없도록 해야 합니다.

민원인들은 국회의원 사무실뿐만 아니라 해당 의원의 출판기념회에도 달려갑니다. 출판기념회는 합법적으로 뇌물을 주고받는 행사죠. 감사 기간, 예산심의 기간에는 정치인들의 출판기념회가 넘쳐납니다. 책을 산다는 명목으로 엄청난 금액을 해당 의원에게 건넨 후 예산 심의를 하는 데 가서 부탁하는 겁니다. 그러면 안 들어줄 수가 없겠죠.

자, 그래서 저는 이렇게 했으면 합니다. 예산심의 기간 동안 기획재정부 직원들, 개별 부처 직원들, 관련 민원인들이 만날 일은 분명히 있을 겁니다. 차라리 아예 그런 기록들을 다 남기고 로비를 양성화했으면 합니다. 로비를 양성화하자고 하면 오해하는 사람들이 많습니다. 로비를 양성화하면 돈 많은 재벌들만 떳떳할 것 아니냐고 주장하는 사람들 때문에 로비 양성화가 번번이 부결되고 있습니다.

은밀하게 하고 있는 로비를 공개하도록 만드는 것이 로비 양성화법입니다. 어떤 민원인이 어떤 국회의원을 찾아가 무슨 로비를 했는지 전부 공개하자는 겁니다. 로비 양성화법이라기보다는 로비 공개법이라고 하는 게 맞을 겁니다. 이렇게라도 로비를 공개하게 만들든지, 민원인들의 국회의원 사무실 출입을 금지시키든지, 둘 중에 하나는 해야 국회에 예산심의를 맡길 수 있습니다.

왜 예산안을 들고 막판에 호텔에 들어가서 문을 걸어 잠급니까? 왜 국회의원 사무실 앞에 민원인들이 100명씩이나 들이닥쳐 몇 시간 동안 기다리고 있는 겁니까? 이렇게 결정되는 예산을 여러분은 어떻게 생각하십니까? 국회가 정상적으로 움직이기 위해서는 로비 양성화법이 통과돼야 합니다. 어떤 돈이 어떤 사람들의 손을 거쳐 갔으며 누가 누구를 만났는지, 다 기록하고 공개해야 합니다. 더 이상 고급식당, 호텔 등 은밀한 장소에서 로비가 이루어지는 일이 없도록 해야 합니다.

하지만 시민단체들이 반대하는 바람에 엉뚱하게 불법적으로 로비를 받는 국회의원들만 도와주고 있습니다. 또 예산 철이 다가옵니다. 또 많은 민원인들이 국회의원을 만나기 위해 복도에서 발을 구르고 로비를 하기 위해 애쓰겠죠. 국회의 예산 심의, 이제는 바뀌어야 합니다.

이 분들이 만든 비뚤어진 '김영란법'

▶ 논란이 많았던 '김영란법'에 대해서 이야기해보겠습니다. 우리 나라의 법 해석이라든지 법규에 대한 원칙은 완전히 고무줄입니다. 어떤 때는 굉장히 엄격하게 해석하기도 하고 어떤 때는 제멋대 로 갖다 붙이기도 하지요. 김영란법의 원래 이름은 '부정 청탁 및 금품 수수 금지에 관한 법률'입니다. 쉽게 말해 뇌물 받는 고위 공 직자들을 처벌하겠다는 겁니다.

한때 이른 바 '벤츠검사사건' 등이 문제가 되기도 했습니다. 이 사건을 간단하게 설명 드릴까요? 내가 어떤 검사에게 뭔가 청 탁할 게 있는데 그 검사한테 직접적으로 청탁하지 않고 그 검사 의 친구인 다른 검사에게 뇌물을 주고 말 좀 잘해달라고 부탁한 겁니다. 그게 '벤츠검사사건'인데 벤츠를 받은 여검사는 기소되지 않았습니다. 벤츠 여검사는 직접적으로 힘을 쓸 수 있는 당사자가 아니라, 그저 친구일 뿐이기에 뇌물관계가 아니라는 겁니다. 분명히 변호사법 위반 등으로 얼마든지 처벌할 수 있었는데, 법조인들은 그렇게 하지 않았어요. 자기들끼리 봐주기를 한 거죠.

"처벌을 하기 위해서는 뇌물의 대가성이 확실해야 된다." 법조인들은 그런 원칙을 내세우며 법을 이리저리 빠져나갔습니다. 한때 '포괄적 뇌물죄'라는 말이 있었습니다. 권력관계를 형성한다고 보고 포괄적으로 뇌물을 준 것으로 간주하는 법이었죠. 하지만 형벌은 구체적인 행동이 정확하게 명시되어 법률에 정의되어야 한다는 '죄형 법정주의'라는 원칙도 있습니다. 이것을 교묘하게 해석함으로써 그저 관계가 좋아서 준 것이라는 억지를 부리며 빠져나가는 거죠. 부정한 청탁을 했다 하더라도 대가성은 입증하지 못하면 처벌하지 못하는 겁니다.

참, 어이가 없는 일이죠. 누가 벤츠를 선뜻 선물로 줍니까? 돈을 받아도, 고급차를 받아도, 룸살롱 접대를 받아도, 다 죄가 성립되지 않았습니다. 일반 국민들에게는 엄격하게 법을 적용해서 전과자로 만들고서 힘이 있는 자들은 교묘하게 빠져 나갑니다. 그래서 그들을 처벌할 수 있도록 하고자 한 법이 김영란법입니다. 당시 국민권익위원장인 김영란 전 대법관이 이 법을 제안하면서 김영란법이라는 이름이 붙었던 것이죠. 김영란 전 대법관은 대한민국 사법사상 첫 여자 대법관으로 퇴임 후 변호사 활동을 하지 않겠다고 선언해 전관예우 관행이 만연한 법조계에 경종을 울린 분이기도 합니다.

김영란법의 핵심은 직접적인 뇌물뿐만 아니라 간접적인 뇌물도 처벌하겠다는 겁니다. 그동안 있었던 부정 청탁 및 그와 관련된 뇌물을 모두 명확하게 규정하겠다는 겁니다. 정말 취지는 참 좋습니다. 지금 만들어진 안에 의하면, 백만 원 이상의 뇌물을 받으면 처벌한다고 합니다. 하지만 이 법이 언제부터 효력을 발휘하는지, 언제까지 유예하는지에 대해서 논란이 있었습니다. 그리고 이 법에는 두 가지 중요한 사항이 빠졌습니다.

첫째, 대상자 선정이 잘못되었습니다. 공직자는 '특별 권력 관계의 상태에 있는 자'로 규정됩니다. 예를 들어 저는 함께 일하는 김PD에게 상급자이긴 하지만, 명령을 할 수는 없습니다. 아무리 제가 상급자라 해도 김PD와는 같이 일하는 동료 관계이기 때문입니다. 하지만 공무원은 그렇지 않습니다. 공무원은 국가권력의 일부를 공유하고 그 권력을 행사하는 자입니다. 경찰관이 검문을 하겠다고 하면 검문을 받아야 합니다. 그렇지 않으면 처벌을 받습니다. 강제력이 동원되는 것이죠. 고위직으로 갈수록 행사할 수 있는 권력은 더 커지죠. 공직자는 특별한 권력관계에 있으므로 부정한 청탁이나 뇌물을 받을 가능성이 있기 때문에 법으로 규정하자는 것인데, 놀랍게도 김영란법에는 기자, 교수, 교사까지 포함되어 있습니다.

이 법의 대상자가 처음에는 153만 명이었는데, 갑자기 거의 1,000만 명 정도로 늘어나버렸습니다. 그 사람들이 전부 권력을 휘두르는 사람들인가요? 권력관계에 있는 사람들의 부정 청탁과 뇌물 수수를 막겠다는 법이 아무 상관도 없는 언론사 기자, 교사, 학부형 관계까지 옭아매었습니다. 교사가 권력을 휘두를 수 있는 자리인가요? 학부형에게 권력을 휘두를 수 있다는데 오히려 학부형이 교사에게 횡포를 부릴 수도 있죠. 언론사는 또 어떻습니까? 물론 저질 언론사나 횡포를 부리는 기자들은 처벌해야겠지만 그걸 위한 다른 규제 방법은 얼마든지 있습니다. 국가는 언론사 업무의 처분 권한이 없습니다. 그런데 언론인도 공직자라는 황당한 논리로 이 법에 포함시켰습니다. 부정 청탁이 가능한 국회의원 같

● ● ●

우리 사회 기득권들의 비리를 바로 잡자는 것인데, 상관없는 사람들을 옭아매고 자신들은 빠져나가려는 국회의원들의 태도를 보면 정말이지, 욕이 나옵니다. 정규재라는 사람의 인내심으로는 참 견디기 어렵습니다. 우리나라 국회 수준이 이렇습니다. 독설 잘하는 국회의원들 다 어디 있나요? 정작 이런 사안에 대해서는 왜 침묵을 지키고 있나요? 국회의원들께서 법을 이렇게 만드셨습니다. 우리는 이런 분들을 국회의원으로 뽑았습니다. 오늘날 벌어지고 있는 일들에 참으로 씁쓸함을 느낍니다.

은 고위공직자로 범위를 줄여야 합니다.

둘째, 국회의원들이 빠져나갈 수 있는 구멍이 너무나 많습니다. 네. 저는 국회의원을 신뢰하지 않습니다. 1년 6개월이라는 유예기간을 둔 것도 저는 국회의원들이 빠져나가기 위한 시간을 벌려고 한 행동이라고 생각합니다. 1년 6개월 후라면 그들의 임기는 끝나거든요. 자신들의 임기 동안에는 관계없는 법으로 만든 겁니다. 국민여론에 따라, 우리 사회의 개혁을 위해 통과시킨 것처럼 포장해놓고 자신들의 살 길은 다 만들어놨습니다. 심지어 국회의원 가족들도 김영란법에서 다 빠져나왔습니다. 부인을 제외하고는 형제, 자녀들은 부정 청탁이나 뇌물을 받아도 처벌받지 않습니다.

이런 엉터리 같은 법에 김영란법이라는 이름이 붙었습니다. 앞으로도 계속 김영란법이라는 이름으로 불리겠죠. 김영란 대법관은 지금 무슨 생각을 할까요? 아마 김영란 대법관은 후회를 하고 있지 않을까 싶습니다.

우리 사회 기득권들의 비리를 바로 잡자는 것인데, 상관없는 사람들을 옭아매고 자신들은 빠져나가려는 국회의원들의 태도를 보면 정말이지, 욕이 나옵니다. 정규재라는 사람의 인내심으로는 참 견디기 어렵습니다. 우리나라 국회 수준이 이렇습니다. 독설 잘하는 국회의원들 다 어디 있나요? 정작 이런 사안에 대해서는 왜 침묵을 지키고 있나요? 국회의원들께서 법을 이렇게 만드셨습니다. 우리는 이런 분들을 국회의원으로 뽑았습니다. 오늘날 벌어지고 있는 일들에 참으로 씁쓸함을 느낍니다.

수도권 규제;
"이 놈을 죽이면 저 놈이 살까?"

▶ 어제 *한국경제* 보도에 의하면 박원순 시장이 도시 재생사업을 알리는 세미나를 시작했다고 합니다. 도시 재생이라는 말은 적절한 표현이 아닙니다. 도시는 스스로 발전하고 진보해나가는 존재이기 때문입니다. 박원순 시장이 재생사업이라는 이름으로 뭔가 프로젝트를 내놓는 것 같습니다.

그동안 "박원순 시장은 도시를 잘 모르는 사람이다"라며 박원순 시장의 도시 정책을 비판했던 사람들을 의식하는 정책 변화라고 봅니다. 정치인이니 선거 전략 차원에서의 이유도 있겠습니다만, 비판을 받아들여서 뭔가 변화하는 모습은 긍정적인 현상입니다.

그는 서울 시내 7곳을 육성한다고 합니다. 영등포 문래동은 문화와 디자인을 개발하고 한전이 있었던 영동권 지역에는 MICE 산업을, 상암DMC와 수색 지역은 IT와 미디어 산업을 육성하겠다고 합니다. 장안평에는 자동차 산업을 육성하고 세운상가에는 부품 및 소재 산업을, 서울역에는 아현고가도로 근처에 공원 등을 조성하여 역사, 관광 산업을 육성하겠다고 합니다.

특히 서울역 근처에 공원을 조성하는 계획을 두고 말들이 많은데요. 저는 거기에 썩 반대하지 않습니다. 안전시설을 제대로 갖추고 예쁘게 꾸며 놓으면, 젊은이들이 데이트하기에도 좋을 거고 관광객들도 좋아하겠죠. 남대문 상인들이 반대를 한다고 하는데, 제가 볼 때는 근거 없는 반대라고 생각됩니다. 공원이 생기면 도보로 움직이는 사람들도 많아지고 그 주위로 카페도 생기면서 활력이 넘치는 도시로 변할 거라 생각합니다. 저는 그 계획 자체는 좋다고 생각합니다.

박원순 시장이 서울의 7곳을 산업융합 지역으로 재개발하겠다고 하는데, 이것은 새로운 아이디어는 아니고 그동안 해왔던 것입니다. 상암DMC에는 이미 방송국들과 프로덕션 회사들이 많이 들어와 있죠. 도시를 도시답게 만들겠다는 사업인데, 제가 볼 때는 박원순 시장이 도시적인 마인드를 가지고 처음 내놓는 사업입니다. 그동안 했었던 사업들은 농촌사업이었죠. "도시농업을 하겠다", "협동조합을 만들겠다", "마을사업을 하겠다" 등의 소위 반反

도시형 사업들이었습니다. 도시에 대해 전혀 개념이 없는 사람이 큰 도시의 시장을 하고 있는 것으로 보였기 때문에, 제가 비판을 많이 하기도 했습니다. 사실 이번 사업은 좀 뒤늦은 감이 있습니다.

집권 초기부터 열심히 도시를 개발하고 그랬어야 했는데 엉뚱한 행동을 했죠. 서울 동대문에 있는 디자인 센터도 처음의 디자인 센터 개념은 완전히 없어지고 무슨 컨벤션 센터처럼 돼버렸습니다. 그것은 박원순 시장이 정치인으로서 계속해서 비판받아야 할 부분입니다. 그래도 비판을 극복해보려는 자세는 정치인으로서 긍정적이라 평가할 수 있을 겁니다.

하지만 사업 내용을 들여다보면 아직 한참 멀었다는 생각이 듭니다. 박원순 시장이 도시에 대한 이해가 좀 깊어졌으면 했는데, 아직은 그렇지 못한 것 같습니다. 도시의 기능이나 문명의 본질이 충분히 이해되지 않은 것 같습니다. 왜냐하면 마을사업을 계속하고 있거든요. 그런 측면에서 보면 정치적 제스처로 이번 사업을 발표한 것인지, 의구심이 들기도 합니다. 이명박 전 대통령이 서울시장 시절에 청계천 복원을 했으니 자신도 눈에 보이는 뭔가를 내놓으려 했던 게 아닌가 싶기도 하고요.

박원순 시장이 도시에 대한 이해가 충분히 되었다면, 지금이라도 서울과 수도권 규제를 풀자고 건의해야 합니다. 박원순 시장이 수도권에 대한 규제를 풀기 위한 실질적인 노력을 기울일 때 그가 도시와 서울시장에 대하여 어느 정도 이해했다고 판단할 수 있을 것 같습니다.

실은 제가 오늘 하고 싶었던 얘기는 박원순 시장의 정책이 아니라 수도권 규제에 대해서입니다. 최근 *한국경제*에 보도된 몇 가지 사례들을 얘기해보도록 하겠습니다. 사례 하나를 제가 한 번 읽어드리겠습니다.

국내 제약업체 7위인 제일약품, 지난 6년간 수도권 규제에 부딪힌 스토리.

제일약품은 노후 공장을 리모델링하는 단계에 진입했지만, 공장 면적을 단 1도 늘리지 못했다. 한국화이자 부사장 출신으로 2005년 3월 제일약품 대표로 영입된 성석재 사장은 경기 용인시 백암면에 자리 잡은 백암공장을 둘러보고 깜짝 놀랐다. 시설이 너무 낡아빠졌고 근로자들의 작업환경이 너무 나빴던 것이다. 사무실과 창고를 추가로 지을 부지도 없었다. 직원들은 1985년 공장 설립 이후 30년 동안 한 번도 개보수를 하지 못했기 때문이라고 말했다. 성사장은 공장 신축을 결심했다. 성장을 위해서라도 공장 규모를 늘려야 했다. 이를 위해 기존 부지인 3만 5,000핵타르 옆에 새로운 부지 3만 7,000여 핵타르를 매입했다. 하지만 새로 산 땅이 국토 계획 및 이용에 관한 법률상 도시계획 시설에 속해 산업단지로 지정받기 전까지는 제조 시설을 지을 수 없다는 소식이 전해졌다. 설상가상으로 기존 땅과 새로 구입한 땅을 합하면 전체 면적도 7만 2,000핵타르에 달했다. 용인 같은 수도권의 자연 보전권역에 속한 공장용지는 산업집적활성화 및 공장설립에 관한 법률, 즉 '산집법'에 따라 6만 핵타르를 넘지 못하게 되어 있다. 제일약품은 결국 신건축을 포기했다. 비수도권으로의 이전도 검토했다. 같은 제약업체인 유한양행, 녹십자 등이 충북으로 옮겨서 세제 지원을 받았다는 말을 들었다. 그런데 알아보니까 그것도 안 된다는 것이었다. 자연보전권역인 공장은 예외라는 사실을 알게 되었다. 신 공장 증세는 낮췄지만 이번엔 상반된 규제가 발목을 잡았다. 6만 핵타르 이하 부지만 공업용지로 조성할 수 있다는 법에 따라서 새로 편입한 부지 중 2만 4,000핵타르만 산업용지로 인가를 받으려고 했더니 국토부의 지침과 맞지 않다는 유권해석이 내려졌다.

뭐, 이런 기사입니다. 진로도 마찬가지죠. 진로 공장은 경기도 이천에 있는데 공장을 더 못 늘리니까 원액 공장을 충청도에 지었습니다. 그러는 바람에 이천에서 충청도를 왔다 갔다 하면서 제품을 만들고 있습니다. 그러니 물류비용이 엄청나게 들어가겠죠. 한 공장에서 하면 될 일을 공장을 증설하지 못해 이런 불편을 겪는 겁니다. 수많은 기업들이 수도권 규제로 막심한 손해를 보고 있습니다.

수도권 규제는 '프로크루스테스의 침대'와도 같은 법입니다. 프로크루스테스라는 자가 지나가는 나그네를 데려다가 침대에 눕혀보고 몸이 침대 밖에 삐져나오면 잘라버리고 침대에 모자라면 늘려버렸다는 얘기가 프로크루스테스의 침대입니다.

이렇게 수도권에 공장을 짓지 못해 다른 지역으로 옮긴 기업도 있습니다만, 하이트, 진로, 뉴트리바이오텍, 샘표식품 등 많은 기업들이 현재 중국 등의 해외로 공장을 옮기고 있습니다. 공장이 빠져나가면서 일자리도 함께 빠져나가고 있습니다.

대통령이 수도권 규제를 풀겠다고 약속하기도 했고 저를 비롯한 뜻있는 사람들이 앞장서서 수도권 규제를 풀어야 한다고 목소리를 높이고 있습니다. 수도권 규제 완화로 분위기가 흘러가니 최근에 지방언론들이 나서서 수도권 규제 완화 반대 캠페인을 하기 시작했습니다. 지방 언론들은 무조건 수도권 규제를 해서 강제로 지방으로 내려오게 하라고 주장하고 있습니다. 여러분, 이게 맞는 얘기일까요?

수도권 규제법은 이렇습니다. 국토의 개입 및 이용에 관한 법률인데, 이 법률은 수도권을 과밀억제지역, 성장관리지역, 자연보전지역으로 나눠놓고 그 종류마다 거기에 맞는 규제를 하고 있습니다. 그 다음 수도권 정비계획법이 있습니다. 그 다음 환경규제가 있습니다. 팔당 상수원 특별보호에 대한 규제가 있습니다. 군사시설 보호구역 보호법이 있습니다. 개발제한 구역에 관련된 법, 농지법에 관련된 법, 산업집적활성화 및 공장설립에 관한 법률, 조세특례 제한법, 지방세법도 뒤얽혀있습니다.

이 모든 규제를 통과하는 데 5~6년 정도가 걸린다고 합니다. 5~6년이 지나도 통과되지 못하는 경우도 많습니다. 특히 이천시장 같은 경우에는 속된 표현으로 미치고 환장할 노릇일 겁니다. 이천에서 경계 하나만 넘으면 규제를 받지 않는데 이천시는 경기도이기 때문에 규제를 받고 있습니다. 그래서 이천에서는 공장을 만들지 못해 창고를 만들고 있다고 합니다. 수도권 규제는 단순히 공장을 짓고 말고의 문제가 아니라, 일자리가 왔다 갔다 하는 중요한 문제입니다.

지방 사람들은 기업들이 해외로 빠져나가더라도 일부는 지방으로 흘러 들어온다고 생각합니다. 조금이라도 오는 것이 지역에 도움이 된다는 겁니다. 그럴까요? 김대중 대통령 때였나요? 당시 증권거래소, 선물거래소를 전부 부산으로 강제 이전시켰습니다. 표를 얻기 위한 방법이었죠. 금융센터 등이 지어지면서 부산이 혜택을 본 것처럼 보입니다. 하지만 우리나라 전체 금융산업을 보면 얘기가 달라집니다. 증권거래소 등이 부산으로 옮겨가면서 대한민국 금융업의 중심을 서울에 두려고 하는 계획이 물거품이 됐습니다. 부산에는 조금 도움이 되었는지는 몰라도 전체적으로 마이너스가 됐습니다. 수도인 서울에서도 될까 말까 하는데, 부산에서 금융업이 되겠습니까? 노무현 정부 때도 행정수도 이전이랍시고 이와 비슷한 행동을 하기도 했죠. 그로 인해 세종시라는 결과물이 탄생하게 됐고요.

이제 계속해서 공장들이 중국, 베트남 등으로 나가고 있습니다. 수도권을 규제한다고 충청도나 부산으로 가지 않습니다. 지금 젊은이들의 일자리가 있습니까? 지금도 실업률이 높아서 힘들어하는 젊은이들의 일자리가 더욱 줄어들고 있습니다. 항간에는 청년실업률이 20%를 넘어서 젊은이들이 폭동을 부리면 수도권 규제가 풀릴 것이라는 얘기까지 있습니다. 이제 생각을 바꿔야 합니다. 균형성장 자체를 목표로 삼는 이런 정책이 얼마나 어리석은 결과를 가져오는지, 정부는 똑바로 알아야 합니다.

● ● ●

수도권을 억제하면 전국의 균형 발전을 이룰 수 있다는 환상! 대기업을 규제하면 중소기업이 살 것이라는 환상! 전부 다 말 그대로 환상에 불과합니다. 그런 경제학은 없습니다. 단순히 "이 놈을 규제하면 저 놈이 좋아지겠지"라는 생각은 경제학에 맞지 않습니다. 하루 빨리 정부가 수도권 규제를 풀어서 국가경제도 살리고 청년실업률도 좀 내렸으면 합니다.

우리나라 초대 기업들은 이미 성장의 한계가 왔습니다. 이제 중견기업들이 성장해야 하는데, 이런 중견기업들이 전부 중국, 베트남 등으로 나가고 있습니다. 지방으로 가는 기업들은 내수기업 밖에 없습니다. 리바트, 진로 같은 내수 기업들은 해외로 나갈 수가 없으니까요. 대신 지방으로 가려면 또 복잡한 과정을 거쳐야 하죠. 수출을 하는 기업은 무조건 나갑니다. 내수기업들만 죽어나는 겁니다.

그나마 내수기업들이 검토하는 지역은 충청도입니다. 기업이 규제를 피해 북위 37도선을 중심으로 경기 남쪽 경계에만 다닥다닥 몰려드는, 이른바 '37벨트'의 출현입니다. 우리나라에만 있는 특이한 산업 벨트입니다. 수도권 규제의 피해 사례는 수도 없이 많아서, 얘기하기 시작하면 끝이 없습니다.

수도권 규제는 82년도에 시작했습니다. 60년대, 70년대에는 규제가 필요했습니다. 서울에 많은 사람들이 폭발적으로 몰리면서 주거환경이 엉망이 되는 등, 여러 가지 문제들이 발생했거든요. 서울 자체가 문제가 됐기 때문에 82년도에 수도권 규제를 하게 된 겁니다. 하지만 지금은 그렇지 않습니다. 도시 관리 기술도 좋아지면서 60년대, 70년대에 겪었던 문제점들이 사라졌습니다.

수도권을 억제하면 전국의 균형 발전을 이룰 수 있다는 환상! 대기업을 규제하면 중소기업이 살 것이라는 환상! 전부 다 말 그대로 환상에 불과합니다. 그런 경제학은 없습니다. 단순히 "이 놈을 규제하면 저 놈이 좋아지겠지"라는 생각은 경제학에 맞지 않습니다. 하루 빨리 정부가 수도권 규제를 풀어서 국가경제도 살리고 청년실업률도 좀 내렸으면 합니다.

전혀 번지수가 틀린 자영업 대책

▶ 이번엔 자영업자 대책에 대해서 좀 얘기해보겠습니다. 이번에 정부가 심혈을 기울여서 만들었다는 자영업자 대책이 나왔습니다. 이번 자영업자 대책은 권리금 문제 해결 방안과 시장 육성 방안 이 두 가지에 초점이 맞춰져 있습니다. 가장 큰 화두는 바로 권리금 문제입니다. 최근 자영업 과다경쟁 문제가 심각합니다. 치킨집, 자장면, 빵집, 편의점, 노래방 등 자영업이 포화를 넘어선 상태입니다. 매년 문을 여는 자영업 영업장과 문을 닫는 영업장 수가 비슷해지고 있습니다. 자영업자들 중에는 의사와 변호사, 회계사도 포함됩니다. 또한 웬만한 기업만큼 버는 자영업자들도 많습니다. 하지만 전반적으로 장사가 안 되는 사람들이 태반입니다.

소비자들의 마음은 변덕스럽습니다. 한때 우후죽순으로 생겼던 조개구이집 중에서 살아남은 곳은 몇 없습니다. 최근에는 노래방, 피씨방이 장사가 되지 않아 상당수가 문을 닫기 시작하고 있다고 합니다. 경쟁이 좀 치열해야 살아남죠. 요즘 유행하는 치킨집, 떡볶이집은 과다할 정도로 많습니다.

저의 가족 중에도 자영업을 하는 사람이 있고 저 자신도 대학교 다닐 때 구멍가게에서 일을 해본 적이 있고 해서 자영업의 어려움을 잘 알고 있습니다. 전제 취업자 중에 자영업자 수가 580만 명이라고 합니다. 전체 근로자의 약 22.4%입니다. 그런데 여기에는 무급 가족 종사자들이 포함되어 있지 않습니다. 무급 가족 종사자란 예를 들어 한 집의 가장이 식당을 한다고 했을 때, 아내가 도와주거나 그 집에 자식들이 도와주는 경우입니다. 그들은 따로 봉급을 받는 직원이 아니라 말 그대로 돈을 받지 않고 도와주는 사람들이죠. 이렇게 무급 가족 종사자까지 포함시키면 약 711만 명 정도가 된다고 합니다. 노인, 어린아이 등을 제외한 우리나라 경제활동 인구 중에 711만 명이라면 엄청난 비중입니다.

작년 자영업자의 평균 월간 매출이 870만 원이었습니다. 월 매출 870만 원의 중국집이라고 가정해봅시다. 최소한 3~4명은 일합니다. 배달하는 직원, 주방장, 서브하는 직원, 카운터 보는 직원 등이 필요하죠. 이렇게 아르바이트 하는 직원 임금 떼고 임대료, 재료비 등등 각종 소요되는 비용을 떼면 얼마 남지도 않습니다. 주인의 한 달 순수입이 백만 원도 채 되지 않습니다. 편의점은 더 심각합니다. 영업 이익률이 2%, 3%라고 합니다. 천만 원 매출 중에 순수입이 30만 원이라는 겁니다.

자영업자들 중에는 사정이 넉넉한 사람도 있지만 대부분이 처절한 상황에 있는 사람들입니다. 빚을 내서 하는 사람도 있고 퇴직한 다음 퇴직금으로 하는 사람들도 있습니다. 2013년 자영업 가구의 부채가 평균 9천만 원 정도라고 합니다. 2013년 폐업한 자영업 사업장은 83만 개입니다. 생계수단으로 장사를 시작했다가 빚만 지고 벼랑으로 내몰리는 사람들이 허다하다는 겁니다. 이제 베이비부머 세대가 본격적으로 은퇴하는 시기입니다. 매년 20만 명이 퇴직할 것으로 예상됩니다. 상당수 퇴직자들이 자영업을 하고 있고 앞으로도 할 것이라 예상됩니다.

미국이나 일본 등 선진국에 가면 자영업 비중이 10% 정도 밖에 되지 않습니다. 대부분 사람들이 직장인입니다. 자기 사업을 그렇게 많이 하지는 않습니다. 물론 문화의 차이겠지요. 미국은 해가 지면 뉴욕 같은 대도시를 제외하고는 온 동네가 조용합니다. 저녁에 영업하는 곳도 조용하게 영업합니다. 술집을 가더라도 맥주 한두 잔 즐기는 게 대부분입니다. 우리처럼 시끌벅적하게 영업하지 않습니다.

우리나라 국민 소득이 25,000달러라고 하는데요. 제가 체감

하는 우리나라 국민소득은 굉장히 낮은 것 같습니다. 일부 부자들을 제외하고는 소득 자체가 많지 않아요. 상황이 이렇다보니 정부가 나설 수밖에 없었던 겁니다. 정부의 보도자료에는 선진국 수준으로 자영업 비율을 낮추겠다고 나와 있습니다. 현재 자영업자 비율이 27% 정도인데 OECD 평균인 15%까지 떨어뜨리겠다는 얘기죠. 그렇다면 대략 절반인 300만 명 정도의 사람들이 자영업을 관둬야 합니다. 그럼 그들은 어디로 갈 수 있을까요? 자영업 하던 사람들이 다시 직장으로 돌아갈 수 있을까요? 이게 가장 큰 문제입니다.

그러다보니 정부에서 무리수를 두었습니다. 최경환 경제부총리가 발표한 자영업 대책을 보면서 자영업자들이 환영할 수도 있겠습니다. 하지만 대책들이 굉장히 근시안적입니다. 자영업 대책은 크게 2가지입니다. 첫째, 권리금을 보장하겠다고 합니다. 둘째, 상인자치조직을 지원하겠다고 합니다.

먼저 권리금이 무엇인지 살펴보겠습니다. 권리금은 크게 두 가지 개념인데요. 대개 장사를 하려고 하면 점포를 임대합니다. 임대한 점포에 장사에 필요한 여러 가지 설비들이 들어가야겠죠? 그 돈이 만만치 않습니다. 물론 장사를 하는 동안에 투자한 시설비 이상의 수익을 얻어야겠지만 임대 기간이 끝나거나 임대료를 내지 못해 가게 문을 닫아야 하는 상황이 발생하기도 합니다. 이때 투자한 설비를 급하게 처분하려고 하면 헐값에 처분하게 되겠죠. 투자한 시설비를 회수할 방법이 없습니다. 이걸 어떤 식으로든 보전받아야겠죠? 그때 그 시설 투자액이 바로 권리금입니다.

또 다른 권리금 개념은 브랜드 가치입니다. 자리가 좋다든지 굉장히 만족도가 높아 장사가 잘되는 집들이 있습니다. 많은 단골을 확보하고 있겠죠. 바로 브랜드 가치가 높다는 것입니다.

그런 가게에서 장사를 하면 아무래도 영업이 훨씬 수월하겠죠. 그 브랜드 가치가 또 하나의 권리금이라고 할 수 있습니다. 한마디로 권리금은 투입된 자금, 브랜드 가치 등 전 주인이 만들어낸 가치를 모두 포함해서 권리금이라고 합니다.

그런데 이 권리금을 법적으로 보장해주겠다고 하면 복잡한 문제들이 발생합니다. 이 가게의 권리금을 객관적으로 할 수 있느냐는 것입니다. 어떤 이는 가게의 가치를 굉장히 잘 올려놓습니다. 심지어 전문적으로 권리금만 노리는 프로들도 있을 정도입니다. 또한 어떤 이는 가게의 가치를 굉장히 떨어뜨려 놓습니다. 이런 상황에서 어떠한 기준으로 어떻게 권리금을 산정할 것인가요? 가치라는 것을 객관적인 금액으로 환산한다는 것이 가능한가요?

더 큰 문제는 건물주의 권리를 상당 부분 훼손한다는 데에 있습니다. 어제(2014. 9. 25) 나온 대책에 의하면, 세입자가 새로운 임차인을 데리고 왔을 때 건물주는 그것을 존중해야 한다고 합니다. 건물주 마음대로 세입자를 정할 수 있는 것이 아니라 세입자 마음대로 한다는 겁니다. 건물주와 세입자의 권리가 역전된 겁니다.

건물에 세를 줄 때 건물주는 단순히 돈을 많이 주는 세입자에게 임대를 해주지 않습니다. 건물에 어떤 상가나 사무실이 들어오느냐에 따라 건물의 이미지와 가치가 달라지기도 하거든요. 그런데 건물주의 권리를 제한하고 세입자의 권한을 대폭 강화시켜버리면 건물주 마음대로 계획하거나 개발하기가 힘들어집니다. 그렇게 해서 상가 개발이 실패하거나 상가의 가치가 떨어지면 그 피해는 고스란히 다시 자영업자에게 돌아갑니다. 지금 당장은 자영업자에게 좋을지 모르나 결국에는 자영업자에게 독이 되는 겁니다.

상인자치조직 지원도 마찬가지입니다. 정말 이상적으로 상권 관리를 잘해서 자영업자들이 장사가 잘 되면야 얼마나 좋겠습니까? 지금도 상가번영회가 있습니다. 상가번영회가 상가 전체를 관리하죠. 청소도 하고 화재관리도 하고 분쟁 조절도 해주고. 그런데 상가번영회를 법률적 기구를 만들어서 상가를 관리하겠다? 그렇다면 상가번영회에게 엄청나게 큰 힘을 실어주겠죠. 그렇다면 그 권력을 가진 사람이 과연 공평하고 올바르게 상가를 관리할까요? 그 권력을 가진 사람이 독재나 전횡을 할 가능성도 굉장히 많습니다. 자기 마음대로 시장의 질서를 어지럽힐 수도 있습니다. 부작용 요소를 안고 간다는 겁니다. 이렇게 많은 문제들이 도사리고 있는 게 이번 정부의 대책입니다.

자영업의 세계는 굉장히 치열한 세계입니다. 711만 명이 종사하고 있고 매년 80만 명이 넘는 사업자가 진입하고 또 밀려나는 곳입니다. 이런 치열한 세계에서 정부가 섣불리 개입해서 질서를 재편한다는 것이 맞는 일일까요?

물론 악덕 건물주들도 있겠죠. 그런 건물주들로부터 자영업자들을 보호한다는 취지는 참 좋습니다. 하지만 건물주와 임차인을 대립관계로만 봐서는 안 됩니다. 대부분의 경우 건물주와 임차인의 이해관계는 일치합니다. 임차인이 상가를 잘 운영하면 그 건물의 가치는 올라갑니다. 또한 건물의 가치가 올라가면 임차인도 장사가 더 잘 되겠죠. 더 받으려는 건물주와 덜 주려는 임차인의 관계는 지극히 정상적인 시장의 모습입니다. 이것을 임의적으로 재조정하려고 하면, 시장이 혼란스러워지고 더 많은 부작용이 생깁니다. 이번 대책이 자영업자들을 구할 수 있는 대책이라고 하지만 오히려 그 반대 상황을 초래할 겁니다.

이런 문제가 많은 대책을 70페이지 분량의 보도자료를 내놓으면서 발표했습니다. 물론 취지는 아주 좋습니다만, 이 대책이 시장의 발전을 막는 암 덩어리로 전락할 수 있습니다. 이번 자영업자 관련 대책이 9번째인데 무엇이 달라졌나요? 아무리 좋은 취지를 가지고 있더라도 시장은 간섭하지 않고 내버려두는 것이 가장 좋은 방법이라는 것을 정부가 꼭 기억했으면 합니다.

과점 oligopoly, 寡占

소수의 거대 기업이 시장의 대부분을 지배하는 형태.

국유화 nationalization

정부에 의한 개인이나 기업 자산의 인계 또는 운영. 기업은 자산 손실에 대한 보상을 받지 못한다. 국유화에는 국가가 자원 확보를 위해 행하는 마르크스적 국유화, 전쟁을 위한 국유화, 파산으로 인한 국유화 등이 있다. 국유화는 마르크시즘의 입장에서 뿐만 아니라 생디칼리즘, 길드사회주의 및 페이비어니즘 입장에서도 주장되었다. 이러한 국유화는 초기의 국유화만으로 산업문제의 전반적 해결이 어렵다는 경험에 의거하여 국유화 산업의 대폭적인 자주성을 인정하고 있다.

금융중개지원대출

한국은행이 중소기업을 지원하기 위해 시중은행에 저리로 지원하는 자금. 원래 '총액한도대출'이라 불리었으나 2013년 12월 이름을 바꿨다. 금융통화위원회가 정하는 일정 한도 내에서 금융기관의 중소기업 대출실적 등을 감안해 한국은행이 은행별 한도를 배정하는 방식으로 운용되며, 개별 은행은 배정된 한도 내에서 한국은행으로부터 자금을 차입할 수 있다.

즉, 한국은행이 은행에게 일정한 한도만큼 낮은 이자로 지원해주고 은행은 저리로 자금을 조달한 만큼 중소기업에게 싼 이자로 대출해주는 것이다. 중소기업은 기존의 시중 금리보다 낮은 금리로 지원받을 뿐 아니라 자금 가용성도 확대되는 효과가 있다. 기술형창업 지원, 무역금융 지원, 신용대출 지원, 영세자영업자 지원, 지방중소기업 지원 등 모두 5개의 프로그램이 있으며, 한도는 2014년 2월 기준으로 총 12조 원이다.

기초노령연금

65세 이상의 노인 중 소득 및 재산 하위 70%에게 지급되는 연금. 2012년에 402만 명이 수령한 것으로 예상된다. 2013년 경우 선정 기준은 독거노인인 경우 소득 83만 원 이하, 배우자가 있는 경우는 132.8만 원 이하이다. 최고 지급 금액은 독거노인의 경우 96,800원, 부부수급자의 경우는 154,900원이다.

기획재정부

기획예산처와 재정경제부를 통합한 경제정책 총괄 부처로, 정책기획과 예산, 세제 등을 모두 총괄 담당한다. 한국의 경제정책 부처는 1948년 재무부에서 출발해, 1961년에 경제기획원(EPB)이 신설되었고 1994년 재무부와 경제기획원이 재정경제원으로 통합되었다가, 1998~1999년 재경부와 기획예산처로 분리되었다. 그리고 2008년 경제정책 기획과 조정 역량을 강화하고 재정기능을 일원화하기 위한 목적으로 '기획재정부'로 다시 통합되었다.

김영란법

2012년 김영란 전 국민권익위원장이 추진했던 법안으로 정확한 명칭은 '부정 청탁 및 금품 등 수수의 금지에 관한 법률'이다. 공무원이 직무 관련성이 없는 사람에게 100만 원 이상의 금품이나 향응을 받으면 대가성이 없어도 형사처벌 할 수 있도록 하는 내용이다.

2012년에 제안된 이후 2013년 8월 정부안이 국회에 제출되었고 2015년 1월 8일 국회 소관 상임위원회인 정무위원회 법안심사소위원회를, 2015년 3월 3일 국회 본회의를 통과했고 3월 26일 박근혜 대통령이 국무회의를 통과한 '김영란법(부정청탁 및 금품 등 수수 금지에 관한 법률)' 공포안을 재가했다. 이 법안은 1년 6개월간의 유예 기간을 거쳐 2016년 9월 28일부터 시행된다.

나치즘 Nazism, Nazismus, Nazisme

파시즘 가운데 가장 반동적이며 가장 야수적인 독일의 파시즘을 가리킨다. 그 명칭은 히틀러와 함께 1933~45년 독일을 독재적으로 지배했던 '국가사회주의독일노동자당'(nationalsozialistische Deutsche Arbeiterpartei)에서 유래한다. 사상적으로는 반민주주의, 반자유주의, 반자본주의, 반마르크스주의 등 부정을 통한 허무주의적 형태를 취하고 민족적 전체주의와 아리아 인종 우월주의, 조직적 반유태주의(Antisemitismus)를 주창하였으며, 또한 다수결 원리 대신에 지도자 원리에 기초하는 소시민적 사회주의를 내세웠다.

단말기 유통구조 개선법

휴대폰 보조금을 규제하기 위해 미래창조과학부 의뢰로 조해진 새누리당 의원이 발의한 법안으로 2014년 10월 1일부터 시행되고 있다. 고가 요금제와 연계한 보조금 차등 지급을 금지하고 통신사뿐 아니라 제조사 장려금(보조금에서 제조사가 부담하는 부분)도 규제 대상에 포함시키는 게 핵심이다. 불법 보조금 차별을 없애 요금제에 따라 최대 34만 5,000원의 보조금 혜택을 볼 수 있도록 한 것이다. 이와 함께 이통사는 홈페이지에, 대리점과 판매점은 각 영업장에 단말기별 출고가와 보조금, 판매가 등을 투명하게 공시해야 한다. 가입유형(번호 이동, 기기 변동), 나이, 가입 지역 등에 따른 보조금 차별은 원천 금지되며, 위반 시 엄격한 법적 처벌을 받게 된다. 줄여서 '단통법'이 라고도 한다.

담합 collusion, 談合

통상 '담합'으로 불리는 공동행위는 공정거래법상 사업자가 계약이나 협정 등의 방법으로 다른 사업자와 짜고 가격을 결정하거나 거래상대 방을 제한함으로써 그 분야의 실질적인 경쟁을 제한하는 행위를 가리 킨다. 현행 공정거래법은 이 같은 부당한 공동행위의 유형을 대략 8 가지로 구분하고 있다. 가격 제한, 판매 제한, 생산 및 출고 제한, 거 래 제한, 설비 신·증설 제한, 상품 종류 및 가격 제한, 회사설립 제한, 사업활동 제한 등이다. 같은 업자들끼리 값을 짜고 올려 받거나 공급 물량을 제한하고 다른 회사의 참여를 막는 행위 등이 모두 이 같은 유 형에 포함된다. 이 같은 공동행위는 기업 간의 경쟁을 막아 실제로 경 쟁이 벌어지는 경우보다 가격을 높은 수준으로 유지하거나 인상시켜 경쟁사업자에 불이익을 줄 뿐 아니라 결과적으로 소비자에게 부담을 전가하게 된다. 공정거래위원회는 이 같은 공동행위가 적발될 경우 시정명령과 과징금 부과는 물론 형사고발 등의 조치를 취하고 있다.

디폴트 default

공·사채에 대한 이자 지불이나 원금 상환이 불가능해진 것을 말한다. 디폴트가 발생했다고 판단한 채권자가 채무자나 제3자에게 알려주는 것을 '디폴트선언'이라 한다. 채권자는 디폴트선언을 당한 채무자에 대해 상환 기간이 오기 전에 빌려준 돈을 모두 회수할 수 있다. 디폴 트는 기업뿐만 아니라 한 국가의 정부에 대해서도 적용된다. 한 나라 의 정부가 외국에서 빌려온 빚을 상환 기간이 도래했음에도 갚지 못할 경우 디폴트가 되는 것이다. 한편 하나의 대출 계약에 부도가 발생하면 다른 채무에 대해서도 일방적으로 부도를 선언할 수 있는데, 이를 크로스 디폴트라고 한다. 이에 비해 모라토리엄(moratorium)은 빚을 갚을 시기가 왔지만 부채가 너무 많아 일시적으로 상환을 연기하는 것으로 채무지불유예라고 한다. 한 나라가 디폴트나 모라토리엄을 선언할 경우. 그 나라에 돈을 빌려준 금융회사들이 모여 채권단을 구성해 파산한 국가와 협상을 벌인다. 이 협상에는 돈을 빌려준 다른 나라도 참여한다. 협상은 △채무상환(지불) 유예 기간을 얼마나 줄지 △빚을 얼마나 탕감해줄 것인지 △이 빚을 어느 정도의 기간에 걸쳐 갚을 것인지를 중심으로 진행된다. 협상이 타결되면 디폴트 등을 선언한 국가는 그 결과대로 빚을 갚아나가게 된다.

디플레이션 deflation

인플레이션(inflation)의 반대 개념으로 일반 물가수준이 지속적으로 하락하는 현상을 의미한다. 최근엔 물가하락 속 경기침체라는 의미로도 사용되고 있다. IMF(국제통화기금)는 '2년 정도 물가하락이 계속돼 경기가 침체되는 상태'로 정의한다. 일반적으로 구매력 감소로 인한 소비 위축에서 시작해, 물가와 자산 가치가 하락하고 생산량 저하, 기업수지 악화, 실업 증가, 임금 하락으로 이어지면서 이것이 다시 소비 위축으로 이어지는 경기침체의 과정을 의미하기도 한다. 자산 가치의 하락과 물가수준이 하락하는 디플레이션이 발생하면 경제는 자칫 장기불황 국면에 접어들 수 있다. ⇨자산디플레이션, 디스인플레이션

로베스피에르 Maximilien François Marie Isidore de Robespierre

프랑스의 혁명 정치가. 아라스(Arras)에서 출생. 아라스의 콜레주(College)에서 배우고 1769년 파리의 루이르그랑(Louis-le-Grand) 학

원의 급비생으로 입학, 1780년 졸업했다. 1781~89년 고향 아라스에서 변호사를 개업, 1789년 시민층의 지지로 (귀족 · 승려 · 평민의 대표자로 구성된) 3부회 의원에 피선되고, 국민의회에서는 제한 선거의 철폐, 봉건제 폐기의 즉시 비준, 영주의 탈취지(奪取地) 반환 등의 요구를 표명, 차츰 발언권이 커졌다. 특히 창립 당초부터 자코뱅당에 가입, 뒤에 자코뱅 클럽 지도자로서 혁명적 민주주의의 입장을 지키고 '청렴 결백자 L'Incorruptible'로 불리었다. 파리 코뮌(Paris Commune)에 세력을 펴고 소시민 및 무산자 층의 지지를 얻어 의회 다수파인 지롱드당(Girondists)을 압박, 사회혁명을 추진했다. 그는 루소의 영향을 강하게 받아 독립 소생산자의 공화국을 이상적인 사회로 생각했다. 국민공회에 제1위로 피선(1792), 국왕 처형에 찬성투표하고, 산악당(山岳黨: Montagnards: Jacobins)을 인솔, 공안위원회에 들어가 자코뱅 독재 · 공포정치를 확립하여 국내 반혁명 세력을 일소, 대외 전쟁의 수행에 대처했다. 지롱드당 몰락 후 에베르파를 처형하고, 신흥 자본가와 결탁한 당통파를 숙청했다(1794). 그는 종교의 필요성을 믿고 에베르파의 기독교 폐지 운동 대신 '최고 존재자 숭배'의 식전(式典)을 전국 획일적으로 거행, 구(舊) 가톨릭 신앙과 혁명 숭배를 조화시키려 했다. 그러나 사회적으로 해방된 혁명적 계급의 보수화, 공안위원회 내부의 대립, 보안위원회와의 대립 같은 사회적 · 정치적 조건은 반대파의 결집을 초래, 테르미도(Theremidor) 9일의 쿠데타(동 7. 27)가 일어나고, 그는 의회에서 추방되어 일파와 함께 시청에 도피했으나 정부군의 습격을 받아 부상, 다음날 동생 조제프, 생 쥐스트 등과 함께 파리에서 처형되었다.

무상급식

교육과학기술부와 전국 시·도교육청에 따르면 2010년 전국에서 무상급식을 받는 초·중·고생은 저소득층 88만 1,000명, 학교단위 46만 6,000명을 합쳐 전체 학생의 18%인 134만 7,000명으로 집계됐다. 이는 지난해 97만 명에서 37만 명, 즉 5%포인트 더 늘어난 것이다. 현재 서울 부산 인천 대구 강원 등 5개 시·도교육청은 저소득층 무료 급식을 제외하고는 무상급식을 하지 않고 있다.

박왕자 피살 사건
2008년 7월 11일 한국의 금강산 관광객 박왕자 씨가 북한군의 총에 맞아 사망한 사건. 이후 금강산 관광이 중단되었다.

'벤츠검사' 사건
2011년 현직 여검사가 변호사로부터 사건 청탁을 대가로 벤츠 자동차와 샤넬 가방 등을 받았다는 비리 의혹 사건.

보편복지/ 선별복지universal welfare/ selective welfare
복지정책엔 보편적 복지와 선별적 복지 두 가지가 있다. 국민 모두에게 복지 서비스를 제공하는 보편적 복지는 형평성이 높은 반면, 효율성이 낮고 비용이 많이 드는 단점이 있다. 이에 비해 필요한 사람에게만 복지 서비스를 제공하는 선택적 복지는 형평성은 낮으나 효율성이 높고 비용이 적게 드는 장점이 있다.

빅맥지수Big Mac index
1986년 영국 경제주간지 이코노미스트가 개발한 지수로 각국의 맥도날드에서 팔리는 빅맥 햄버거 가격을 분기별로 비교해 한 국가의 통화가치와 물가 수준을 가늠하는 척도로 사용돼 왔다. 빅맥이 특정국에서 미국보다 싸다면 그 나라의 통화는 저평가된 것이고 균형 시정을 위해 앞으로 오르게 된다는 식이다.

셰일가스 shale gas
오랜 세월동안 모래와 진흙이 쌓여 단단하게 굳은 탄화수소가 퇴적암 (셰일)층에 매장되어 있는 가스.

소득대체율
연금 가입기간 중 평균소득을 현재가치로 환산한 금액 대비 연금지급 액으로서, 연금액이 개인의 생애 평균소득의 몇 %가 되는지를 보여 주는 비율. 월 연금 수령액을 연금 가입기간의 월 평균 소득으로 나눠 서 구한다. 소득대체율이 50%이면 연금액이 연금 가입기간 평균 소 득의 절반 정도라는 의미다. 일반적으로 안락한 노후 보장을 위한 소 득대체율은 65~70%라고 알려져 있다.

수도권 규제
여러 가지 내용을 포함한 복합적인 의미로 서울과 그 인근 수도권에 인구가 몰리고 경제력이 더 집중되지 않도록 하는 행정조치를 말한 다. 예를 들어 대규모 공장을 신규 허용하면 그만큼 일자리와 경제적 가치가 생기는 만큼, 이를 행정력으로 억제하는 정책 등을 말한다. 한 강 주변에 공업·농업 시설 증가를 막는 환경적 규제와 군사시설 보호 등을 내세운 규제까지 포함된다. 1982년 말 제정된 수도권정비계획법 이 핵심이다. 여기에 '군사시설보호구역', '개발제한구역', '팔당특별대 책지역', '농지법', '산업집적 활성화 및 공장 설립에 관한 법률', '군사 시설보호법', '조세특례제한법', '지방세법' 등 10여 개의 규제법령이 수도권 지역에 적용되고 있다.

양적완화 quantitative easing

기준금리 수준이 이미 너무 낮아서 금리 인하를 통한 효과를 기대할 수 없을 때, 중앙은행이 다양한 자산을 사들여 시중에 통화공급을 늘리는 정책이다. 중앙은행이 발권력을 동원, 부채를 늘리는 방식으로 경기를 부양하려는 것이다. 중앙은행이 사들이는 자산은 국·공채나 주택저당증권(MBS), 회사채 등 다양하다. 미국, 영국, 유럽, 일본 등 주요 선진국은 금융위기 이후 일제히 양적완화 정책을 시행하고 있다. 이렇게 양적완화로 돈이 풀리면 이들 선진국의 통화가치는 하락한다. 반면 넘치는 유동성이 신흥국으로 유입돼 신흥국의 통화가치를 끌어올리게(신흥국 통화의 환율 하락) 된다.

우고 차베스 Hugo Rafael Chavez Frias

베네수엘라의 4선(56대~59대) 대통령. 1998년 12월 대통령으로 당선, 이듬해 2월 취임했다. 이후 2000년, 2006년, 2012년 대통령 선거까지 총 4선에 성공하며 14년간 장기 집권하였다.

조지 오웰 George Orwell

영국 소설가. 러시아 혁명과 스탈린의 배신에 바탕을 둔 정치우화 『동물농장』으로 일약 명성을 얻게 되었으며, 지병인 결핵으로 입원 중 걸작 『1984년』을 완성했다.

중소기업 적합업종

제조업 분야에서 대기업의 무분별한 사업 확장으로부터 중소기업의 영역을 보호하기 위해 도입된 제도. 대통령 직속 기구인 동반성장위원회의 권고에 따라 중소기업 적합업종으로 선정되면 향후 3년간 대기업의 진출이 금지되거나 제한된다. 2011년 9월부터 시행하여 2013

년 12월 현재, 100여 개 품목이 지정되어 있다. 중소기업과 영세상인을 보호하기 위한 제도이지만 1997년부터 2006년까지 시행하다가 폐지된 중소기업 고유업종 제도와 유사해서 도입에 논란이 일기도 했다.

지니계수 Gini's coefficient

소득분배의 불평등 정도를 나타내는 수치. 일반적으로 분포의 불균형도를 의미하지만, 특히 소득이 어느 정도 균등하게 분배되어 있는가를 평가하는 데 주로 이용된다. 이탈리아의 통계학자 지니(C. Gini)가 제시한 지니의 법칙에 따라 나온 계수다. 가로축에 저소득층부터 인원의 분포도를 그리고 세로축에 저소득층부터 소득액 누적 백분율을 구하면 소득분배곡선(로렌츠곡선)이 나온다. 여기에 가상적인 소득분배균등선(45도선)을 긋는다. 이때 소득분배균등선과 종·횡축이 이루는 삼각형의 면적과 균등선—로렌츠 곡선 사이의 면적 비율이 지니 계수가 된다. 따라서 지니 계수는 0과 1 사이의 값을 가지며 이 값이 작을수록 소득분배는 균등한 것을 뜻한다. 일반적으로 지니 계수가 0.4를 넘으면 소득분배가 상당히 불평등한 것으로 볼 수 있다.

파시즘 fascism

1919년 이탈리아의 베니토 무솔리니가 주장한 국수주의적·권위주의적·반공적인 정치적 주의 및 운동을 말한다. 원래 묶음[束]을 뜻하는 이탈리아어 파쇼(fascio)에서 나온 말이었으나, 결속·단결의 뜻으로 전용(轉用)되었다.

포퓰리즘 populism

일반 대중의 인기에 영합하는 정치행태로 대중주의라고도 하며, 인기영합주의·대중영합주의와 같은 뜻으로 쓰인다. 일반 대중을 정치의 전면에 내세우고 동원시켜 권력을 유지하는 정치체제를 말한다. 소수의 지배집단이 통치하는 엘리트주의와 대립적인 의미이다. 포퓰리즘의 어원은 1891년 미국에서 결성된 포퓰리스트당(Populist Party), 즉 인민당(People's Party)에 기인한다. 포퓰리스트당은 당시 미국의 양대 정당으로서 1792년에 창당된 민주당(Democratic Party)과 1854년에 결성된 공화당(Republican Party)에 대항하기 위해 농민과 노조의 지지를 목표로 경제적 합리성을 도외시한 과격한 정책을 내세웠다. 포퓰리즘의 근본 요소는 개혁을 내세우는 정치 지도자들의 정치적 편의주의나 기회주의다. 예를 들면 선거를 치를 때 유권자들에게 경제 논리에 어긋나는 선심 정책을 남발하는 일이 전형적이다. 포퓰리즘을 이끌어가는 정치 지도자들은 권력과 대중의 정치적 지지를 얻으려고 겉모양만 보기 좋은 개혁을 내세운다. 민중 또는 대중을 위하는 것이 아니라 지나친 인기 영합주의로 빠지기 쉽고, 합리적인 정치·사회 개혁보다 집권세력의 권력 유지에 악용되기도 한다.

한국은행

우리나라의 중앙은행인 한국은행은 1950년 6월 한국은행법에 의해 설립되었다. 한국은행의 주 목적은 국민경제 발전을 위한 통화가치의 안정과 은행신용제도의 건전화와 기능 향상에 의한 경제발전과 국가 자원의 유효한 이용을 도모하는 데 있다.

한국정책금융공사

한국산업은행의 민영화 추진에 따른 중소기업에 대한 금융 공백을 막기 위해 2009년 10월28일 설립된 금융기관. 산은금융지주 주식(90.3%)를 현물출자 하여 납입자본금 15조 원 규모로 설립됐다. 중소기업 육성 및 지역 개발, 사회기반시설의 확충, 신성장동력산업 육성,

금융시장 안정 등을 주 목적으로 한다.

MICE^{meeting, incentives, convention, exhibition}

기업회의(meeting), 포상관광(incentives), 컨벤션(convention), 전시(exhibition)의 네 분야를 통틀어 말하는 서비스 산업이다. MICE산업은 기업을 대상으로 한다는 점에서 일반 관광산업과 다르다. 즉 기존 관광이 B2C(Business-to-consumer)라면 MICE산업은 B2B(Business-to-Business)다. 이렇듯 기업 대상이라는 점 때문에 MICE산업의 부가가치는 일반 관광산업보다 훨씬 높다.

MRO^{Maintenance, Repair, Operation}

소모성 자재의 구매를 위시해서 설비와 시설물 유지 보수를 대행하는 업무를 말한다. 각각 유지(maintenance), 보수(repair), 운영(operation)의 머리글자를 딴 용어다.

『1984』

1949년에 간행된 영국 소설가 G. 오웰의 역(逆)유토피아 소설. 1984년, 가공의 초대국(超大國) 오세아니아에서 자행되는 전체주의적 지배의 양상을 묘사한 저자 만년의 작품이다. 권력집중이 자기목적(自己目的)으로 돼버린 당(黨)에 의한 대중(프롤레타리아 계급)지배, 지배 수단으로서 항상적(恒常的)인 전쟁 상태의 유지, 거의 신격화한 지도자 빅 브러더에 대한 숭배, 개인 생활의 감시, 사상 통제를 목적으로 한 언어의 간략화, '당은 틀릴 수 없음'을 증명하기 위한 역사의 개서(改書) 등, 모든 지배기구가 내포하는 위험성이 미래소설의 형태로 제시되었다.

*한경 경제용어사전, 네이버 지식백과 인용

세 상 의   거 짓 말 에   웃 으 면 서   답 하 다

Forum **2**

사회·문화를
묻다

국민들을 전과자로 만드는 국가

▶ 공정거래위원회가 과징금을 부과했다가 취소당하는 그런 사례들이 갈수록 늘어나고 있다는 이야기를 여러분들은 몇 번쯤은 들으셨을 겁니다. 남양유업 고졸 영업사원 한 명이 대리점 사장에게 육두문자를 쓰면 막말을 했다는 녹음 파일 중 일부가 대리점주에 의해 공개되면서 온 국민들이 분노했습니다. 이른바 '갑질논란'으로 인해 한동안 남양유업은 영업에 커다란 타격을 입어야 했습니다. 여기서 우리는 이 녹음 파일이 일부라는 것을 기억해야 합니다. 일부라면 교묘하게 편집되었을 가능성도 있습니다.

공정거래위원회는 부당한 갑을관계를 규정하는 하도급법이라든지 가맹점에 관련된 여러 가지 규정들을 담당하는 정부부처로 준사법기관입니다. 공정거래위원회가 직접 처벌을 할 수 있다는 겁니다. 그래서 이번에 공정거래위원회가 남양유업에 124억 원의 과징금을 부과했죠. 그런데 남양유업은 일반인에게 많이 알려져 있긴 하지만, 사실 굉장히 작은 회사입니다. 그런 회사에게 손해를 끼친 금액에 비해 과도한 과징금을 부과한 것이죠. 후에 판결에서 이 중 119억 원은 무효가 되고 5억 원의 과징금만 내게 됐습니다.

이번 사태에서 진짜 갑질을 한 것은 국가입니다. 법원에서 과징금의 95%가 취소될 정도로 부당한 처벌이었습니다. 아직 2월도 지나지 않았습니다만 올해 공정거래위원회가 부과한 과징금 가운데 법원 판결에서 취소된 액수만도 2,500억 원입니다. 공정거래위원회가 처벌을 남발하고 있습니다. 현재 소송 중인 것들까지 합치면 취소된 과징금은 훨씬 더 늘어날 것입니다. 이건 국가의 폭력입니다. 일단 과징금부터 부과시키고 보는 겁니다. 그렇게 되면 재판을 해야 되는데, 재판 비용이 만만치 않고 재판 기간도 수개월에서 수년 걸립니다. 부당하게 낸 돈을 찾으려면 그만큼 시간이 걸린다는 겁니다.

그리고 더욱 치명적인 것은 이미지 손상입니다. 큰 과징금 액수가 부과되면 국민들에게 그 기업은 부도덕한 이미지로 남을 것입니다. 아무리 나중에 취소됐다 하더라도 국민들은 그 기업에 부과됐던 과징금 액수만 기억하겠죠. 나중에 과징금을 돌려줄 때 이런 것까지 보상해서 돌려줘야 합니다. 재판에서 지고 나서도 국가는 취소된 과징금만 돌려줄 뿐, 어떤 책임도 지지 않습니다.

이 문제가 심각한 이유는 현재 국가가 국민을 과잉처벌하고 있다는 사실 때문입니다. 경고를 하고 벌금을 조금 부과하면 되는 정도의 사건을 '형사처벌' 하고 있습니다. 큰 죄를 지은 것도 아닌데 징역을 선고받는 사람들이 아주 많습니다. 웬만한 징역 형량은 5년입니다. 그 오랜 시간을 감옥살이를 해야 하는 겁니다. 국가에 의해 전과자가 되는 국민들이 급격하게 늘어나고 있습니다. 2010년 기준으로 우리나라에서 벌금 이상의 형벌을 받고 있거나 받은 사람의 숫자가 1,100만 명입니다. 15세 이상 인구로 따지면 25%나됩니다. 4명 중에 한 명이 전과자라는 얘깁니다.

박근혜 정부 들어서 경제민주화 법률이 강화되면서 처벌 또한 강화됐습니다. 징역형, 벌금형에 처해지는 경우가 더 늘어났습니다. 2020년경이 되면 지금 25%인 전과자 비율이 32%에 달할 것으로 예상됩니다.

물론 한국 사람들이 형사범죄를 많이 저지르는 것도 전과자가 늘어나는 한 가지 이유겠지요. 한국은 굉장히 신뢰도가 낮은 사회입니다. 이번에 총리 인준을 받은 이완구 총리도 청문회 과정에서 수많은 거짓말들이 드러났습니다. 온통 거짓말투성이였습니다. 사실 엄밀히 따지자면 이완구 총리는 위증죄로 고발이 되었어야 할 정도였습니다. 우리나라는 이렇게 위증, 무고, 사기 등의 거짓말 범죄 비율이 꽤 높습니다.

최근 성균관대 경제학과 김일중 교수가 발표한 자료에 따르면, 1996년에 600만 명이었던 전과자 수가 2010년에 1,100만 명으로 급증했습니다. 그러니까 15년 만에 전과자 수가 두 배로 늘어난 겁니다. 매년 늘어나는 전과자 중 70%는 행정규제 위반 사범입니다. 쉽게 말해 살인, 강도, 폭행 같은 전형적인 형사처벌 문제가 아니라, 행정법을 안 지킨 사람들이 처벌받고 있다는 겁니다. 행정규제를 위반했다는 이유로 많은 사람들이 과징금, 과태료가 아닌 벌금형을 받고 있다는 겁니다. 벌금형은 형사처벌입니다.

우리나라는 전 세계에서 유일하게 준법투쟁이 있는 나라입니다. 의사들, 지하철 노조 등이 파업을 할 때 준법투쟁을 합니다. 법을 지키는 게 투쟁이 되는 신기한 나라입니다. 왜 법을 지키는

● ● ●

이 문제가 심각한 이유는 현재 국가가 국민을 과잉처벌하고 있다는 사실 때문입니다. 경고를 하고 벌금을 조금 부과하면 되는 정도의 사건을 '형사처벌' 하고 있습니다. 큰 죄를 지은 것도 아닌데 징역을 선고받는 사람들이 아주 많습니다. 웬만한 징역 형량은 5년입니다. 그 오랜 시간을 감옥살이를 해야 하는 겁니다. 국가에 의해 전과자가 되는 국민들이 급격하게 늘어나고 있습니다.

게 투쟁이 될까요? 법을 제대로 지켜서 하면 세상이 제대로 돌아가질 않기 때문입니다.

예를 들어 의사가 규정된 의료법대로 환자를 진료하면 환자 1인당 30분 이상 소요된다고 합니다. 이런저런 서류를 작성해야 하고 문진표에 따라 문진을 하고 환자에게 답변을 듣고 처방을 하고 치료 경과를 설명하는 등의 절차를 다 거치면, 의사 한 명이 환자를 보는 데 30분 이상 소요된다는 겁니다. 만약 환자 1인당 30분 이상 진료하는 의사가 있다면 아마 그 의사의 소득은 굉장히 낮을 겁니다.

지금의 현실에선 의사들은 하루에 100명, 200명 환자를 진료해야 합니다. 간단하게 진찰하고 처방전 써주고 5분도 안 돼서 진료가 끝납니다. 그렇게 컨베이어 벨트 돌리듯이 환자를 진료해야 의사들이 먹고 살 수 있는 거죠. 그런데 실은 이게 다 의료법 위반입니다. 의료법대로 하면 대다수의 의사들이 벌금을 내든지 감옥에 가야 합니다. 김일중 교수의 분석에 따르면 지금 우리나라의 법 중에 벌금형 이상의 형사처벌을 받게 하는 법률이 700개라고 합니다. 이것도 10년 동안 100개 이상이 늘어난 겁니다. 최근 제정된 경제민주화 법은 여기에 포함시키지 않았습니다.

우리나라의 경우, 형사범죄를 성립하게 하는 행위의 종류는 5,000개에 달한다고 합니다. 저도 길거리를 지나다니면서 이 5,000개의 행위 중에 수십 개는 하지 않을까 생각합니다. 순식간에 전과자가 되는 세상, 정말 겁나지 않습니까?

문제는 또 있습니다. 2013년에 개정된 하도급법. 부당한 하도급 대금 지급행위. "우리가 지금 자금 사정이 나쁩니다. 일단 먼저 납품을 해주면, 물건을 팔고 나중에 물건 대금이 돌아오는 데까지 6개월 정도 걸리니 대금지급은 6개월 정도로 합시다." 이렇게 상황 설명을 하면서 요청한다 해도, 이것은 인정되지 않습니다. "어음을 쓰지 마라", "하도급 대금을 몇 달 안에는 반드시 줘라" 같은 행정명령을 위반했기 때문입니다. 과태료가 아닌 벌금형에 처해지는 범죄입니다. 이렇게 되면 바로 전과자가 되는 거지요. 우리가 흔히 생각하는 전과자들은 살인범이나, 강도, 강간범, 유괴범 같이 사회의 질서를 어지럽히는 자들인데, 별 것 아닌 일에 전과자가 되는 겁니다. 하도급 대상에게 돈을 지불하는 계약은 불법적인 것도 아닙니다. 불법의 여부는 정부가 임의대로 판단하고 있는 겁니다.

2013년 개정된 자본시장법도 마찬가지입니다. 기업이 사업보고서 등에 임원들의 보수를 기재해야 합니다. 예를 들어 어느 기업에서 정규재라는 임원에게 10억 원이라는 보수를 지급했다고 가정해보겠습니다. 그런데 이것을 잘못 기재하면 과실입니다. 고의적으로 누락하는 경우도 있겠지만, 직원이 잘 몰라서 잘못 기재하는 경우도 있을 것이고 하다못해 오타가 발생하는 경우도 있을 겁니다. 하지만 이렇게 잘못 기재하면 5년 이하의 징역, 2억 원 이하의 벌금에 처해집니다. 서류 하나 잘못 기재하면 전과자가 되는 겁니다. 국유지나 타인 소유의 산에서 밤이나 도토리 등을 잘 모르고 주워 산림법을 위반했다면 어떤 처벌을 받게 될까요? 7년 이하 징역이나 2,000만 원 이하의 벌금에 처해집니다. 한순간에 전과자가 될 수 있으니 여러분 모두 주의하시기 바랍니다.

무서운 국가의 갑질입니다. 이것을 과잉범죄화overcriminalization 경향이라고 합니다. 이렇게 되면 처벌받는 국민들도 피해를 보지만 담당 공무원들의 업무도 늘어납니다. 그렇게 되면 예산도 늘어나는 거죠. 국민들의 혈세까지 낭비된다는 겁니다. 나라가 이렇게 운영되고 있습니다. 모든 행동들을 범죄 목록에 올려놓고 있습니다. 참 무서운 국가에서 우리는 살고 있습니다.

'위헌'으로 판결난 간통죄

▶ 오늘 헌법재판소에서 7대 2로 "간통죄를 규정한 형법 규정은 위헌"이라는 판결이 났습니다. 위헌의 근거는 개인의 성적性的 자기결정권과 개인의 사생활을 보호하기 위해서라고 합니다. 간통죄 위헌 판결이 난 후 논란이 일고 있습니다.

많은 여성단체들은 여성이 사회적 약자임을 강조하면서 간통죄 존치를 주장했습니다. 여성이 소송을 하는 데 있어서 불리하니 보호막이 더 필요하다는 것이죠. 하지만 요즘은 더 이상 그렇지 않습니다. 재산분할 청구에서도 굉장히 전향적으로 판결이 나고 있고 결혼 이후 불어난 재산에 대해 가정주부들의 기여도도 인정을 하고 있습니다. 그런 것과 맞물린 게 이번 헌법재판소의 판결입니다.

또 간통죄 폐지를 반대하는 다른 한쪽에서는 간통죄가 폐지되면 성적으로 문란해질 것이라 합니다. 과연 그럴까요? 그렇지 않습니다. 간통죄가 없는 미국이나 유럽 국가들이 간통죄가 있었던 우리나라보다 문란하다고 확신할 수 있나요? 간통죄가 폐지되면 성적으로 문란해진다는 건 정말 근거 없는 이야기입니다. 게다가 성적인 문제는 지극히 개인적인 일입니다. 자신이 결정할 일입니다. 지극히 개인적인 공간에 형사가 들어와서 잡아간다는 건 참 우스꽝스런 일입니다.

간통제 폐지는 그야말로 우리 사회에 '계기적인 사건'이라고 봅니다. 간통죄는 1953년에 우리나라에서 근대 형법이 만들어지면서 규정되었습니다. 형법에 간통죄가 들어갈 당시 국회의원 112명 중에 57명이 찬성했습니다. 불과 2표 차이로 간통죄가 형법에 들어가게 된 겁니다. 지금 현재 간통죄로 재판에 계류되어 있거나 형을 살고 있는 사람이 5천 명 가까이 된다고 합니다. 매년 3~4천 건의 간통죄 고소도 발생하고 있고요.

물론 실제 발생한 간통 사건은 훨씬 많을 겁니다. 몇 만 건, 몇 십만 건이 될 수도 있습니다. 상대 배우자의 간통을 인지하지 못하는 경우도 있을 것이고 인지했지만 그냥 모른 척하고 넘어가거나 다툼 정도로 그치는 사람도 있을 것이며, 그 현장을 확인하고도 고소까지는 안 가는 사람도 있을 겁니다.

형법 제 241조 1항의 내용을 보면 간통죄를 규정하면서 배우자 있는 자가 간통한 때에는 2년 이하의 징역에 처하며 그와 상간한 자도 같다고 나와 있습니다. 2항의 내용도 보겠습니다. 죄가 성립하기 위해서는 배우자의 고소가 있어야 하며 배우자가 간통을 종용하거나 또는 용서한 때에는 고소할 수 없다고 나와 있습니다.

여기서 짚고 넘어가야 할 부분은 형사소송법입니다. 형사소송법 제 229조 1항에서 "형법 제229조의 경우에는 혼인이 해소되거나 이혼소송을 제기한 후가 아니면 고소할 수 없다"고 나와 있습니다. 그러니까 간통으로 배우자를 고소하려면 이혼 소송을 함께 청구해야 하는 겁니다. 이혼할 결심을 해야 고소할 수 있지, 결혼은 유지하면서 내 배우자가 벌을 좀 받았으면 좋겠다고 고소를 할 수는 없다는 겁니다. 형사소송법 제 229조 2항을 보면 "다시 결혼하거나 이혼 소송을 취하한 때의 고소는 자동으로 취소된 것으로 한다"고 나와 있습니다. 아주 묘한 법리죠.

간통죄를 반대하는 논리는 크게 두 가지입니다. 첫째, 옳기는 하지만 간통이란 행위를 가지고 감옥에 보낸다는 것은 너무 과잉 처벌이라는 논리가 있습니다. 둘째, 개인의 사적 영역에 국가가 지나치게 개입하는 것이 아니냐는 논리입니다. 국가가 무슨 아버지나 어머니도 아니고 개인의 사적인 잘못을 심판한다는 게 잘못됐다는 겁니다. 간통을 하면 이혼을 하고 이혼을 하게 만든 책임을 지게 하면 되는 것이 근대법의 기본 정신입니다. 민법이 지배하는 영역에서는 일방의 계약 위반에 대해서 손해배상 청구를 성립시키죠. "네가 나에게 이런 손해를 끼쳤으니 까 배상을 해라" 하는 겁니다. 손해배상의 문제를 일으키는 겁니다.

우리가 나쁜 행위로 규정하는 것과 나쁜 행위를 국가가 처벌하는 것과는 전혀 다른 문제입니다. 나쁜 행동은 우리가 얼마든지 도덕적으로 비난할 수 있죠. 하지만 그것을 처벌하게 된다면 얼마나 많은 도덕적인 요소들을 법으로 규제해야 하는지 모릅니다. 국가가 개인에게 개입할 때는 사회의 공익을 해쳤다거나 할 때입니다. 계약관계를 해소하거나 손해를 배상하는 문제는 국가가 관여하는 것이 아닙니다. 우리가 원하는 상태를 법으로 강제할 수는 없습니다. 사법은 사법이고 공법은 공법입니다. 사법의 영역을 전부 공법의 영역으로 바꿀 수는 없습니다.

아직도 많은 사람들이 도덕과 법을 혼동하고 있습니다. 앞서 말씀드렸듯이, 도덕적 비난으로 그칠 일을 법으로 다스리려는 경우가 너무 많습니다. 성매매특별법이 바로 그 예입니다. 매춘을 법으로 금지하는 것은 있을 수 없는 일입니다. 이것은 계약의 문제거든요. 또 매춘을 명확하게 구분할 수 없는 회색지대들도 굉장히 많습니다. 도덕군자들이 나서서 국가가 개입하라고 주장하면서 성매매특별법이 만들어진 겁니다. 저는 매춘과 간통을 옹호하고 싶은 생각은 추호도 없습니다. 다만 지금 우리나라의 법의식이 굉장히 낮기 때문에 그것을 짚고 넘어가고 싶은 겁니다. 도덕과 법은 명확하게 분리돼야 합니다.

작년 봄에 일부 법의 개념을 제대로 모르는 법학자들이 상속법을 고쳐서 말도 안 되는 법을 만들려고 했습니다. 상대 배우자가 사망하면 생존한 배우자가 유언과 상관없이 그 상대 배우자 재산의 절반을 무조건 상속받는 법이었습니다. '선취분 제도'라고 합니다. 저는 저와 뜻이 같은 분들과 힘을 합쳐 그 선취분 제도라는 것을 고쳐놓았습니다.

이 법도 같은 맥락입니다. '그랬으면 좋겠다'는 것을 법으로 규정하려고 했던 것이지요. '홀로 되신 어머니 혹은 아버지가 그래도

● ● ● ●

우리가 나쁜 행위로 규정하는 것과 나쁜 행위를 국가가 처벌하는 것과는 전혀 다른 문제입니다. 나쁜 행동은 우리가 얼마든지 도덕적으로 비난할 수 있죠. 하지만 그것을 처벌하게 된다면 얼마나 많은 도덕적인 요소들을 법으로 규제해야 하는지 모릅니다. 국가가 개인에게 개입할 때는 사회의 공익을 해쳤다거나 할 때입니다. 계약관계를 해소하거나 손해를 배상하는 문제는 국가가 관여하는 것이 아닙니다. 우리가 원하는 상태를 법으로 강제할 수는 없습니다. 사법은 사법이고 공법은 공법입니다. 사법의 영역을 전부 공법의 영역으로 바꿀 수는 없습니다.

재산이 좀 있어야 노후도 안정적으로 보낼 수 있고 자식들이 봉양하지 않겠나' 하는 생각은 누구나 할 것입니다. 하지만 애들도 아니고 희망사항을 그렇게 하지 않으면 안 되는 강행 규정으로 만들려 했습니다.

도덕적으로 비난할 문제가 있고 개인 간의 소송으로 해결할 문제가 있으며, 공법으로 처벌해야 하는 영역이 각각 있는 겁니다. '나쁘니까 처벌한다' 식의 법 관념이 아직도 우리 사회에 횡행합니다. 우리 사회는 아직도 전근대적인 세계관, 윤리관 등을 가지고 있는 거죠. 제가 저번에 일반 국민이 전과자로 전락하고 있다는 이야기를 드렸습니다. 법이 남용되고 과잉되면서 모든 국민을 전과자로 만들고 있습니다. 국민을 형사 처벌하는 법이 700여 개나 있습니다. 그 중 한 개가 오늘부터 빠진 겁니다.

심지어 이런 것도 처벌합니다. 상장기업의 임원 보수 내역을 정확하게 기재해서 정부에도 보고하고 증권시장에도 공시해야 하는데 기재를 누락하거나 잘못 보고했을 경우에도 징역에 처합니다. 경제민주화도 역시 '그랬으면 좋겠다' 법입니다. 잘못된 행위는 충분히 법으로 처벌할 수 있고 그 피해를 구제해줄 수 있는 방법도 있는데, 경제관계법에 처벌할 방법을 또 집어넣는 겁니다. 이중 처벌이 발생하는 거죠. 업무상 배임죄도 같은 맥락입니다. 업무상 배임죄로 우리나라의 많은 재벌 총수들이 감옥에 갔다 오거나 지금도 감옥에 가 있습니다. 업무상 배임죄는 손해배상의 문제입니다. 자신에게 주어진 임무를 해태懈怠한 죄이므로, 그건 손해배상의 문제지요.

국가가 처벌하는 것은 제한적일수록 좋습니다. 국가가 처벌하는 것이 많아진다는 것은 그만큼 개인의 자유를 침해한다는 뜻이거든요. 사적 자치 영역이 있는 것이고 도덕의 영역이 있는 것이며, 사법의 영역이 있는 것이고 공법의 영역이 있는 겁니다. 그런데 우리나라는 웬만하면 감옥에 보내려고 하는 주자학적 처벌 국가가 되어 있다는 것을 기억해야 합니다. 사적 자치에 속하는 영역과 공법의 영역을 혼동해서는 안 됩니다. 국가는 우리의 삶을 가르치거나 간섭하는 어버이 같은 존재가 아닙니다. 우리가 살아가기 위해 계약을 한 거나 마찬가지입니다. 간통죄가 위헌 판정이 내려진 건 시대적으로 자연스러운 선택이었다고 생각합니다.

도덕적인 가치까지 공법화해서 사람들을 옭아매려는 이 증오와 분노의 법률 체계에서 벗어나 이성적이고 합리적인 법률 체계가 이뤄지길 바랍니다.

'그 여자'와 대한항공 이야기

▶ 한동안 조현아 사건이 큰 화제였습니다. 드라마 속에서나 나올 법한 안하무인의 재벌가 딸이 현실에 등장했기 때문입니다. 대한항공 오너의 집안은 도대체 가정교육을 어떻게 시켰기에 이런 일이 일어났는지 개탄스럽습니다. 저는 기업이 어떤 형태로든 전문경영인이 경영하는 시스템보다 소유 경영자가 경영하는 시스템이 더 좋다고 생각하고 있었기 때문에 더욱 분노하고 개탄하고 있습니다.

대한항공은 대한민국이라는 국가브랜드를 회사 이름으로 사용하고 있는 기업입니다. 우리나라를 대표하는 항공사가 이런 상황이라는 것에 실망을 금할 수 없습니다. 또한 대한항공은 항공사로서 요구되는 품위와 품격이 있는 곳일까요? 고급 서비스를 할 능력이 있는 회사일까요? 행패를 부린 조현아 부사장도 큰 문제지만 직원들이 했던 행동에도 커다란 문제가 있습니다. 조현아 부사장 말고 대한항공의 다른 문제점을 짚어보겠습니다.

첫째, 기내의 상황이 걸러지지 않고 외부에 무방비로 노출되었다는 점입니다. 지난번 소위 '라면상무 사건'도 SNS를 통해 흘러나왔고 이번 사건도 그런 것 같습니다. 특히 일등석에서 일어났던 일이 무방비로 대중에게 알려졌다는 사실은 대한항공이 일등석 서비스를 할 만한 기업이 아니라는 것을 보여줍니다. 조현아 부사장이 자신의 지위를 잊고 잘못된 행동을 한 것도 심각한 일이지만, 그런 일이 걸러지지 않고 외부에 그대로 공개됐다는 것도 큰 문제입니다.

이코노미석과는 달리 일등석과 비즈니스석은 사적 공간을 필요로 하는 사람들이 몇 배의 요금을 더 내고 탑니다. 승무원들은 그 승객들이 누군지 다 압니다. 미리 신원조사를 하고 탑승합니다. 내가 일등석 손님인데 바깥에 나의 이야기가 흘러 나갔다고 생각해보십시오. "비행기 안에서 술을 엄청 먹었다더라", "저 사람 비행기에서 신발을 벗고 타더라" 그런 이야기들이 퍼져나가는 것은 인격모독입니다.

물론 이번 사건은 그런 사건과는 성격이 다르죠. 그렇다면 내부고발로 볼 수 있느냐? SNS는 내부 고발의 적절한 형태는 아닙니다. 내부고발자, 즉 휘슬블로어whistle-blower에게도 요구되는 윤리 준칙이 있습니다. 우선 내부자는 해당 조직에 충직해야 할 의무가 있습니다. 이 의무를 깨고 배신자가 되더라도 꼭 알려야겠다는 결심이 설 때 비로소 내부고발을 하게 됩니다.

예를 들어 한 제약회사 사원이 있습니다. 이 사원은 회사가 팔고 있는 어떤 약이 심각한 부작용이 있는데 마치 부작용이 없는 것처럼 팔고 있는 사실에 고민을 합니다. 그렇다면 이때 바로 내부고발을 하면 될까요? 아닙니다. 내부고발을 할 때도 적절한 절차가 요구됩니다.

먼저 내가 고발해야 할 사실을 명확하게 인지하고 있을 뿐 아니라, 회사 역시 그 사실을 인지하고 있음에도 불구하고 회사가 그걸 시정하지 않고 있다는 확증이 필요합니다. 그리고 내가 내부에서 시정을 위한 노력을 한 후에도 시정되지 않을 때 하는 최후의 수단이 내부고발입니다. 그럴 때 비로소 충직의 의무를 벗어날 수 있는 면책조건이 되는 겁니다.

대한항공 내부에서 이 문제를 해결할 프로세스가 없었을까요? 그리고 해당 파일럿은 내부고발자로서 요구되는 규칙은 지킨 것일까요? 단순히 모욕감 때문에 충동적으로 한 행동은 아니었을까, 하고 추측해봅니다.

두 번째는 파일럿의 문제입니다. 파일럿은 적어도 비행기 안에서는 절대적 지휘권을 갖는 사람입니다. 파일럿은 높은 기술수준과 높은 윤리의식이 필요한 직업입니다. 그래서 오랜 기간 훈련을 받고 높은 급여를 받는 것 아닙니까? 그런데 이 파일럿이 오너의 욕설 혹은 강압에 굴복해서 이미 출발한 비행기를 돌렸다는 사실입니다. 이것 또한 대한항공을 부끄러운 회사로 만들었습니다. 요즘은 마을버스도 엉뚱한 데 정차하지 않을뿐더러, 정차 구역을 벗어나면 문도 열어주지 않습니다. 정해진 노선을 지켜서 운행합니다. 그런데 하물며 국제선 여객기를 조종하는 파일럿이 오너 딸의 어처구니없는 요구를 들어주는 곳이 대한항공이라는 회사입니다.

이번 사건의 경우, 그 당시의 상황을 명확하게 알 수는 없지만 사건 당시 파일럿은 조현아 부사장으로부터 위협을 느꼈겠죠. 부사장에게 밉보이면 인사조치 등 불이익을 당할 가능성을 생각

● ● ●

대한항공은 지금 총체적인 난관입니다. 경영자도 문제고 파일럿도 문제고 다 문제입니다. 원칙도 없고 규율도 없고 도덕성도 없습니다. 누가 대한항공을 타고 싶겠습니까? 대한민국을 대표하는 항공사의 수준이 이 정도입니다. 아니 이것이 우리 사회의 수준입니다. 우리 기업이 도달한 수준, 재벌 2세, 3세의 인성 수준, 파일럿의 수준, 승무원의 수준, 그 문제를 다루는 우리 사회의 수준이 이렇습니다.

했겠죠. 그렇다고 해도 파일럿은 파일럿으로서 지켜야 할 기본적인 의무가 있는 겁니다. 기내 안전 수칙은 물론이고 비행기가 출발하고 나면 관제를 받아야 한다는 기본적인 사실조차 회사 부사장과 파일럿은 망각하고 있었던 겁니다. 아마 조현아 부사장은 그게 얼마나 큰 위법인지도 몰랐을 겁니다. 아무리 부사장이 기내에서 난동을 부리더라도 파일럿은 엄중하게 경고했어야 합니다. 안전이 걸린 상황에서 부당한 지시는 거부해야 마땅합니다. 물론 조현아 부사장의 책임은 명백합니다.

대한항공은 이후에도 잡음을 일으켰습니다. 조현아 부사장이 조사를 받으러 가는데 임원들이 대거 동행했습니다. 그리고 조사받는 곳의 화장실 위생 상태를 문제 삼는 등 자숙하는 태도가 보이지 않습니다. 이래서야 회사의 미래가 있겠습니까?

대한항공은 지금 총체적인 난관입니다. 경영자도 문제고 파일럿도 문제고 다 문제입니다. 원칙도 없고 규율도 없고 도덕성도 없습니다. 누가 대한항공을 타고 싶겠습니까? 대한민국을 대표하는 항공사의 수준이 이 정도입니다. 아니 이것이 우리 사회의 수준입니다. 우리 기업이 도달한 수준, 재벌 2세, 3세의 인성 수준, 파일럿의 수준, 승무원의 수준, 그 문제를 다루는 우리 사회의 수준이 이렇습니다.

우리 사회가 갖는 관심의 밀도나 관심의 수준이 저는 다소 아쉽습니다. 우리 사회가 너무 가십거리에 열광하지 않나 싶습니다. 재벌가의 민낯이 드러났다는 점, 대한항공이 봉건적·전근대적 경영을 하고 있다는 사실에 우리 사회의 여론이 너무 쉽게 끓어오르지 않았나 하는 생각을 해봅니다.

이번 사건으로 인해 대한항공도, 우리 사회도 다시 한 번 스스로를 돌아보는 기회가 되길 바랍니다.

세월호 보도에 숨은 '악마성'

 오늘 아침, 제가 *한국경제*에 〈슬픔과 분노를 누그러뜨릴 때〉라는 제목으로 칼럼을 하나 썼습니다. 이번 세월호 사건과 관련된 여러 가지 내용들을 썼는데 여러 사람에게 불편한 기분을 줄 수도 있기 때문에 굉장히 조심스러웠고 그래서 여러 번 고쳐 썼습니다. 제가 쓴 칼럼의 요지는 이렇습니다.

슬픔과 분노를 어떻게 잘 내면화하고 갈무리하느냐 하는 것이 인격의 성숙이고 사회의 성숙입니다. 이런 대재난에 직면했을 때 성숙된 사회일수록 차분하고 냉정하게 대처합니다. 그런데 지금 우리 사회의 대중여론이나 그 여론을 이끌고 있는 언론들은 세월호와 관련해서 과도한 '감성팔이', '지나친 상업주의', '폭로주의' 등으로 경쟁하듯이 선정적인 보도를 내보내고 있습니다. 세월호는 말할 수 없는 재난이요 참사였지만, 언론 보도는 그보다 더한 참사입니다.

세월호 선장은 나룻배나 몰아야 할 사람이었습니다. 그런 사람이 천 명도 넘는 사람들을 태울 수 있는 거대한 선박을 몰았다는 것이 세월호의 비극이죠. 지금 우리나라의 언론 또한 마찬가지 상황입니다. 언론이라면 지금 사태를 잘 정돈시키고 신속하게 구조 활동이 이루어지도록 돕고 피해자들을 위로해줘야 하는데, 오히려 피해자들의 상처에 소금을 뿌리고 혼란을 부추기고 있습니다. 과도한 추측 보도, '감성팔이' 보도로 사회의 혼란을 야기하고 있는 언론을 보고 있노라면, 언론인의 한 사람으로서 부끄럽기도 하고 두렵기도 합니다.

우리나라 언론들은 극장에서 불이 났을 때 "불이야!" 하고 고함을 질러대는 것이 언론의 역할이라고 생각하는 모양인데, 그렇지 않습니다. 고래고래 소리를 지르면 혼란만 양산되고 피해만 커집니다. 사람들이 조용하고 신속하게 빠져나올 수 있도록 해주는 것이 언론의 역할입니다. 지금 우리나라의 언론 보도는 정부의 구조 활동을 오히려 방해하고 있습니다. 무차별적인 폭로와 공격이 쏟아지고 있는데 이런 상황에서 어느 정부가 정신을 차리고 차분히 구조 활동을 하겠습니까? 언론이 우리 사회의 분노조절장애를 양산하고 있는 것입니다.

재난 보도와 관련해서 전 세계에 몇 가지 기준이 있습니다. 재난 보도가 제일 절제되어 있는 나라가 바로 일본입니다. 일본에서는 재난을 보도할 때 '통곡,' '괴멸,' '아비규환,' '초토화,' '쑥대밭,' '암흑천지' 같은 단어들을 사용할 수 없습니다. 재난을 보도할 때 가장 강하게 사용할 수 있는 단어가 '강한'이라든지 '상당한' 정도의 단어입니다. 사회의 혼돈을 최소화하기 위해서입니다. 하지만 우리나라에서는 과격한 단어들을 아무렇지도 않게 사용합니다.

일본에서 대지진이 일어났을 때 NHK 등의 일본 방송들이 지진 대피 요령, 비상약품 안내, 구조 상황 등을 담백하게 전했던 데 비해서, 우리나라 언론은 자극적인 루머를 즉각적으로 보도하고 허언증虛言症이 있는 여자를 등장시켜 커다란 사고까지 쳤습니다.

물론 우리나라에도 언론 재난보도 매뉴얼이라는 것이 있습니다. 그럼, 우리 언론들의 재난보도 매뉴얼을 살펴볼까요? "수집된 정보는 전문가의 검증을 거친다", "각종 숫자 데이터는 공식발표를 보도한다", "피해자 가족이 자발적으로 인터뷰를 요청하기 전까지는 인터뷰를 강요해서는 안 된다", "피해자와 피해자 가족의 신상공개를 자제한다", "자극적인 장면은 보도하지 않는다", "근접 촬영은 자제한다" 대충 이런 원칙들이 있습니다. 하지만 이 중에 지켜지는 것이 있나요?

우리나라에서 횡행하는 보도의 대부분은 '느낌'입니다. 제멋대로 감성을 팔아먹는 보도를 합니다. 이번에 KBS가 세월호 침몰현장에서 선상 보도를 한다고 합니다. 물결이 거센 바다 한복판에서 앵커가 구명조끼도 안 입고 보도를 합니다. 대체 무슨 생각으로 그러는 걸까요? 알 수가 없습니다. 우리나라의 방송법은 모든 방송들의 재난방송을 의무로 규정하고 있습니다. 재난방송을 의무화한다는 것은 방송에 방재防災기관이라는 성격을 부여하는 것이죠. 재난을 당한 피해자들이나 지켜보는 국민들의 두려움과 슬픔, 공포를 방송이 해소할 수 있도록 도와줘야 한다는 뜻입니다. 그런데 방송들이 오히려 두려움과 슬픔, 공포를 부추깁니다. 그런 감정들을 이용해 장사를 하는 거지요.

예전 런던에 지하철 테러 사건이 발생했을 당시, 피해자가 몇 명이냐는 질문에 관련당국은 단 하나의 답변만 내놓았습니다. "우리도 지금 집계 중이니 기다려주십시오" 관련당국의 말대로 언론은 공식 집계가 나올 때까지 기다렸고 어느 언론도 추정치를 보도하지 않았습니다. 하지만 우리나라 언론들은 마음대로 계산해서 보도를 했습니다. 물론 이런 정보들을 통제하지 못한 것은 정부의 실수가 맞습니다. 하지만 성급한 발표를 부추기는 언론들도 큰 문제입니다.

프랑스의 르 몽드는 피해자 사진을 싣지 않는 것으로 유명합

● ● ● ●

우리나라의 방송법은 모든 방송들의 재난방송을 의무로 규정하고 있습니다. 재난방송을 의무화한다는 것은 방송에 방재(防災)기관이라는 성격을 부여하는 것이죠. 재난을 당한 피해자들이나 지켜보는 국민들의 두려움과 슬픔, 공포를 방송이 해소할 수 있도록 도와줘야 한다는 뜻입니다. 그런데 방송들이 오히려 두려움과 슬픔, 공포를 부추깁니다. 그런 감정들을 이용해 장사를 하는 거지요.

니다. 유족들의 인권과 사생활을 철저하게 보호하겠다는 거죠. 그게 재난 보도의 기준입니다. 그럼에도 우리나라의 여러 언론들은 유족들, 피해자들 신상을 퍼다 나르고 있습니다. 특히 KBS는 심각합니다. "엉켜있는 시신이 다수 발견되었다"는 오보를 냈습니다. 사실로 밝혀지지도 않은 이야기를 제멋대로 추측해서 보도했습니다. 그리고 설사 이것이 사실이라고 해도 이렇게 보도해서는 안 됩니다. 〈추적60분〉은 피해자들이 있는 병원에 제멋대로 진입해 병상을 휘젓고 다니면서 취재를 했죠. 특종에 눈이 멀어 유족들과 피해자들의 인권이나 사생활은 안중에도 없었던 겁니다.

오늘 아침 조선일보에는 버젓이 근접 촬영한 피해자 유가족 사진이 나왔습니다. 피해자 유가족들에게 사진을 사용하겠다고 양해는 구했나요? 이건 명백한 사생활 침해, 인권 침해입니다. 어떤 마음으로 저 사진을 사용했는지 묻고 싶습니다. 이게 명색이 우리나라 구독률 1위라는 신문의 보도입니다. *한계레*에는 "구조 늑장 대응, 청와대 책임도 크다"라는 기사가 실렸습니다. 참 기가 막힙니다. 사건만 발생하면 정치 문제로 가져갑니다. *경향신문*은 또 어떤지 한번 볼까요? "두 끼만 먹어도 안전한 나라에서 살고 싶다"라는 기사가 실렸습니다. 이거야말로 지극히 과장되고 감성적인 보도입니다. 이런 언론들이 있는 사회에서 우리가 살고 있습니다.

요즘 우리나라 언론이 이렇게 엉터리고 제멋대로이고 후진적이라는 사실이 저도 한 사람의 언론인으로서 참 부끄럽습니다. 언론이 국민들을 공황패닉 상태로 몰아넣고 있습니다. 언론들이 이런 수준이니, 이런 상황을 이용하려는 쓰레기 같은 자들까지 모여들어 상황이 더 어지러워지는 겁니다. 지금 우리나라 언론들은 국가와 국민은 혼란에 빠뜨리고 격앙되게 만드는 악마를 만들어내고 있습니다.

슬픔은 각자의 것이어야 합니다. 슬픔이 집단의 것이 되면 불행해집니다. 이럴 때일수록 우리는 더 차분해져야 합니다. 우리가 차분해져야 사태를 잘 수습할 수 있습니다. 아수라장에서 어떻게 구조 활동을 할 수 있겠습니까? 사태가 잘 수습될 수 있도록 우리 국민들이 지켜봐주고 현장은 전문가들에게 믿고 맡겼으면 합니다.

노벨상과 한국인의 경제지력

▶ 한국인의 지력知力이라는 주제로 얘기를 좀 하도록 하겠습니다. 아마 여러분들도 뉴스를 보셔서 아시겠지만 일본인 과학자 3명이 청색 발광 다이오드 LED를 개발해 노벨 물리학상을 받았습니다. 그들의 노벨상 수상을 보면서 부럽다는 생각이 가시질 않았습니다.

물론 노벨상이 그 사람의 가치를 평가하는 절대적인 척도는 아닙니다. 또한 노벨상은 십 년, 이십 년 정도 지난 후 쌓인 성과를 받는 경우가 많습니다. 이미 대단한 성과를 거둔 한국 과학자들이 많지만 아직은 시간이 좀 지나야 할 것 같습니다. 우리나라의 과학이라든지 여러 분야들이 많이 발전해서 일본이라는 나라와도 견줄 수 있을 것 같지만, 일본이 22명의 노벨상 수상자를 배출하는 동안 우리는 단 한 명의 수상자를 배출했습니다. 그나마 김대중 대통령이 받은 노벨 평화상도 의미가 크게 없습니다. 상당히 많은 돈을 북한에게 줘서 성사된 남북회담으로 얻은 상입니다. 사실상 돈을 주고 상을 산 것과 같죠. 또한 은밀하게 노벨 평화상 프로젝트 팀을 만들어 활동했다는 사실도 의미를 퇴색시킵니다. 그래서 큰 의미를 부여하기는 힘듭니다.

이번 노벨 물리학상을 받은 아마사키 이사무 외 2명의 업적을 살펴보겠습니다. 지금까지 LED에서 빛의 파장이 긴 빨강색, 주황색 구현은 어렵지 않았습니다. 하지만 빛의 파장이 짧은 파랑은 구현이 어려워서 하지 못하고 있었죠. 빛의 삼원색이라고 있죠? 빨강, 초록, 파랑. 이 색들이 합쳐져야 흰색이 나오는 거죠. 그런데 파랑색 LED를 구현할 수 없어서 흰색 LED가 못 나오고 있었다고 합니다. 하지만 이들이 파랑색 LED를 개발하면서 흰색 LED가 나오게 된 것입니다.

일본의 저력은 우리나라처럼 인재들이 몇몇 대학에 몰려있는 것이 아니라, 여러 대학에 고루 퍼져 있다는 점입니다. 일본 교토대학에는 6명의 수상자가 배출됐습니다. 도쿄대학과 나고야대학에는 각각 3명의 수상자가 나왔고 도쿄 공업대학, 토호쿠대학, 홋카이도대학, 나가사키대학, 고베대학, 메이조대학 각각 1명씩으로 다양한 대학에서 배출됐습니다. 이게 바로 일본과 우리나라의 공학, 기술 저력의 차이라는 것을 느꼈습니다.

지금 우리나라의 과학 관련 1년 예산은 17조 원이 넘습니다. 지난 10년 동안 10조 원이 늘었습니다. 그렇게 많은 과학예산을 들이붓고 있습니다만 아직 우리 과학계에는 투자 대비 성과가 나타나고 있지는 않은 것 같습니다. 왜 그럴까요? 우리 사회가 전부 정치에 미쳐 있기 때문입니다. 과학자들 모두 뒷전으로 빠지고 탐욕스러운 정치인들이 앞장서 있습니다. 천하의 영웅호걸이라고 하는 자들이 정치판에 모여서 어깨에 힘이나 주면서 기업하는 사람들을 불러다가 호통이나 치고 있는 거죠. 요즘 젊은 친구들만 보더라도 정치인을 하겠다는 사람들이 굉장히 많습니다.

안철수 같은 사람들만 봐도 잘 알 수 있습니다. 회사가 성장하고 어느 정도 성과를 보이자 야망을 품고 정치를 하겠다고 나섭니다. "한 평생을 연구에 바쳐 인류에 도움이 되겠다" 그런 과학자 정신은 실종된 겁니다. 이렇게 모든 사람들은 정치를 하겠다고 하면 속된 말로 소는 누가 키웁니까?

묵묵히 자기 자리에서 최선을 다하는 사람은 없고 그저 정치적인 구호들만 떠다니는 사회가 됐습니다. 그러니 능률이 향상되지 않고 지식이 축적되지 않는 겁니다. 그 많은 예산이 다 낭비되고 있습니다. 조용히 연구에 매진하고 있는 과학자들에게 예산이 돌아가지 않고 그저 기득권을 잡은 자들에게만 예산이 돌아가고 있습니다. BK21라든지, 황우석 등이 그 대표적인 예입니다.

과학계에 이런 아주 이상한 풍토가 형성되었습니다. 우리 사회 전체가 돈과 권력에 질질 끌려가는 사회가 된 것 같습니다. 마치 조지 오웰의 『동물농장』에 나오는 그런 돼지들만 가득한 세상처럼. 그래서 그런지 어제 저녁에 일본 과학자들이 노벨 물리학상을 받았다는 소식이 참 부럽기도 하고 답답하기도 했습니다.

노벨상 수상자가 나오지 못하고 있는 것은 단순히 과학계의 문제만이 아닙니다. 철학, 사학, 문학 등 인문계열에도 문제가 있습니다. 일본은 22명의 노벨상 수상자 중에서 한 명의 평화상 수상자 외에도 두 명의 문학상 수상자가 있습니다. 오에 겐자부로와 가와바타 야스나리라는 두 대작가가 선정됐었죠. 하지만 우리나라에서는 문학상이 나오지 못하고 있습니다.

요즘 인문계열 대졸자들이 취업이 잘 안됩니다. 특히 대기업들은 인문 분야 인재를 잘 안 뽑습니다. 사회계열 전공자도 그렇고요. 뭐 전공적 특성도 있겠습니다만, 인문계열 전공 학생들의 지력이 평균적으로 약하기 때문입니다.

저는 대학에서 철학을 공부했습니다. 칸트의 실천철학은 시장경제에 좋은 토대가 되었습니다. 하지만 저는 대학교 때 칸트가 시장경제를 강력하게 옹호했었다는 이야기를 들어본 적도 없고 그런 텍스트를 본 적도 없습니다. 오로지 제대로 알아듣기도 힘든

● ● ●

묵묵히 자기 자리에서 최선을 다하는 사람은 없고 그저 정치적인 구호들만 떠다니는 사회가 됐습니다. 그러니 능률이 향상되지 않고 지식이 축적되지 않는 겁니다. 그 많은 예산이 다 낭비되고 있습니다. 조용히 연구에 매진하고 있는 과학자들에게 예산이 돌아가지 않고 그저 기득권을 잡은 자들에게만 예산이 돌아가고 있습니다. BK21라든지, 황우석 등이 그 대표적인 예입니다.

순수이성비판에 대해서만 강의를 들었습니다. 그저 물질과 문명을 비판하는 루소적 세계관만 열심히 배웠습니다. 지금도 그렇습니다. 그렇게 편향된 교육을 받은 학생들을 기업들이 뽑겠냐는 겁니다. 그런 친구들이 과연 제대로 시장경제와 기업에 대해서 이해를 할까요? 그저 도덕적인 구호들만 찾아 헤매겠죠.

*한국경제*가 50주년을 맞이해서 전경련과 함께 경제에 관련된 여론조사를 한 적이 있습니다. 그 조사 결과, 우리 사회 여론이 상당히 좌편향 되었다는 것을 알 수 있었습니다. 이번 여론조사를 가만히 들여다보면 국민들이 전반적으로 경제에 대해서 잘 모른다는 느낌을 받았습니다. 우리가 시장경제 체제를 얼마나 이해하고 있는지에 대한 질문을 던졌을 때, 사람들은 대개 즉물적으로 답하는 것 같았습니다.

예를 들어 "약자를 보호하기 위해서 경쟁을 제한한다는 주장에 동의하십니까?"라는 질문에 훨씬 더 많은 사람들이 동의한다고 대답했습니다. 그런데 "경쟁은 경제의 효율성을 높이고 소비자에게 이익이 돌아가게끔 하므로 장려해야 한다는 주장에 동의하십니까?"라는 질문에도 동의한다는 대답이 더 많았습니다. 분명히 상반된 질문인데 단어를 어떻게 사용하느냐에 따라 의견이 달라집니다. "시장점유율 상위 기업을 규제해야 한다는 주장에 동의하십니까?"라는 질문에는 동의하지 않는다는 답이 훨씬 많습니다. 그러나 다시 "시장을 독점하고 있는 기업을 규제해야 한다는 주장에 동의하십니까?"라고 질문하면 동의한다는 답이 훨씬 많습니다.

또 "소비자들에게 피해가 있으므로 대형마트 영업시간 제한은 바람직하지 않다"라는 항목에는 동의한다는 사람이 많았습니다. 하지만 "대형마트 영업시간 제한은 영세상인을 보호하기 위한 정책이므로 필요하다"는 말에도 동의한다는 대답이 더 많았습니다.

그럴듯한 단어로만 살짝 바꾸면 그게 옳다고 생각하는 거죠. 질문을 명확하게 이해하지 못하고 감정적으로 받아들이는 사람들이 많다는 걸 의미합니다. 도덕적으로 그럴듯한 단어를 사용한 질문에는 우호적으로 답변을 하는 겁니다. 경제 용어에 대한 이해도가 낮기 때문입니다. '경쟁 제한'이나 '독점' 같은 단어를 명확하게 알지 못하기 때문에 벌어지는 일입니다. 이렇게 우리 사회의 전반적인 지력이 많이 낮습니다.

여러분들도 단어 때문에 혼동되지 않게 조심하세요. 대게 잘못된 설문일수록 앞에다가 현혹되기 쉬운 단어들을 사용합니다. 도덕적인 단어들을 사용해서 냉정한 판단을 하지 못하도록 방해합니다. 노벨상과 함께 한국인의 지력에 대해서 이야기했습니다. 노파심에서 말씀드리자면 저는 일부의 지력이 낮다고 비판한 겁니다. 한국인 전부가 그렇다는 이야기가 아닙니다. 평균적으로 이런 성향이 있다는 정도로 이해하시면 될 것 같습니다. 오늘은 여기까지 하겠습니다.

'아랫것'들의 분탕질, '찌라시'

▶ 요즘 정윤회 문건, 정윤회 스캔들, 박관천 스캔들…. 이런 얘기들 많이 들어보셨을 겁니다. 이로 인해 청와대도 시끄럽고 신문들이 온통 그 사건들로 도배되고 있습니다. 정규재 TV 페이스북 계정facebook.com/jkjtv에 그 사건들과 관련해서 제가 글을 하나 올렸는데, "아랫것들의 권력투쟁, 분탕질" 이런 표현을 썼습니다. 어떤 분들은 그 글을 보고 '아랫것들'이라는 표현은 좀 유감이라고 하기도 했습니다.

어떤 사람이라도 저급한 행동을 하면 '아랫것'이 되는 겁니다. 박관천 경정의 경우에는 제가 정확히 그 사람에 대해서는 잘 알지 못하기 때문에 뭐라고 말할 수 없습니다. 하지만 이번 사건에 연루되는 과정을 보면 '아랫것'들의 권력투쟁이란 범주에 속할 만한 사람이라고 볼 수도 있습니다. 유진룡 장관은 사석에서 몇 번 본적이 있는데 굉장히 밝고 구김살이 업고 투명한 사람입니다.

　그런데 *조선일보*가 유진룡 장관과의 대화를 전부 공개하지 않고 일부분만 짜깁기해서 공개했기 때문에 좋지 않은 이미지가 생긴 것 같습니다. 문체부 국·과장을 교체한 경과를 살펴보면 그건 전적으로 언론에 설명할 필요가 없는 부분입니다. 장관 재직 중에 일어났던 인사 문제인데 그것은 전적으로 장관의 책임입니다.

　부처의 인사라는 것은 부처 장관이 발령하는 것으로 돼 있지만, 장관은 대통령으로부터 위임 받는 자리입니다. 그래서 대통령이 어떤 사항을 수행하는 데에 문제가 생겼을 경우, 충분히 장관에게 인사적인 요구를 할 수 있는 겁니다. 당연히 그것은 대통령의 권한으로 봐야 합니다. 그런데 그것을 대통령이라는 거대한 권세에 눌려 마치 자기가 하면 안 되는 일을 한 것처럼 고백한 것 같은 모양새로 만든 것은 유진룡 장관이 '아랫것'처럼 행동한 겁니다. 무슨 드라마에서 나오는 권력암투극 같은 이야기로 만들어버렸습니다.

　그 인사 문제에서 대통령이 터무니없는 사람을 요구했다 할지라도, 장관이 면담까지 한 후에 서명해서 발표했을 때에는 장관이 결재한 인사이기에 장관의 책임입니다. 그것이 장관직입니다. 대통령이 체육계 비리를 척결하라고 지시했는데 진척이 없자 대통령이 인사 지시를 내린 겁니다. 그런데 이제 와서 그것을 마치 부당한 인사 개입이 있었던 것처럼 얘기한다면 장관의 품위도 떨어지는 겁니다.

지금 문제는 '찌라시'입니다. 경찰 중에도 정보를 담당하는 경찰이 많습니다. 기업에도 정보를 담당하는 사람들이 많고 증권회사 같은 곳은 정보 담당 직원이 굉장히 많습니다. 국정원도 정보를 담당하는 직원들이 많죠. 국무총리실에서도 정보를 담당하는 직원이 있고요. 공직기강 같은 것은 정보를 다뤄야 하는 일이라 사찰을 하기도 합니다. 공직기강이란 그저 쉽게 이루어지는 것이 아닙니다. 그 사람이 비리를 저지르지는 않는지 등을 확인하려면 증거가 확보돼야 하는데 그러다보면 미행, 잠입 등이 필요할 때가 있습니다.

그런 정보들은 '찌라시' 혹은 '정보지'라는 형태로 돌아다니기도 합니다. 그것들은 공식 문서라고 할 수 없습니다. 박관천 경정이 청와대에서 작성했다는 '찌라시'도 그런 것입니다. 그 '찌라시'에는 개인의 동향이라든지 평가 등이 담겨 있습니다. 앞서 말했듯이 미행, 잠입 등으로 얻은 정보도 있을 것이고 여기저기서 들은 정보는 물론이고 루머까지도 들어 있습니다. 공직에 있는 누가 요즘 룸살롱 출입이 잦다든지, 다른 기업체 고위 인사들과 자주 만나고 있다든지, 그런 것들을 파악합니다. 기자들도 기사에 쓸 정보를 얻기 위해 경찰서나 관공서, 병원 이런 곳에서 밤새도록 머물기도 하잖아요?

청와대에는 공식적인 보고 자료가 있고 비공식 자료인 찌라시가 있습니다. 과거 대통령에게는 언제나 이런 보고들이 전달됐습니다. 매일 아침 지난밤에 있었던 일들이 올라갑니다. 안기부, 경찰, 민정수석실 등에서 이런 정보들을 취합해서 공식적인 보고 후에 올라가는 거죠. 이 자료에는 어떤 장관이 어떤 기업체 대표를 만났다거나 하는 등의 자료들이 있는 겁니다. 아마 대부분의 대통령이 이 찌라시를 봤을 겁니다. 최근까지 박근혜 대통령이 찌라시에 대해서 이야기 하는 것을 들어보면 찌라시가 무엇인지는 알고 있는데, 찌라시가 어떻게 유통되고 있는지는 잘 모르시는 것 같아 안심이 됩니다. 지금 박근혜 대통령은 찌라시를 안 봤을 거라 믿습니다.

이 찌라시에는 정부기관들에 흘러 다니는 모든 루머들이 다 있습니다. 지금 돌아다니는 루머 중에 정윤회가 이정연 당시 홍보수석을 자르라고 누구에게 지시했다는 이야기도 있습니다. 그런데 그 지시를 받았다고 지목받은 사람이 이정연 전 홍보수석의 최측근입니다. 정말 말도 안 되는 루머입니다.

누군가의 상상력에 의해 창조된 이야기, 풍문, 단순한 오해까지 다 모여서 보고가 되는 겁니다. 이런 보고를 받은 권력자들은 자신의 손 안에 모든 것들이 다 있는 줄 착각하죠. 이런 것으로 자기 밑에 있는 사람들을 오해해서 앙갚음을 하려 하거나, 자신의 권력을 더욱 공고히 하려는 수단으로 활용하기 시작하면 국정은 망하는 겁니다.

예전에 저는 증권시장 담당기자를 오랫동안 했습니다. 그래서 찌라시에 대해서는 너무 잘 알고 있습니다. 찌라시의 시발점이 증권시장이거든요. 그 시절에 증권시장에는 찌라시를 만드는 모임들이 있었습니다. '화요회', '수요회' 이런 모임들이 있었는데 회원들 각자가 자기가 얻은 정보들을 가지고 와서 다른 사람들하고 공유를 합니다. 그 모임에는 박관천 경정 같은 사람도 있을 수 있고 정규재 기자 같은 사람도 있을 수 있습니다.

그런데 그 모임은 나름 고급 정보들이 흘러 다니는 곳입니다. 그런 모임에서는 듣고만 있을 수가 없죠. 모임 회원들은 모두 꽤 그럴듯한 이야기들을 내놓아야 합니다. 그렇다보니 가짜 정보를 만들어내기도 합니다. 아니, 가짜 정보를 만들어내는 사람이 상당히 많습니다. 그래서 찌라시에 있는 내용 중에는 진짜도 있지만 가짜도 굉장히 많은 거죠. 그게 찌라시입니다. 그렇기에 찌라시 내용을 신뢰하기는 매우 어렵습니다. 그래서 저는 찌라시를 보지 않참새들이 지저귀는 소리가 언론이라는 증폭기관을 타고 천둥처럼 거대한 소리가 돼서 우리 사회를 흔들고 있습니다. 언론들은 밝혀지지도 않은 사실들로 연일 지면을 도배하고 있습니다. 언론들이 '찌라시'가 되고 있는 겁니다. 언론에 몸담고 있는 한 사람이면서도 우리나라 언론들이 비정상적으로 가고 있어 걱정이 됩니다. 언론이 지금이라도 각성하길 바랍니다.

습니다. 찌라시 내용을 보게 되면 모든 일들에는 배후 세력이 있는 것처럼 착각하기 쉽습니다.

분석이라는 것은 객관적이고 과학적으로 해야 하는데, 찌라시를 참고하면 시장분석에 완전히 실패하게 됩니다. 예를 들어 지금 석유 시장의 가격을 찌라시에 나와 있는 음모론을 가지고 분석하면 얼핏 그럴듯해 보이지만 음모론으로는 과학적인 예측이 불가능합니다. 대통령도 마찬가지입니다. 대통령이 찌라시를 보기 시작하면 대한민국 사회를 어떻게 끌고 나가야 할지, 현재 정부 정책에 대해 국민들은 어떻게 반응하는지를 이성적으로, 합리적으로 판단할 수 없게 됩니다. 그래서 지도자들은 절대로 찌라시를 봐서는 안 됩니다.

찌라시는 '아랫것'들이 보는 겁니다. '아랫것'들이 쥐꼬리만큼이라도 더 권력을 가지려고 하는 싸움에 찌라시를 사용하는 겁니다. 물론 그리 도움은 되지 않겠습니다만. 이번 사건에는 여러 가지 가능성들이 있습니다. 물론 사건은 검찰이 밝혀야겠습니다만, 박관천 경정이 언론에 흘렸을 텐데 어떤 목적으로 흘렸는지를 밝혀내야 합니다. 정말 정윤회가 국정을 농단하고 있다는 찌라시 내용을 믿고 순수한 애국심에서 한 행동인지, 자신의 실력을 과시하기 위함인지, 청와대를 그만두게 만든 누군가에 대한 보복인지를 잘 살펴봐야 합니다. 그것이 검찰의 임무지요.

참새들이 지저귀는 소리가 언론이라는 증폭기관을 타고 천둥처럼 거대한 소리가 돼서 우리 사회를 흔들고 있습니다. 언론들은 밝혀지지도 않은 사실들로 연일 지면을 도배하고 있습니다. 언론들이 '찌라시'가 되고 있는 겁니다. 언론에 몸담고 있는 한 사람이면서도 우리나라 언론들이 비정상적으로 가고 있어 걱정이 됩니다. 언론이 지금이라도 각성하길 바랍니다.

누가 통계를 오독하는가?

▶ 이번엔 통계 오독誤讀에 대해서 이야기하려고 합니다. 최근 복지를 더 늘려야 된다고 주장하는 사람들은 "우리나라 사회복지 지출이 GDP 대비 10.4%밖에 안 된다", "OECD 조사 대상 34개 국가 가운데 28등으로 꼴찌 수준이다. 그러므로 우리가 복지지출을 늘리는 데 인색해서는 안 된다", "우리나라 복지는 형편없다" 이런 식으로 이야기합니다.

복지를 늘려야 한다는 측은 지난 번 대선에서도 이런 식의 온갖 좋지 않은 통계를 근거로 이용했습니다. 이렇게 우리는 종종 통계를 오독하기도 합니다. 예전에 서울대 조국 교수가 주장했던 여러 가지 불평등지수에 대해서도 제가 통계를 오독해서는 안 된다는 요지로 또 강하게 얘기했던 적이 있습니다.

우선 복지에 대한 통계를 말씀 드리자면 이렇습니다. 지금 우리나라는 이 복지제도로 전환한 지가 불과 얼마 되지도 않았고 또 기본적으로 조세 체계 같은 것들이 다른 나라들과 완전히 다릅니다. GDP 대비 복지예산 지출을 살펴볼 때, 복지예산에 들어가는 항목 수도 완전히 다릅니다. 우리나라보다 경제 사정이 어려운 OECD 국가들도 있습니다만, OECD라는 것은 기본적으로 부자들의 클럽입니다. 우리나라 사람들은 그래도 우리나라가 OECD 평균 정도는 해야 된다고 하지만, 경제적인 수준으로 보자면 우리는 OECD 하위 국가입니다.

우리나라 인구가 5천만 명 이상이어서 전체 GDP가 높기 때문에 착시 현상을 일으킵니다. 진정으로 우리나라 국민들이 어느 정도 경제 수준에 있는지를 알기 위해서는 1인당 GDP를 따져야 합니다. 1인당 GDP를 따지면 우리는 한참 밑에 있습니다. 어떤 통계 자료에서 우리가 꼴찌라고 해서 크게 문제가 있는 것은 아닙니다. 우리나라 수준에 맞는 겁니다. OECD 평균에 미치지 못하는 걸 무슨 큰일이라도 되는 양, 심각하게 보는 것 자체가 웃기는 겁니다.

그 다음에는 복지시스템을 살펴보겠습니다. 복지시스템은 크게 2가지가 있는데요. 흔히 말하는 소위 스웨덴식 복지주의를 베버리지Beveridge식 복지제도라고 합니다. 그리고 독일이나 우리나라에서 하는 복지주의는 비스마르크Bismarck식이라고 합니다.

이 베버리지식 복지는 전부 세금을 걷어서 합니다. 그런데 비스마르크식 복지는 비과세 감면 등 정부의 직접적인 지출이 아닌 다른 방식으로 합니다. 두 가지 방식 모두 실질적으로 국민들에게 돌아가는 혜택은 똑같지만, 정부가 세금을 걷어서 직접적으로 지출하느냐 아니면 비과세 감면 등으로 가느냐의 방법에 차이죠. 그래서 2가지 방식의 복지시스템은 복지 총액이 완전히 다릅니다. 베버리지식은 정부 지출이 굉장히 큰 것 같고 비스마르크식은 정부 지출이 굉장히 적은 것처럼 보이는 거죠. 그저 방식의 차이인 겁니다.

두 방식의 통계 차이를 놓고 어떤 방식의 복지가 훨씬 좋다고 얘기하면 곤란합니다. 예를 들어 어떤 나라는 GDP 대비 복지비율이 10%고 어떤 나라는 5%밖에 안 된다고 해서 5%의 나라는 무조건 복지가 약한 나라일까요? 그렇지 않습니다. 비과세 감면이라든지 다른 방식으로 복지를 할 수도 있는 겁니다. 우리나라의 경우 전체 근로자 중 40% 이하의 소득인 사람들은 세금을 거의 내지 않습니다. 세금을 안 내는 만큼 복지로 포함되어야 하는 거죠. 한마디로 우리나라는 걷어서 주는 것보다 안 걷는 형태로 베푸는 걸 택하고 있는 겁니다. 이렇게 하면 복지 총액이 낮아서 복지가 낙후된 것처럼 보일 수도 있습니다. 반면 스웨덴 같은 나라는 복지 총액이 높아 복지천국인 것 같지만, 실상 국민들이 받는 혜택은 우리나라와 큰 차이가 나지 않는 겁니다.

또한 통계를 확인할 때 지금 이 시점으로만 판단해서는 안 됩니다. 우리나라 복지는 이제 막 출발한 상태이기 때문에 예산 비율은 얼마 안 됩니다. 그래서 우리나라 복지가 낙후된 것처럼 보입니다. 서구는 우리보다 훨씬 일찍 복지를 시작했기에 우리보다 30~40년 앞서 있는 겁니다. 우리나라 역시 이대로 가면 나중에는 복지선진국이라고 일컫는 나라들 수준에 도달할 겁니다. 그런데 이 상태에서 복지 지출을 더 늘린다면 선진국이 도달했던 시점보다 훨씬 복지예산 비율이 많아지는 겁니다. 그래프를 볼 때는 기울기를 보고 판단해야 합니다. 지금 당장의 시점만 보고 판단하는 것은 커다란 오류죠. 이런 것을 소위 '기간이 만든 통계 착시'라고 합니다. 우리가 통계를 볼 때 늘 조심해야 하는 게 이런 것들입니다. 그 밖에 잘못된 통계 오류들은 많습니다.

우리나라 가계통신비가 전 세계에서 3번째로 많다는 통계가 단통법 논란이 있었을 때 많이 사용됐습니다. 일본, 미국 다음으로 우리나라 통신비가 3번째로 많다고 나왔는데, 1인당 통신비로 따지면 7위까지 떨어집니다. 미국이나 일본은 1인 가구, 2인 가구 등이 많지만, 한국은 3인 가구 이상이 많기 때문입니다. 3명이 쓰는 통신비와 2명이 쓰는 통신비를 비교하는 것은 잘못됐죠.

● ● ●

통계라는 것은 중요한 의미를 담고 있습니다만, 자칫하면 자신이 유리한 대로 해석해서 이용(악용)할 수도 있습니다. 통계를 고의적으로 오독하고 왜곡하는 사람들이 많기 때문에 자꾸만 논란이 벌어지는 겁니다. 통계를 볼 때는 이런 저런 요인들을 모두 고려해서 살펴봐야 올바르게 이해할 수 있다는 것을 참고하시기 바랍니다.

또 여기에 따져볼 것이 있습니다. 통신비의 개념이 도대체 무엇이냐는 겁니다. 순수하게 전화통화 사용료만 포함되는 것이냐, 휴대폰 가격이 포함되는 것이냐를 따져봐야 합니다. 구형 핸드폰으로 전화통화 정도만 사용하는 나라와 우리나라처럼 최신형 스마트폰으로 정보 검색이나 데이터 공유 등을 많이 하는 나라의 통신비는 완전히 다른 거죠. 같은 통신비라고 볼 수 없습니다.

나라마다 휴대폰 가격이 얼마냐, 월정액은 얼마냐, 스마트폰 보급률은 얼마냐, 등을 따져봐야 정확한 통신비가 나오는 겁니다. "가구당 통신비가 한국이 세 번째로 높으니 통신비를 인하해라!" 이런 식으로 무작정 주장하는 것은 터무니없는 일이죠.

행안부에서는 우리나라 공무원이 100만 명에 불과해서 OECD 회원국 평균의 1/3밖에 되지 않기 때문에 공무원을 늘려야 한다고 말합니다. 공무원을 늘릴 때마다 되풀이하는 이야기지요. 하지만 저희 논술위원실의 김종호 수석논설위원이 계산한 바에 따르면, 통계가 조금 달라집니다. 행안부는 일반 공무원의 숫자만 가지고 100만 명이라고 얘기했는데 실제로 공공부분의 준공무원, 말하자면 공공부분의 비정규직, 공공기관 종사자까지 다 합치면 200만 명이 넘는다고 합니다. 그렇게 되면 얘기가 완전히 달라지는 것 아닙니까? 군인까지 포함하면 250만 명 가까이 됩니다.

통계라는 것은 중요한 의미를 담고 있습니다만, 자칫하면 자신이 유리한 대로 해석해서 이용악용할 수도 있습니다. 통계를 고의적으로 오독하고 왜곡하는 사람들이 많기 때문에 자꾸만 논란이 벌어지는 겁니다. 통계를 볼 때는 이런 저런 요인들을 모두 고려해서 살펴봐야 올바르게 이해할 수 있다는 것을 참고하시기 바랍니다.

가끔은 좋은 소식도 있다

▶ 사실 우리 주변에서 매일 일어나는 일들을 보고 있노라면, 정말 우리 사회에는 희망이 없고 절망만이 지배하고 있는 세상처럼 느껴집니다. 도대체 세상 돌아가는 상황을 보며 가슴을 치게 되는 경우가 한두 번이 아닙니다. 그렇게 잠 못 이루는 늦은 밤에는 혼자 냉장고를 뒤적거리다가 소주 한 병을 꺼내서 마시곤 합니다. 왜 세상이 이렇게 날이 갈수록 개판이 되어가나? 국회는 왜 저렇게 엉망인가? 참 기가 막히죠.

세월호 사건을 정치적 인질 사건으로 만들어 투쟁하는 자들이 아직도 많습니다. 제가 얼마 전에 사석에서 모 국회의원을 만났는데 노란 리본 뱃지를 달고 있더라고요. 그래서 제가 그만 떼라고 했습니다. 그러니까 그 국회의원이 난색을 표했습니다. 자기도 떼고 싶은데 떼면 와서 난리를 피우는 사람들이 있어 떼지 못한다는 겁니다.

세월호 사건을 정치적으로 이용하는 사람들 때문에 세월호 유가족들이 생업으로 돌아가지 못하고 있습니다. 그들은 슬픔이라는 감정의 감옥 속에 유가족들을 계속 가둬놓고 슬픔의 노예로 만들고 있습니다. 세월호 문제를 이용하며 대립하고 있는 우리 정치를 보고 있노라면 참 가슴이 답답해집니다. "대한민국의 성장은 여기까지인가? 우리 사회의 선진화는 불가능한 건가?" 한탄을 하지 않을 수 없게 됩니다. 하지만 우리 사회에도 희망적인 이야기들은 있습니다.

연도별 교통사고 사망자 추이를 보여주는 그래프입니다. 1985년부터 지금까지 교통사고 사망자가 나와 있습니다. 아마 자동차 사고가 급증한 기간이 보일 텐데요. 마이카 시대가 본격적으로 시작되고 자동차 수가 폭발적으로 늘어나면서, 사고도 훨씬 증가하고 사망자 수도 비례해서 늘어난 겁니다. 가장 높았던 해인 1991년도의 사망자 수가 13,429명까지 올라갔었습니다. 인구 10만 명당 서른 명 꼴로 교통사고 사망자가 발생한 겁니다.

교통사고 사망은 급사입니다. 가족 중에 누가 교통사고로 사망했다고 생각해보십시오. 얼마나 충격적입니까? 미리 대비도 하지 못하고 가족을 떠나보낸 유가족들의 슬픔은 말로 다할 수 없

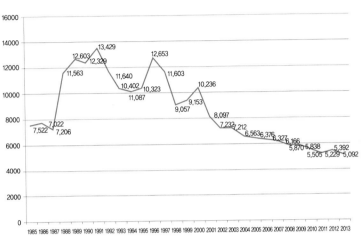

을 것입니다. 교통사고 사망은 그만큼 심각한 일입니다.

그러다가 1991년이 지나면서 사망자 수가 줄기 시작했고 현재
5,000명까지 떨어졌습니다. 교통사고 사망자 수 13,000명의 반 정
도인 약 6,000명까지 떨어지는 데 정확히 13년이 걸렸습니다. 대
개 서유럽이나 미국, 일본 같은 자동차 선진국들은 자동차 사망
자가 정점에서 반으로 줄어드는데 30년 가까이 걸립니다. 글쎄요,
우리나라 사람들은 좋아지는 것도 성격처럼 급하게 좋아지는 것
같습니다.

최근 여러 가지 상황들을 보면 우리 사회가 암울해 보여서 참 심난했는데, 이 그래프를 보니 너무 반가워서 여러분들께 꼭 보여드리고 싶었습니다. 우리 국민들은 정말 한다면 하는 국민들입니다. 그동안 힘들었던 고난을 우리 국민들은 모두 극복해냈습니다. 얼마 전 사석에서 전직 대통령 한 분을 만났는데 그분도 그런 얘기를 하더라고요. "우리 국민들은 바닥까지 추락해도 한 번 하겠다고 마음먹으면 다시 일어선다" 실은 이 그래프는 이번 주 *비타민*에 쓰려고 오영규 위원이 열심히 해설 준비를 하고 있던 자료인데 여러분께 먼저 알려드립니다.

여러분들도 아시다시피 저는 자전거를 즐겨 타는데요. 몇 년 전과 비교했을 때 자전거를 타고 다닐 수 있는 환경은 눈에 띄게 많이 달라졌습니다. 예를 들어 시골 국도에서 자전거를 타면 차들이 옆으로 다가와 바싹 붙거나 일부러 더 빨리 달리는 등의 위협을 가하곤 했습니다. 하지만 최근에 자전거를 타고 국도를 다니면 운전자들이 오히려 배려를 해줍니다. 타인에 대한 배려가 굉장히 좋아졌다는 것을 느낄 수 있었습니다.

한강변을 나가보아도 요즘엔 취사하는 사람이 없습니다. 예전 같으면 한강변에서 텐트를 치고 고기도 굽고 하는데, 이제 그런 모습들을 찾아보기가 힘듭니다. 우리나라의 국민의식 수준은 굉장히 높아지고 있습니다.

제가 늘 안 좋은 소식들만 들려드리는 것 같았는데, 오늘만 큼은 희망적인 이야기를 들려드릴 수 있어서 저로서도 천만다행입니다. 앞으로도 여러분들께 들려줄 수 있는 좋은 소식들이 많아졌으면 합니다.

MRO를 기억하시나요?

▶ 3년 전에 대한민국을 떠들썩하게 했던 경제 이슈 중 하나가 바로 MROMaintenance Repair and Operations; 소모성 자제구매 대행 사업였습니다. 그때 대기업들이 했던 MRO 사업체로는 삼성의 아이마켓코리아, SK의 행복나래, 한화의 SNC 등이 있었습니다.

MRO는 기업체의 자재 구매를 대행하는 사업입니다. 대기업의 소모성 자재 구입 거의 전부를 MRO에서 대행해주는 겁니다. 예를 들면 삼성이란 대기업에는 삼성전자, 삼성물산, 삼성전기 같은 계열사들이 있는데 계열사 별로 사무용품 등의 물품들을 따로 구매합니다. 대기업이 구매하는 물품은 다양하고 수량도 굉장히 많죠. 이것을 대량으로 한꺼번에 구매를 한다면 훨씬 더 저렴하게 구매할 수 있겠죠. 그리고 우리나라는 대기업의 규모가 워낙 커서 대기업에 납품할 수 있는 MRO 업체라면 많은 돈을 벌 수 있는 환경이었습니다.

기업에서 물품을 납품받을 업체를 정할 때 입찰이라는 것을 합니다. 예를 들어 *한국경제* 같은 경우 기자들이 출장을 가야 하는 일들이 있습니다. 만약 총무부에서 직원들의 출장을 총괄한다면 대한민국의 여행사들에게 입찰을 붙일 수 있겠죠. 그러면 많은 여행사들이 입찰할 것이고 서로 더 좋은 조건을 제공하려 들 것입니다. 입찰에 성공하면 해당 기업에서 독점적으로 영업할 수 있기 때문입니다. 그렇게 되면 *한국경제*는 직원들의 출장비를 절감할 수 있고, 입찰을 따낸 여행사는 *한국경제*에서 독점적으로 영업할 수 있기에 서로서로 도움이 됩니다.

입찰에 성공해서 책상, 의자를 삼성에 납품할 수 있다면 아마 수십 만 개를 납품할 수 있을 겁니다. 심지어 볼펜 하나라도 삼성에 납품할 수 있다면 로또 복권 1등 당첨자가 부럽지 않을 겁니다. 그래서 볼펜 하나라도 대기업에 납품하려는 기업들은 '박 터지는' 경쟁을 합니다. 제품의 품질이나 가격에서 다른 회사들보다 우위를 점할 수 있다면 걱정이 없겠죠. 그런데 품질과 가격이 비슷비슷하다면 지연, 학연, 혈연 온갖 인맥들을 총동원할 겁니다.

삼성 계열사들이 납품받던 품목은 종이, 볼펜, 생수 등 40만 개 정도였습니다. 삼성에서 필요한 그 40만 개 정도의 물품을 아이마켓코리아가 독점적으로 공급하게 됐습니다. 아이마켓코리아는 삼성에 물건을 독점적으로 공급할 수 있었고, 삼성은 편리하고 저렴하게 물품을 구매할 수 있었습니다. 이게 바로 원가혁신이라는 겁니다.

예전에 중국 사람들에게 이런 말을 한 적이 있습니다. "중국이 부패하다고 하는데, 중국 정부가 필요로 하는 모든 물품의 구매를 삼성 아이마켓코리아에 맡겨라. 그러면 국가 예산의 10~20%는 절약될 것이다" 저는 아직도 조달청 대신 삼성 아이마켓코리아에 맡긴다면 국가 예산을 훨씬 더 아낄 수 있을 것이라 생각합니다.

그런데 이때 중소기업들이 아이마켓코리아를 성토하기 시작했습니다. 자신들이 삼성에 납품을 하지 못하게 되면서 불만이 터진 거죠. 기자들을 만나 아이마켓코리아 때문에 숨이 막힌다며 하소연을 했습니다. 그리고 언제부턴가 MRO가 일감 몰아주기와 원가 후려치기의 선봉으로 지목되면서 대한민국 언론들이 MRO를 규탄하기 시작했습니다. 급기야 동반성장위원회에서 나서서 MRO를 중소기업 적합업종으로 지정해버렸습니다.

당시 아이마켓코리아의 매출은 1조 1천억 원이었고 영업이익률은 2.5%였습니다. 2%의 판매수수료를 받았는데 좋은 물건을

잘 구해준다는 소문이 나서 삼성뿐만 아니라 NHN네이버, 아모레퍼
시픽, 스탠더드 차터드 은행 등에서도 구매를 대행했습니다. 심지
어 조달청에서도 물건 구매 대행을 요청했을 정도였습니다. 그런
기업을 삼성이 포기해야만 했습니다.

삼성은 아이마켓 코리아를 인터파크에 매각했고 SK의 행복
나래는 사회적 기업으로 전환했습니다. 한화의 MRO는 아예 사라
졌습니다. 그리고 시간이 지나 많은 이들의 기억에서 MRO는 사
라졌습니다.

우리 사회는 아직도 투명하지 않은 것 같습니다. 다른 중소기
업들이 좋은 품질과 좋은 가격으로 납품할 수 있었다면 그 업체
가 선정됐겠죠. 그렇지 못하니 선정되지 못한 겁니다. 오로지 실력
으로 승부를 해야 하는데 지연, 학연, 혈연으로 들어가려고 하니
이런 불만이 생기는 겁니다.

제가 한번은 사설에서 조달청을 없애자는 주장도 했습니다.
조달청은 국가를 위한 MRO입니다. 건설을 하거나 도로를 놓을
때는 물론이고 공무원들이 쓰는 펜, 종이 등을 모두 조달청에서
구매합니다. 많은 국민들은 잘 모르는 사실인데 국회가 열릴 때면
조달청에서 구입하는 물품의 단가를 높여 달라는 민원이 어마어
마하게 들어옵니다. 기업들은 조금이라도 더 비싸게 팔고 싶어 하

● ● ● ●

대기업들이 원가를 후려친다고 비난을 하는데, 원가를 깎는 것은 경영의 본질입니다. 파는 사람은 조금이라도 더 비싸게 팔려고 하고, 사는 사람은 조금이라도 더 싸게 사려는 것이 바로 경제활동입니다. 그런데 원가를 후려치지 말라고 하는 게 말이 되나요?

죠. 조달청은 국민 세금으로 운영하는 거니 당연히 싸게 사야 합니다.

조달청을 없애면 다른 건전한 중소기업에 기회가 돌아갈까요? 아니요. 건전한 중소기업은 입찰을 따낼 수 없을 겁니다. 상품의 품질이나 가격이 다들 비슷비슷할 겁니다. 그렇다면 학연, 지연, 혈연 그리고 뇌물까지 동원해서 입찰을 따내려고 하겠죠. 정부에 물품을 납품할 수 있으니까요. 그리고 입찰을 따낸 후에는 뇌물을 준 것 이상으로 이익을 내려고 물품 단가를 높이겠죠. 뇌물 안 주는 건전한 사업가는 절대 따내지 못할 겁니다.

아이마켓코리아와 거래하던 중소기업이 1만 천 개였습니다. 하지만 그 기업들 중 거래가 끊긴 기업들이 많을 겁니다. 아이마켓코리아에서 실무자에게 좋은 품질과 가격의 물품을 제시하면 삼성 전체에 납품할 수 있습니다. 원가를 더 낮춰 싸게 납품받을 수 있고 업체들은 안정적으로 영업을 할 수 있는 겁니다.

대기업들이 MRO에서 철수한 후 3년이 지났습니다. 당시 제가 예언했던 것들이 그대로 실현되고 있습니다. 먼저 물품 원가가 올랐습니다. 최소 2~3%가 올랐습니다. 그리고 외국계 기업들이 한국에 들어오기 시작했습니다.

최근에 독일의 뷔르트Würth라는 MRO 기업이 한국화스너를 인수했습니다. 철골 부재의 접합에 사용하는 볼트·너트의 세트 등을 용접하는 것을 화스너라고 하는데, 그것을 가지고 볼트, 너트 자재들을 담당하는 MRO 회사를 설립했습니다. 일본의 미스미라는 MRO 회사는 2014년에 한국미쓰미라는 현지법인을 설립했습니다. 이밖에도 모노타로 등 다른 외국계 기업들이 한국 MRO 법인을 설립하거나 설립 준비 중에 있습니다.

대기업이 빠지고 난 자리에 외국계 기업들이 들어오고 있습니다. 들어오는 외국계 기업들도 다 규모가 커다란 대기업들입니다. 뷔르트라는 기업은 연 매출만 12조 원인 독일 최대 MRO입니다. 모노타로라는 기업은 세계 최대 MRO 그룹인 미국 그레인저Grainger의 일본 MRO 자회사입니다.

대기업들이 원가를 후려친다고 비난을 하는데, 원가를 깎는 것은 경영의 본질입니다. 파는 사람은 조금이라도 더 비싸게 팔려고 하고 사는 사람은 조금이라도 더 싸게 사려는 것이 바로 경제

활동입니다. 그런데 원가를 후려치지 말라고 하는 게 말이 되나요?

중소기업 적합업종의 본질이 이런 것입니다. 시장에서 MRO 기업들 간의 경쟁이 있었기 때문에 지연, 혈연, 학연 없이 1만 천 개의 중소기업들이 40만여 개의 물품을 삼성에 납품할 수 있었던 겁니다. 시장은 제대로 이해하지 못하는 사람들과 불필요한 국가의 간섭과 통제가 시장을 망치고 있습니다. 시장에 대한 올바른 이해가 필요한 시점입니다.

가와바타 야스나리川端康成

일본의 소설가. 갖가지 전위문학적 실험을 거듭한 끝에 전통적인 일본의 아름다움 속에서 독자적인 문학의 세계를 창조해 근대 일본문학 사상 부동의 지위를 구축했다.

공정거래위원회

독점 및 불공정거래에 관한 사안을 심의·의결하기 위해 설치한 국무총리 소속의 장관급 중앙행정기관이자 합의제 준사법기관. 경쟁정책을 수립·운영하며 공정거래 관련 사건을 심결·처리하는 역할을 담당한다. 1981년 독점규제 및 공정거래에 관한 법률의 규정에 의하여 경제기획원 내에 설립되었으며, 1994년 공정거래위원회 및 공정거래위원회사무처가 경제기획원으로부터 차관급 중앙행정기관으로 독립했고, 1996년에 공정거래위원장의 직급이 차관급에서 장관급으로 격상되었다. 공정거래위원회는 의사결정기구인 위원회와 실무기구인 사무처로 구성되어 있다. 위원회는 9명으로 이루어져 있으며, 공정거래 관련 사건을 심의·결정한다. 위원장과 부위원장은 국무총리의 제청으로 대통령이 임명하고 기타 위원들은 위원장의 제청으로 대통령이 임명하며 임기는 3년이다. 사무처는 경쟁정책을 직접 입안·추진하거나 공정거래관련 사건을 조사하여 위원회에 상정하고 위원회의 결정에 따라 처리하는 역할을 한다. 공정거래위원회는 경쟁 촉진, 소비자 주권 확립, 중소기업의 경쟁 기반 확보, 경제력 집중 억제 등 크게 4가지의 업무를 수행하고 있으며 이를 위해 독점규제 및 공정거래에 관한 법률 등 9개의 법률을 운용하고 있다.

내부고발자 whistle-blower

내부고발자란 자신이 속한 조직의 부정과 비리를 외부에 폭로하는 사람을 말한다. 영어로 '휘슬'은 호루라기, '블로어'는 부는 사람을 뜻하는데, 조직의 비리를 눈 감지 않고 경고와 각성의 호루라기를 분다는 취지에서 생겨난 말. 휘슬 블로어는 단순히 자신이 살기 위해서 남의 허물을 일러바치는 밀고자가 아니라, 공익을 위해 노력해도 고쳐지지 않는 조직의 부정과 비리를 제보하는 사람이다.

노벨상 Nobel Prize

스웨덴의 화학자 알프레드 노벨의 유산을 기금으로 하여 1901년에 제정된 상으로, 해마다 물리학·화학·생리의학·경제학·문학·평화의 6개 부문에서 인류 문명의 발달에 공헌한 사람이나 단체를 선정하여 수여한다.

동반성장위원회

대기업과 중소기업 간 사회적 갈등 문제를 논의해 민간 부문의 합의를 도출하는 민간 위원회. '대·중소기업 상생협력 촉진에 관한 법률'을 근거로 해서 설립되었다. 이명박 정부는 2010년 9월 대·중소기업 동반성장 전략회의에서 '동반성장 추진대책'의 하나로 동반성장위원회를 구성해 운영하기로 결정하고 그해 12월 정식 출범시켰다. 이 위원회는 위원장 1명과 대기업 대표 9명, 중소기업 대표 9명, 공익 대표 6명 등 모두 25명으로 구성돼 있다. 주요 기능별 실무위원회와 12개 업종별 위원회도 운영하고 있다. △산업계 전반에 걸친 동반성장 분위기 확산 △대기업의 동반성장 지수 산정 및 공표 △중소기업 적합업종 및 적합품목 기준 마련·지정·점검 △대·중소기업 간 거래상, 업종 간 갈등 요인을 발굴해 사회적 합의 도출 △동반성장 성공모델 발굴 및 우수사례 확산 등이 동반위의 주요 기능과 역할이다. 정운찬 전 총

리가 초대 위원장을 지냈고, 2012년 4월부터는 유장희 이화여대 명예
교수가 위원장으로 일하고 있다.

불평등지수
자유시장경제에서는 개인의 소득이나 재산에 있어 격차가 있을 수밖
에 없다. 불평등지수는 현실의 분배 상태가 균등 상태에서 얼마나 떨
어져 있는가를 수치화한 것을 말하는데, 대표적인 지수로는 지니계수
가 있다.

오에 겐자부로 大江健三郎
1994년 소설 『만엔 원년(万延元年)의 풋볼』(1967)로 노벨문학상을 받
은 일본의 세계적인 소설가. 일본 문학 특유의 부드러움, 섬세함과는
다른 거칠고 단조로운 문체로 주목받았다.

임마누엘 칸트 Immanuel Kant
독일의 철학자. 서유럽 근세철학의 전통을 집대성하고, 전통적 형이
상학을 비판하며 비판철학을 탄생시켰다. 저서로는 『순수이성비판』,
『실천이성비판』, 『판단력비판』 등이 있다.

입찰
공사의 도급이나 물자의 매매계약 체결에 있어, 그 거래를 희망하는
다수의 신청자로부터 각자의 희망 가격 및 기타 조건들을 기입한 신
청서를 제출받은 다음, 그 중에서 가장 유리한 조건을 제시한 자와 계
약을 체결하는 방식이다. 여기서 가장 유리한 조건이란 일반적으로 도
급예정가액이나 판매가격이 최저라든지, 구매하고자 하는 가격이 최
고인 경우를 말한다.

장 자크 루소 Jean-Jacques Rousseau

18세기 프랑스의 사상가·소설가. 작품으로는 『신 엘로이즈』, 『에밀』, 『고백록』 등이 있다. 프랑스혁명에서 그의 자유민권 사상은 혁명지도자들의 사상적 지주가 되었다. 19세기 프랑스 낭만주의 문학의 선구적 역할을 하였다.

조달청

정부가 행하는 물자의 구매·공급 및 관리에 관한 사무와 정부의 주요 시설공사 계약에 관한 사무를 관장하는 중앙행정기관으로 기획재정부 산하의 외청이다. 1949년 임시외자총국으로 출범하여 1955년 외자청을 거쳐 1961년 조달청으로 개편되었다.

준법투쟁

법률과 규정을 지키면서 사용자에게 손해를 주는 노동쟁의 방법. 단체 휴가, 정시 퇴근, 안전 운전을 빙자한 지나친 서행 운전 등을 들 수 있다. 쟁의권을 가지지 못한 공무원이나 공공기업의 직원들이 흔히 사용한다. 준법투쟁이 쟁의 행위인가에 대해서는 학설이 대립되어 있다. 준법투쟁이 주장을 관철할 목적으로 이루어지는 쟁의 행위의 요건에 해당함은 분명하지만, 문제는 준법투쟁이 업무의 '정상적인 운영을 저해하는 것'에 해당하는가의 여부이다. 즉, 법령, 단체협약, 취업규칙 등의 준수로 능률의 저하가 있을 때 이 준수가 정상적인 운영을 저해한 행동인가 하는 것이다. 한편으로 정상적인 업무란 법령, 단체협약, 취업규칙을 준수하는 업무를 말하므로, 비정상적인 업무가 관행화된다 해도 이는 법률상 정상적인 행위이기에 준법투쟁은 정상적인 업무의 방해가 아니며 쟁의 행위가 될 수 없다는 입장이 있다. 이와 반대로, 업무의 정상적인 운영이란 반드시 법령 등에 의해 적법

해야 하는 것을 뜻하는 게 아니라 평소의 운영을 의미하므로, 준법투쟁 행위는 쟁의 행위의 한 유형으로 봐야 한다는 견해도 있다.

헌법재판소
헌법이란 한 국가의 최고 실정법 규범인데, 이런 헌법에 관해서 분쟁이나 의문이 생기는 경우 이를 사법적 절차에 따라 해결하는 특별재판소.

*한경 경제용어사전, 네이버 지식백과 인용

세 상 의　거 짓 말 에　🖵　웃 으 면 서　답 하 다

Forum **3**

글로벌 이슈를
묻다

파리의 테러, '톨레랑스'의 문제

▶ 얼마 전 이슬람 극단주의자들이 프랑스의 샤를리 엡도_{Charlie} Hebdo라는 조그마한 잡지사를 테러한 사건이 있었습니다. 경찰 2 명을 포함해서 12명이 사망하고 10명이 부상을 당했습니다. 이에 수만 명의 프랑스 시민들이 거리에 나와서 "나도 샤를리"라고 외치며 테러 사건을 규탄하는 집회를 열기도 했습니다. 그 장면을 CNN 방송으로 보면서 여러 가지 생각들이 교차했습니다.

오늘은 톨레랑스_{tolérance}에 대해서 이야기를 해볼까 합니다. 얼마 전 저희 *비타민*에서 『우리 본성의 선한 천사』라는 책을 추천해 드렸습니다. 그래서 저도 이 1,500페이지가 넘는 책을 가지고 다니면서 틈틈이 읽었습니다. 제가 봤던 대목 중에 이런 얘기가 나옵니다. 중세 또는 근대로 접어드는 시기에 있어서 인간의 잔혹성은 점점 줄어들어 이제 인간은 평화주의자가 되고 있다고 합니다.

고대 사회에서 인간은 잔혹했지만 국가의 출현이나 시장경제가 출현하면서 약탈이 줄어 잔혹함이 줄어들었다는 겁니다. 그런 이야기를 읽다가 '샤를리 엡도 테러사건'을 접하니 뭔가 아이러니컬했습니다.

"톨레랑스가 테러 당했다", "도전 받는 톨레랑스", "테러 쇼크, 시험대 오른 톨레랑스" 이런 식의 제목으로 국내외 언론들이 프랑스 파리에서 터진 이슬람 극단주의자들의 테러 사태를 보도했습니다.

물론 가장 큰 잘못은 테러를 저지른 이슬람 극단주의자들이겠죠. 이슬람교는 제대로 종교개혁이 이루어지지 않은 상태입니다. 아마 오랜 시간이 걸릴 것이라 봅니다. 종교 분야야말로 톨레랑스가 결핍된 경우가 굉장히 많습니다. 금기가 있는 사회이기 때문에 톨레랑스라는 것이 받아들여지지 않죠. 북한과 일본도 마찬가지입니다. 김정은 3대 세습을 건드리면 안 되고 천황을 건드리면 안 되죠. 성역이 있는 사회는 건강한 사회가 아닙니다.

프랑스 톨레랑스를 본격적으로 이야기하기 전에 프랑스의 역사를 살펴보겠습니다. 프랑스에서는 마틴 루터가 성당 벽에 개혁조항을 내걸고 투쟁하기 시작한 1517년부터 본격적인 종교개혁이 시작됐습니다. 그 후 프랑스에는 신교도가 굉장히 많아지면서 신교와 구교 간의 갈등이 심해졌죠. 루터 이후 다시 칼뱅이 종교개혁을 이어받았습니다. 칼뱅은 엄격한 신앙생활을 요구했는데, 이게 우리나라의 장로교입니다.

당시의 칼뱅파 개신교도들을 프랑스 사람들은 위그노Huguenot라고 불렀다 합니다. 이 위그노들은 진취적인 성격이 많았고 주로 기술자, 상인들이 많았습니다. 그러는 가운데 점차 신교와 프랑스 기존 체제 사이에 마찰이 발생하면서, 주류인 가톨릭 신도들이 위그노 신도들을 대략 학살하는 '성 바르톨로메오 축일의 대학살'이 발생합니다. 30여 년간 있었던 구교와 신교 갈등의 정점이었습니다. 종교전쟁이면서 내전이었습니다. 그로 인해 많은 위그노들이 세계 여러 나라로 이민을 떠났습니다. 그 중 일부가 미국 개신교의 축을 이뤘고 오늘날 진취적인 미국의 바탕이 되었습니다.

그 후에 신교에 다소 너그러웠던 앙리 3세가 즉위하면서 상황은 달라지기 시작합니다. 앙리 3세가 죽은 후 위그노의 지도자격인 나바르의 왕이 앙리 4세로 프랑스 왕위에 오른 후 1598년에 '낭트칙령'을 발표하면서 신교와 구교 간의 갈등은 종식됩니다.

그 이후 프랑스 혁명이라는 거대한 사건이 발생하고 혁명으로 권력을 잡은 로베스피에르가 공포정치를 하고 그 공포정치의 주역 로베스피에르가 시민들에 의해 사형당하는 등 여러 가지 사건들이 많습니다. 1832년 『레미제라블』의 배경인 공화주의자 폭동, 1848년 프랑스 2월 혁명, 1870년 보불전쟁 등 시끄럽고 복잡한 사건들이 많습니다. 이념 갈등, 정치 갈등, 종교 갈등을 프랑스는 끊임없이 경험한 것이죠.

그래서 프랑스에서 톨레랑스라는 말이 나온 겁니다. 톨레랑스를 우리말로 해석할 때 "관용을 베풀다", "자비를 베풀다" 등으로 해석하는데 그렇게 적극적인 개념은 아니고 다소 소극적인 개념입니다. 상대방을 인정해주고 나와 다름을 참아주는 겁니다. 그냥 공존 자체를 인정하는 정도입니다. 존 밀턴이 그의 저서 『아레오파지티카』에 언론 자유를 용인하라고 했던 것도 그것의 연장선상입니다. 이 톨레랑스의 개념 속에 '톨레랑스를 부정하는 것에 대한 톨레랑스'는 포함되지 않습니다. 공존을 부정하는 공존까지는 받아들일 수 없다는 겁니다. 이번 이슬람 과격단체들의 폭력은 톨레랑스의 대상이 아닙니다. 톨레랑스는 무한한 것이 아닌 거죠. 이번의 테러사태는 톨레랑스의 한계를 시험하는 사건이라고 볼 수 있습니다.

프랑스 주변 국가에 이슬람교도들의 인구 비중을 살펴보겠습니다. 이 통계는 〈Muslim population in 2010〉이라는 표를 기준으로 했습니다. 스페인은 전체 인구의 2%입니다. 스위스는 6%, 독일 6%, 프랑스 8%, 스웨덴 5%, 영국 5%, 미국 2%입니다.

그럼 이슬람과 공존할 수 없다고 주장하는 사람들, 즉 안티 이슬람의 응답 비율을 살펴보겠습니다. 스페인은 60%가 넘습니다. 인구 비중은 2%밖에 되지 않는데 이런 응답 비율이 나왔던 것은 과거 스페인이 이슬람의 지배를 받았기 때문이지 않았을까, 추측해봅니다. 그 다음 스위스도 60%에 가까운 안티 이슬람 응답이 나왔습니다. 독일이 55%, 프랑스 54%, 스웨덴 50%, 영국 47%, 미국 43%가 응답했습니다.

그 중 프랑스의 이슬람교도 인구 비율이 8% 정도로 가장 높습니다. 이 8%가 대부분 도시지역에 살고 있습니다. 파리 같은 대도시에서 조사를 하면 약 20% 정도는 나오지 않을까, 추측해봅니다. 알제리 등의 북부 아프리카 지역, 터키 등에서 온 사람들이 굉장히 많습니다. 아마 식민지 시절 많은 나라들에서 프랑스어가 사용되면서 프랑스 이민자들이 늘어난 겁니다.

그런데 사실 이 프랑스의 톨레랑스는 미국의 개방성과는 사뭇 다릅니다. 미국은 굉장히 개방적인 국가라 일정 조건을 갖추면 자국민으로 받아들여줍니다. 물론 그 조건을 충족시켜야 한다는 단서가 붙긴 하지만, 비교적 미국 시민이 되는 것은 쉽죠. 얼마 전 오바마가 500만 명의 이민자를 미국 시민으로 받아들이는 행정조치에 서명을 하기도 했습니다. 반면에 프랑스 같은 경우는 얼마 전 이민 1.5세대들이 방화하는 등 폭력적인 사태가 발생했습니다. 그 사건의 가해자 대부분이 국적을 가지지 못한 사람들입니다. 그들은 프랑스 사회 속으로 스며들지 못한 겁니다.

미국의 경우에는 이민자들이 들어와서 주류사회로 편입되는 경우들을 종종 볼 수 있습니다. 하지만 프랑스에서는 그런 경우를 보기 힘듭니다. 프랑스 사회가 개방성이 굉장히 낮다는 뜻이죠. 그러다 보니 사회 내부에 긴장감이 상당히 높습니다. 프랑스 사람들이 톨레랑스라고 하지만 실제로는 톨레랑스가 아닌 겁니다. 이렇게 프랑스 톨레랑스에 대해서 살펴봤습니다.

캐머런의 승리

▶ 오늘은 영국 보수당의 캐머런 얘기를 하려고 합니다. 이번 영국 총선에서 데이빗 캐머런이 대승을 거뒀습니다. 처음 출구조사를 했을 때만 하더라도 박빙의 승부로 승리할 것이라 예측됐는데, 영국 보수당이 650석 중 311석을 차지해 독자적으로 과반수를 넘으며 압승을 거뒀습니다. 캐머런의 승리에 박수를 보내며 영국 국민들에게 축하의 인사를 전합니다. 한편으로는 영국 국민들이 부럽기도 하고요. 영국 국민들이 정말 냉정하게 판단하고 현명한 선택을 했다고 느낍니다. 정치란 것은 늘 엎치락뒤치락 하는 겁니다. 스코틀랜드 독립당이 나와서 노동당 표를 주로 잠식을 하는 바람에 노동당으로서는 다소 아쉬운 점도 있었을 겁니다.

캐머런에게 제가 박수를 보내는 이유는 이렇습니다. 캐머런 총리는 오스본 재무장관과 짝을 이뤄서 국정을 운영했습니다. 영국은 옛날부터 재무장관을 지낸 사람이 다음에 총리를 지내게 됩니다. 권력의 코스화가 되어 있지요. 조지 오스본 장관의 경제 정책은 그야말로 정통 자유주의적 경제 정책입니다. 그는 '작은 정부', '효율적인 정부', '낮은 세금', '규제 완화', '개인의 책임', '국가가 모든 것을 책임질 수는 없다' 등의 전형적인 시장경제 주의를 따르고 있습니다. 오스본은 정말 치열한 개혁을 해나갔습니다. 23%였던 법인세를 21%로 끌어내렸고 올해 안에 20%로 끌어내리려 하고 있습니다.

캐머런이 등장하자마자 취했던 정책이 바로 대학 등록금 상한선 철폐였습니다. 대학 등록금을 평균 3배나 올렸습니다. 우리나라가 '반값등록금'을 추진할 때 영국은 오히려 올린 겁니다. 영국의 많은 대학생들이 거리로 나와 시위를 벌였지만 캐머런은 대학 등록금 자율화를 그대로 밀어붙였습니다. 또한 계속해서 적자가 쌓이고 있는 의료보험을 개혁했습니다. 그로 인해 최근 영국의 경제는 유럽의 평균을 웃도는 등 상당히 좋아졌습니다.

오스본이 허리띠를 졸라매는 개혁을 하면서 국민들의 저항이 빗발쳤습니다. 그럼에도 캐머런은 오스본과 2년을 더 같이 가겠다고 선언했습니다. 그렇게 선거에서 이겼습니다. 말하자면 영국의 보수당이 자유민주주의와 시장경제라는 정당의 보수적 가치를 지키며 선거에서 이긴 겁니다.

저는 그 점이 너무나도 중요하다고 생각합니다. 이번 보수당 공약을 살펴보겠습니다. 건강보험료 일부 증액, 대학 규제 완화, 등록금 자율화 정책, 학교와 학생 개개인에 대한 정부 지원의 동결, 자율학교 도입, 소득세 과세 최저한도 상향 조정, 세액 공제 한도 하향 조정 등입니다.

물론 선거니만큼 포퓰리즘 정책도 있습니다. 보수당 정책 중 5년간 소득세 동결, 연금 생활자 지원 강화 등입니다. 하지만 기본적으로 보수정당 정책 기조를 그대로 유지했습니다. 그럼, 노동당의 공약을 살펴볼까요? 2019년 10월까지 최저임금 8파운드 이상으로 인상, 최고세율 구간 소득세율 5% 상향 조정, 부가세 동결, 송금주 과세 폐지….

특히 송금주의 과세 폐지는 영국 선거 기간 중에 가장 뜨거운 이슈였습니다. 송금주의 과세 폐지는 이런 겁니다. 12년 이상 영국에 체류한 외국인이 송금주의 과세자로 등록하고 연간 정해진 비용을 내면 국외소득에 대한 세금을 면제해주고 있는 제도입니다. 이 제도는 200년 정도 되었다고 합니다. 전 세계를 지배하던 대영제국 시절에 영국인이 전 세계에서 번 돈에 세금을 부과하면 불리하다는 취지에서 만든 제도입니다. 우리 돈으로 8천만 원 정도만 내면 외국에서 얻은 소득은 면세인 겁니다. 이것을 두고 보수당과 큰 의견 충돌이 있었습니다.

대학등록금 매년 6천 파운드한화 1천만 원 정도로 감면, 에너지 사용료 2018년까지 동결, 철도 이용 요금 동결, 국민 의료보험 민영화 방안 백지화, 경찰 1만 명 이상 추가 고용, 축구팬 축구팀 이사회 발언권 허용, 16세 투표권 부여 등 이런 달콤한 공약들을 상대해서 보수당이 승리한 겁니다.

미국 같은 경우도 공화당이 정당 정책을 분명히 하고 있습니다. 우리에게는 참 꿈같은 이야기입니다. 우리나라 보수당 후보였던 박근혜 대통령은 경제민주화를 내세워 대통령에 당선되었습니다. 경제민주화는 반기업적이며, 부자에게 차별적이고 주자학적인 세계관입니다. 부자와 기업가들을 여차하면 형벌로 옭아매겠다는 것이죠.

박근혜 정부는 좌파적 이념을 내세워 대통령이 되었습니다. 무상보육 등 온갖 종류의 복지를 약속했습니다. 박근혜 정부에서 경제민주화라는 단어를 빼는 데 근 1년이 걸렸습니다. 1년이 지나서야 경제민주화의 한계를 절감한 겁니다. 새누리당은 당명으로 보나 정책으로 보나 아직도 보수 정당의 가치관이 불명확합니다.

영국의 보수당은 보수 정당의 정당 정책을 명확하게 내걸고 열심히 싸웠는데 우리나라 보수당은 선거에서 이기려고 좌파적 공약이나 내세우고 있습니다. 이런 정당하고 영국의 보수당은 차원

・・・・

박근혜 정부는 좌파적 이념을 내세워 대통령이 되었습니다. 무상보육 등 온갖 종류의 복지를 약속했습니다. 박근혜 정부에서 경제민주화라는 단어를 빼는 데 근 1년이 걸렸습니다. 1년이 지나서야 경제민주화의 한계를 절감한 겁니다. 새누리당은 당명으로 보나 정책으로 보나 아직도 보수 정당의 가치관이 불명확합니다.

이 다릅니다. 노는 물이 다른 겁니다.

영국도 선거 막바지에 이르면 양당이 서로의 공약을 베낍니다. 그래서 영국 보수당과 노동당을 비교해 보면 비슷한 점들이 많습니다. 하지만 기본적인 정당 정책의 이념을 보면 확연히 다릅니다. 그렇기에 영국 국민들은 보수당을 지지했던 겁니다.

출구조사에서도 이런 압승은 예상되지 않았습니다. SNS 같은 뉴미디어가 생긴 이후로 전 세계적으로 나타난 여론 편향이 있습니다. 대개 좌파 정당을 지지하는 사람들은 SNS 활동 등을 굉장히 많이 합니다. 그래서 좌파 정당 쪽의 여론이 압도하는 것 같지만 막상 뚜껑을 열어보면 그렇지 않습니다. 반면에 박정희 정부 때는 좌파들의 목소리가 작았지만 막상 뚜껑을 열어보면 의외로 많았습니다. 보수가 주된 담론일 때는 진보가 입을 다물고 진보가 주된 담론일 때는 보수가 입을 다뭅니다. 한마디로 숨은 표들이 굉장히 많다는 겁니다. 그래서 현재 여론조사 기관들이 번번이 틀리고 있습니다.

이번 영국 보수당 승리를 새누리당이 본받기를 바랍니다. 새정치연합의 자멸로 반사 이익을 얻는 정당이 아니라, 명확한 보수 정당 정책을 가지는 대한민국의 보수 정당으로 거듭나길 바랍니다.

리콴유 전 총리를 생각하며

▶ 오늘 새벽에 싱가포르 건국의 아버지, 리콴유李光耀 싱가포르 전 총리가 타계했습니다.

싱가포르는 서울보다 조금 큰 나라입니다. 인구가 약 550만 명이고대한민국의 약 1/9 국토 면적이 서울 면적 정도서울의 약 1.2배밖에 안 되는 아주 작은 나라입니다. 그렇지만 세계 최대 규모의 글로벌 정유 회사들이 있고, 제조업도 꽤 발전해 있습니다. 현재 싱가포르 경제 전체의 77%는 서비스 업종입니다. 최근에는 의료 허브를 목표로 의료 관광 쪽으로도 많이 신경 쓰고 있습니다. 중국, 인도네시아, 말레이시아의 관광객들이 싱가포르를 많이 찾고 있습니다.

싱가포르의 인구를 들여다보면 중국계 이주민이 70%가 넘고, 인도네시아인, 말레이시아인들이 많습니다. 싱가포르의 언어는 공식적으로 영어입니다. 영국식 영어를 싱가포르식으로 바꾼 브로큰 잉글리시broken English, 문법에 맞지 않는 영어인 싱글리시Singlish라는 것을 사용하지요. 그 외에도 중국어, 말레이어, 타밀어 등을 공용어로 씁니다. 종교도 불교, 이슬람교, 가톨릭교도 등 여러 종교가 섞여 있습니다.

싱가포르는 영국의 오랜 식민 지배를 받았습니다. 1819년 영국 동인도 회사의 토머스 스탬퍼드 래플스Thomas Stamford Raffles 경이 말레이반도 끄트머리에 있는 조그만 어촌을 관리하기 시작하면서 지금의 싱가포르로 탄생했습니다. 2차 대전 때1942년~1945년 잠시 일본의 식민지가 되기도 했지만, 일본이 패망하면서 다시 영국의 식민지가 되었습니다. 1963년 싱가포르는 말레이시아 연방의 구성원으로 영국으로부터 독립했고 다시 말레이시아 연방에서 분리되면서 우여곡절 끝에 1965년 완전히 독립하였습니다.

리콴유는 싱가포르가 영연방국가의 일원이었던 1959년부터 31년간 싱가포르 총리를 지냈습니다. 그는 영국 유학생활을 했으며 케임브리지 대학에서 법률을 공부한 변호사였습니다. 그 후 싱가포르에 귀국해 노동자들을 변호하다가 정치에 입문했습니다. 35세 때 인민행동당PAP을 만들어 활동하다가, 1959년 싱가포르가 영국의 자치령이 되자, 자치 정부의 총리로 취임하게 됩니다. 31년 동안 싱가포르 총리를 지낸 후 고촉통吳作東 총리에게 물려주었고 2004년부터 현재까지 그의 장남인 리셴룽李顯龍이 3대 총리를 맡고 있습니다.

리콴유는 아주 독특한 지도자였습니다. 한마디로 가부장적인 지도자입니다. 가부장적인 마인드로 국가를 운영했기에 독재적 측면이 있었습니다. 싱가포르는 민주주의와는 거리가 완전히 멉니다. 언론의 자유를 억압하고 집회와 결사의 자유는 거의 인정하지 않습니다. 리콴유는 민주주의를 굉장히 깔보았습니다. 스스로 마키아벨리를 존경한다고 얘기할 정도였습니다.

"나는 한 번도 여론조사나 인기조사에 지나치게 연연하지 않았다. 거기에 지나치게 신경 쓰는 건 약한 지도자다. 자신의 인기 지표가 올라가고 내려가는 데 신경 쓴다면 그는 지도자가 아니다. 그저 바람을 붙잡으려 할 뿐이다. 바람이 부는 대로 따라갈 뿐이다. 내가 그러려고 지도자로 있는 게 아니다…. 사랑받느냐, 두려움을 주느냐 문제에서 나는 항상 마키아벨리가 옳다고 생각했다. 아무도 날 두려워하지 않는다면, 나는 무의미한 존재다…. 사람들에게 설문을 해봐라. 그들이 원하는 게 뭔가? 표현의 자유? 그들은 집, 의료품, 직업, 학교를 원한다."('인기에 신경 쓴다면 그는 지도자가 아니다' 리콴유 주요 어록, 조선일보, 2015.3.23)

싱가포르는 경제와 정치 체제가 아주 독특합니다. 경제 구조는 기본적으로 개방적이고 치열하게 경쟁하면서도 내부 통제가 많고 강력하게 규제되는 사회 구조를 형성하고 있습니다. 전 사회가 학습 조직입니다. 실제로 국가의 권위가 굉장히 강해서 아이가 유치원생이 되면 아침 6시에 일어나서 유치원에 갑니다. 단체생활을 시키고 수영을 가르치고 암기식 교육을 시키고 대학을 보낼 아이와 대학을 보내지 않을_{보낼 수 없는} 아이를 어렸을 때부터 엄격히 구분해서 지도합니다. 국가가 이렇게 강압적으로 훈육합니다.

국가가 시시콜콜한 도덕적 지침까지 내립니다. 굉장한 통제가 많습니다. 지금도 거리에 침을 뱉거나 담배꽁초만 버려도 태형笞刑을 받습니다. 외국인도 적용 대상입니다. 국민개병제皆兵制 국가입니다. 시민권자는 물론 영주권을 가진 외국인도 군대에 가야 합니다. 사정에 따라 병역기간을 단축할 수는 있지만, 성인 남성 모두가 수개월 동안 훈련을 받아야 하는 의무가 있습니다. 그런데 놀랍게도 경제적 자유는 세계 최고입니다.

이 그래프를 보면 2010년도에 약간 떨어졌다가 다시 올라가서 2012년에는 87.5점

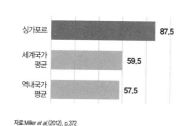

싱가포르의 경제자유 평균 경제자유도 비교(2012년)

싱가포르	87.5
세계국가 평균	59.5
역내국가 평균	57.5

자료:Miller et al.(2012), p.372

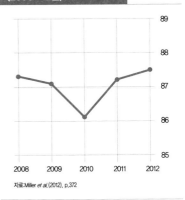

싱가포르의 경제자유도 추이 (2008~12년)

89
88
87
86
85

2008　2009　2010　2011　2012

자료:Miller *et al*.(2012), p.372

을 받았습니다. 세계 국가 평균이 59.5점이니 상당히 높은 겁니다. 싱가포르는 이렇게 세계 2위의 경제 자유도를 가지고 있습니다.

저는 리콴유가 원대한 비전을 가진 탁월한 지도자였다고 봅니다. 리콴유는 31년이라는 세계 최장수 총리였습니다. 어떤 독재자보다 더 오래 독재를 했지만, 그것은 선의의 독재였습니다. 옛날 로마 초기의 시저 황제 같은 독재관이였죠. 리콴유는 오랫동안 국가를 통치한 어떤 현자에게서 느껴지는 풍모를 가지고 있던 사람이었습니다. 리콴유 총리의 초창기 기록을 읽어보면 그 당시 그는 그렇게 대단한 통찰력이 있는 지도자는 아니었습니다. 그런데 50여 년 동안 한 나라를 이끌면서 세계적인 지도자를 많이 만나고 싱가포르를 키워나가면서 점점 지혜가 깊어진 지도자라고 할 수 있죠. 근면, 성실했고 검소했고 부패와는 담을 쌓았습니다. 싱가포르는 고위 공직자의 급여가 제일 높습니다. 고위 공직자는 대기업 임원들이 받는 높은 급여를 받습니다. 싱가포르 국민 소득이 한국의 두 배에 해당되지만 차관보급 정도가 되면 한국의 소득으로 환산해서 10억 원 가까이 되지 않을까 합니다. [우리나라 차관보는 정부 조직에서 1~9급의 직책 중 1급에 해당한다. 직업 공무원으로는 제일 높은 직책이다.]

싱가포르는 사회주의적 특성을 가진 나라이고 주요 산업은 국유화되어 있습니다. 고도로 효율화된 공직자가 국가 전체 살림을 맡고 리콴유 총리가 국가 행정 고문으로서 총리직을 물려준 다음에도 국정을 총괄했습니다. 국가의 주요 국영기업 전부를 지배하고 있는 것이 테마섹 홀딩스Temasek Holdings라는 국부 펀드입니다. 이 국부 펀드는 리콴유의 며느리, 현직 총리 리셴룽의 아내가 관리하고 있습니다.

한때 '아시아의 네 마리 용'이라 하면 대만, 한국, 싱가포르, 홍콩이었습니다. 싱가포르 국민 소득은 5만 7천 달러 정도로, 6만 달러 고지를 눈앞에 두고 있습니다. 세계 8위, 아시아 1위입니다. 지금 싱가포르는 아시아의 유일한 용입니다. 2011년에는 GDP 성장률이 14.5%에 달했습니다. 웬만하면 두 자리 숫자입니다. 경제성장률이 굉장히 높죠. 실업률이 2%인 나라입니다.

리콴유는 생전에 아시아 최고의 지도자로 중국의 등소평, 일본의 요시다 시게루, 대한민국의 박정희를 꼽았습니다. 리콴유와 박정희의 차이점은 이렇습니다. 리콴유는 처음부터 완전히 개방 정책으로 갔습니다. 국가에 중요한 전력 등은 아예 국유화를 하고, 나머지는 전부 외국 기업들을 유치했습니다. 싱가포르 내에 100대 회사 중에서 국영기업체를 빼면 나머지 대부분은 다 외국계입니다. 반면 한국은 국영기업체 일부를 빼면 나머지 대기업은 다 재벌이라고 불리는 한국 기업입니다.

리콴유 전 총리에 비길만한 지도자는 세계적으로도 그렇게 많지 않습니다. 작은 국가나 큰 국가나 다를 것은 없습니다. 살아가는 방법은 똑같습니다. 리콴유 전 총리는 싱가포르를 오랫동안 통치하면서 모든 것을 자신의 손으로 일궈냈습니다. 그는 싱가포르 전역 구석구석까지 모르는 것이 없었습니다. 심지어 어느 가족이 살고 그 집 아버지 이름이 뭔지도 알고 있을 정도였습니다. 웬만한 집안의 대소사를 챙길 정도로 큰할아버지였죠. 싱가포르는 리콴유라는 가부장적 지도자가 국민들을 다독이며 일종의 왕국 같은 형태를 유지한 아주 질서정연한 작은 도시 국가입니다. 대한민국과는 아주 달라서 어느 쪽이 옳다 그르다는 비교할 수 없습니다.

역사에 가정이란 있을 수 없는 일이지만 싱가포르에 리콴유 전 총리가 없었다면 어땠을까요? 아마 싱가포르는 말레이시아의 한 변방 지역이 되어 있었을 겁니다. 당시 인구 160만 정도의 가난한 어촌 마을을 리콴유라는 사람이 부유한 나라, 다양한 인종들이 조화롭게 살 수 있는 도시국가로 만들어냈죠.

최근에도 싱가포르의 경제 상황은 좋습니다. 싱가포르는 서비스 업종이 GDP에서 차지하는 비율이 77% 정도 됩니다. 서비스 업종에 전력투구 하는 셈이지요. 금융 허브에서 관광 허브로 탈바꿈하고 있습니다. 의료 관광객 유치를 위해 싱가포르 최고급 병원에서는 외국인이 치료를 위해 방문하면 의사들이 출입구에 서서 정중하게 인사하면서 모셔갑니다. 중국 관광객을 유치하기 위해서는 심지어 카지노까지 대대적으로 허용했습니다. 비즈니스 관련 국제회의 유치하는 마이스MICE 산업에도 적극적으로 뛰어들고 있습니다. 예전에 국제회의가 가장 많이 열린 나라는 미국이었는데 지금은 싱가포르입니다.

싱가포르의 외국인투자 유치 추이(2000~11년)

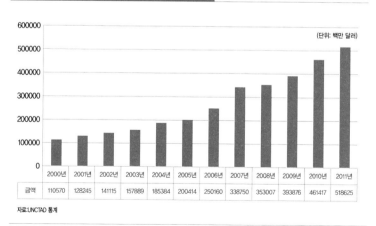

(단위: 백만 달러)

	2000년	2001년	2002년	2003년	2004년	2005년	2006년	2007년	2008년	2009년	2010년	2011년
금액	110570	128245	141115	157889	185384	200414	250160	338750	353007	393876	461417	518625

자료:UNCTAD 통계

원래 싱가포르는 물류와 금융으로 출발해서 큰 나라입니다. 말라카 해협을 끼고 있기 때문에 원유 수입의 센터 역할을 했습니다. 영어가 공용어인 나라이기 때문에 서방 자본들이 싱가포르를 아시아 지역의 교두보로 삼고 들어갔습니다. 싱가포르는 쉬지 않고 성장에 성장을 거듭하고 있습니다. 우리나라는 지금도 물류 거점에 대한 인식조차 없는 상황이라 그저 부러울 따름입니다. 지금 싱가포르는 우리나라와는 수준이 다른 국가로 치고 올라가고 있습니다. 우리나라는 서울에 수도권 규제 등 여러 규제가 많습니다. 병원도 만들 수 없고 카지노, 호텔 하나 마음대로 세울 수가 없습니다.

리콴유 전 총리는 과잉된 민주주의를 아주 경멸했습니다. 몇 차례 대한민국 과잉된 민주주의의 행태를 언급기도 했습니다. 그의 어록을 살펴보겠습니다.

"1인 1표제는 가장 어려운 정부 형태이다. 후보들이 선동적 공약을 하고 유권자들이 잘못된 선택을 하고, 정당이 비합리적 대안만 제시하면 이 제도는 붕괴한다. 나는 1인 1표제가 최선이라는 지성적 판단을 내릴 수가 없다. 나는 가족이 있는 40세 이상의 유권자들에겐 1인 2표제를, 65세 이상에게는 39세 이하처럼 다시 1인 1표제로 되돌리는 게 좋다고 생각한다. 가족이 있는 유권자는 조심성 있게 투표를 할 것이고, 특히 자식들의 장래를 생각하면서 투표할 것이니 1인 2표가 좋다고 보는 것이다. 1인 1표제는 유권자가 무엇이 옳고 무엇이 그르다는 것을 분별할 수 있을 때만 작동하는 제도이다"

"한국인들은 무서운 사람들이다. 그들이 폭동을 일으키는 모습을 보면 검투사 같은 복장을 한 진압 경찰만큼 잘 조직되고 훈련되어 있다. 노동자들과 학생들이 거리에서 경찰관들과 싸우는 모습은 전투 장면 같다. 그들은 타협할 줄 모르는 맹렬한 성격이고 권위에 도전할 때는 폭력적이고 정력적이다"('타계한 리콴유(李光耀)의 생전 인물평', 조갑제닷컴, 2015.3.23.)

대한민국에 대해서는 아주 적나라하게 말했습니다. 네, 아직도 한국 사람들은 폭력적이고 정력적이며, 거리에서 전투를 방불케 하는 노동자와 학생들의 모습을 민주주의라고 착각하고 있는 것 같습니다. 난폭하게 권위에 도전하는 것이 참된 민주주의일까요? 아닙니다. 뒤에서 비아냥거리고 폭력적으로 권위에 도전하고 정작 지성은 없고 참 집요하고 맹렬한 과잉된 민주주의, 만인의 만인을 향한 투쟁의 상태라고 볼 수밖에 없는 이런 대한민국이 세계무대에서 경쟁이 되겠습니까? 참 답답하기 짝이 없습니다. 대한민국은 민주주의라는 함정에 빠져 허우적대고 있습니다.

다시 뜨거워지는 중동 정세

▶ 네, 여러분 안녕하세요. 어제 사우디아라비아에서 예멘을 공습했습니다. 사우디가 공습한 지역은 '후티' 반군들이 위치한 예멘의 수도 사나라고 하는 지역입니다.

예멘의 수도 사나는 지금 9월, 후티 반군들이 점령하면서 불안해진 지역입니다. 그동안 예멘 정부와 반군들이 전투를 벌이고 있었는데 이번에는 사우디아라비아에서 공격에 가담했습니다. 이 전쟁이 앞으로 어떻게 될지 모르겠지만, 당장은 대규모 전쟁으로 확전될 분위기는 아닌 것 같습니다. [2015. 7. 27 현재 전쟁 진행 중. 유엔은 2015. 3. 26~2015. 7. 27까지 예멘에서 최소 3,640명 사상자 추정.] 그런데 사우디의 공습이 있고 나서 국제 유가가 급등하는 상황이 발생했습니다.

사우디의 공습으로 큰 화제가 됐습니다만, 후티 반군들이 이

번 사태의 원인입니다. 반
군들이 점령한 지역이 바
로 사나라는 예멘의 수도
입니다. 후티 반군들은 예
멘을 장악한 수니파 정권
을 전복시키겠다며 이 지
역을 무력으로 점령했습
니다. 예멘 대통령이 해외
로 피신하는 등 지금 나라
가 아주 어수선한 모양입
니다. 예멘은 평소에 우리
가 관심을 두던 지역은 아
니라서 다소 생소하실 겁
니다.

예멘을 지정학적으로 살펴보겠습니다. 우리가 잘 아는 '아덴
만의 여명' 작전이 펼쳐졌던, 아덴만을 끼고 있는 나라가 예멘입니
다. 이집트와 수단 사이에는 홍해를 두고 있습니다. 그리고 홍해
를 끼고 내려오다 보면 바브엘만데브 해협이 나오죠. 주변 국가로
는 아랍에미리트, 사우디아라비아, 쿠웨이트, 이라크, 요르단, 이
집트, 수단, 모로코, 바레인, 카타르 등이 있습니다. 이 주변 국가
들은 대부분 수니파가 지배하는 국가입니다. 이란이나 이라크는

시아파가 지배합니다.

사우디 같은 경우는 90%가 수니고 나머지가 시아파이며, 요르단도 90% 이상이 수니파입니다. 이란 같은 경우에는 시아파가 94%에 달합니다. 대부분의 국가들은 수니파, 시아파의 비율이 극명하게 갈립니다. 그래서 어느 한쪽이 명확하게 주도권을 잡고 있는 거죠. 그런데 예멘은 경우가 좀 다릅니다. 예멘은 수니파와 시아파의 비율이 거의 반반입니다. 한쪽이 명확하게 주도권을 잡고 있지 않다보니 서로가 주도권을 잡기 위해 싸우다가 내전이 일어나게 된 겁니다.

종교는 애당초 학술 이론에 의해서 탄생한 게 아닙니다. 지도자 개인의 전인적 인격이 표출되면서 종교가 탄생합니다. 그래서 종교 지도자가 죽은 이후에 일정한 시기가 지나면 신도들이 종교 생활을 하다가 지도자의 기억들을 되새기기 위해 지도자의 말씀을 정리하기 시작합니다. 그래서 성경, 불경 같은 경經을 만들게 되는 거죠. 그리고 종교집단이 생기게 되면 규칙이라는 게 필요해집니다. 그래서 종교집단은 율律을 만들게 됩니다. 종교의 두 축은 경과 율인데 이것에 대한 해석을 둘러싸고 종파가 나뉘기 시작합니다.

대부분 종교들이 분열하는 과정에서 가장 핵심은 계승자가 누가 되느냐는 것입니다. 이 계승자를 둘러싸고 치열한 싸움이 벌어지는데 종교 창시자, 지도자의 혈통이 지속되느냐, 제자가 이어가느냐, 하는 싸움이 주를 이루죠.

수니파와 시아파도 마찬가지로 이제 그런 분열의 법칙에 의해서 나뉘었습니다. 시아파는 이슬람 전체의 20~30%를 차지하는 소수파로 이슬람의 지도자는 마호메트, 무함마드의 혈통이어야 한다고 주장합니다. 수니파는 이슬람의 다수를 차지하고 있는데 시아파와 반대로 혈통보다는 가르침을 잘 받은 자가 지도자를 해야 한다고 주장합니다. 그래서 이 둘이 분열되고 대립하게 됐는데 그 대립은 아직도 이어지고 있습니다.

이번 전쟁은 외관상으로는 종교전쟁처럼 보입니다. 하지만 자세히 보면 그렇지 않습니다. 전쟁이 발생한 예멘을 보면 홍해, 호르무즈 해협, 바브엘만데브 해협이 있습니다. 주요 산유국인 쿠웨이트, 사우디아라비아가 기름을 수출하는 관문인 거죠. 바브엘만데브 해협이 있는 홍해의 끝에는 수에즈 운하가 있습니다. 수에즈 운하를 통해야 유럽과 미국으로 석유를 공급할 수 있는 거죠. 그리고 호르무즈 해협을 지나야 말라카 해협을 통해 세계적인 정유공장이 있는 싱가포르를 통해 아시아에 석유를 공급할 수 있습니다.

이 관문들이 봉쇄되면 유럽, 미국, 아시아로 나갈 수가 없습니다. 이 해협을 누가 장악하느냐에 따라 석유 수송로 전체가 위협받는 겁니다. 바브엘만데브 해협 너비는 약 32km, 호르무즈 해협 너비는 약 50km밖에 되지 않습니다. 이렇게 좁기에 이 해협은 누군가에 의해 장악당할 우려가 굉장히 높죠. 그만큼 중요한 지역입니다.

그래서 바브엘만데브 해협, 호르무즈 해협은 미국의 항공모함들이 상시로 지키고 있습니다. 그런데 최근 미국에 셰일가스 붐이 일면서 중동에 대한 미국의 관심이 상당히 낮아졌습니다. 이제 미국도 자원이 충분하니 중동이 그다지 중요하지 않다는 거죠. 그래서 미국이 슬쩍 발을 빼는 틈을 타서 후티 반군들이 이 거점을 노리고 내전을 일으킨 겁니다.

물론 후티 반군들이 두 해협을 봉쇄하기는 어려울 겁니다. 후티 반군들에게 그만한 능력이 있다고 보지 않습니다. 기껏해야 로켓 정도 가지고 있는데 그 정도로 두 해협을 장악한다는 것은 무리죠. 그리고 이 두 해협을 봉쇄하는 데 성공했다 하더라도 그때는 미국이 가만히 있지는 않겠죠.

지금 중국과 일본이 센카쿠 열도댜오위다오를 가지고 심각한 갈등을 빚고 있지 않습니까? 미국이 셰일가스를 수출하려면 북태평양 항로를 이용해야 합니다. 그때 아시아로 수송되는 거점이 바로 센카쿠 열도입니다. 이제 미국이 본격적으로 에너지 자원을 수출하게 되면 센카쿠 열도가 상당히 전략적으로 중요한 곳이 되는 거죠. 그런 이유 때문에 중국과 일본이 영토 분쟁을 하고 있는 겁니다.

최근 국제 유가가 폭락했습니다. 작년만 하더라도 120달러 선을 지키던 유가가 53달러, 45달러 선까지 내려왔습니다. 이것은 올해 불과 3개월간의 그래프입니다. 그런데 국제 유가가 대폭락 조짐을 보이던 찰나에 사우디아라비아의 공습이 있었습니다. 그로인해 국제 유가가 급반등했습니다. 국제 유가가 약 4% 이상 오르면서 전 세계가 화들짝 놀랐죠. 뭐, 이유가 어찌됐건 사우디아라비아가 후티 반군들이 점령한 예멘의 수도 사나를 공습하면서 유

국제 유가 그래프

1개월 3개월 1년 3년 5년

WTI(서부텍사스유) 51.43(4.51%)

최고 **54.73** (12/26)

최저 **43.46** (03/17)

	55.00
	53.00
	51.00
	49.00
	47.00
	45.00
	43.00

12/29 01/05 01/12 01/19 01/26 02/02 02/09 02/16 02/23 03/02 03/09 03/16 03/23

가가 급등한 것은 사실입니다. 만약 수니파와 시아파 세력을 대표하는 사우디아라비아와 이란이 중동 전체로 확산될 정도의 대충돌을 한다면 무조건 유가는 폭등할 겁니다.

그동안에는 미국의 힘에 의해 중동 지역이 조용했었는데 미국이라는 강자가 빠져나감으로써 이 지역이 다시 시끄러워질 수 있습니다. 그렇게 되면 러시아가 이란을 지지하고 미국이 사우디를 지지하는, 중동전이 재현될 가능성도 있습니다. 이번 일련의 사태는 에너지 자원 문제가 밑바탕에 깔려 있는 겁니다. 지금 사우디가 나와서 공습하는 정도입니다만, 만약 이번 공습이 확산되어서 사우디와 이란이 격돌하게 되면 호르무즈 해협은 봉쇄될 겁니다. 그렇게 되면 상황은 상당히 복잡해지겠죠.

국제 유가는 우리나라 경제와 밀접한 관련이 있기에 우리의 관심 대상입니다. 워낙 국제 유가가 요동을 치고 있어 예측이 쉽지 않습니다. 하지만 전 세계 원자재 투자자로 유명한 데니스 가트먼이나 메릴린치 수석 이코노미스트인 게리 실링 등이 국제 유가가 10달러까지도 떨어질 것이라고 예측하고 있습니다. 물론 10달러, 20달러 선까지 내려간다고 해도 오래가지는 않겠지만, 현재의 40달러 선이 무너질 수는 있을 것 같습니다.

그렇게 된다면 다시 국제 유가를 끌어올리기 위한 전쟁이 발발할 가능성도 더 커지겠지요. 러시아와 이란 등이 전쟁을 원할 가능성이 높겠지요.

국제 유가는 우리나라 경제와 밀접한 관련이 있습니다. 그렇기에 이런 중동 분쟁은 우리가 예의주시해서 지켜볼 필요가 있습니다. 그런 의미에서 오늘은 중동의 정세를 한 번 얘기해봤습니다. 앞으로도 꾸준히 국제 정세를 살펴봤으면 합니다.

톈안먼사건 25주년에 생각할 점

▶ 천안문톈안먼: 天安門사건에 대해 얘기해보겠습니다. 그 비극적인 사건은 1989년 6월 4일에 종료됐습니다. 언젠가 중국에 그런 사건이 또 발생할 수 있다고 생각합니다.

천안문사건 직후 중국 정부는 사망자가 학생 56명을 포함한 300명 정도라고 발표했습니다. 후에 중국 정부가 다시 공식적으로 확인한 결과, 시위자 875명, 군인 56명, 총 931명으로 거의 1,000명가량의 사상자가 집계됐습니다. 부상자는 훨씬 많습니다. 시위자 만 4천 450명, 군인 부상자 7,525명 총 2만 2천 명 정도의 부상자가 집계됐습니다. 이것 또한 제대로 된 집계라고 보지는 않습니다. 아마 실제 사상자 수는 이보다 훨씬 많을 것이라 예상합니다.

중국의 5·4운동이 우리나라 3·1운동의 영향을 받았던 것처럼, 천안문 사태는 2년 전에 있었던 우리나라 6월 항쟁의 영향을 받았습니다. 우리나라 1987년 민주화 당시 1인당 국민 소득은 2천 달러를 돌파해 급격히 올라가고 있었습니다. 1년 후인 1988년도에는 4,548달러가 됐죠. 천안문 사태가 터졌을 당시 중국의 1인당 국민 소득은 400달러였습니다. 그 전에는 300달러 선에서 점점 상승하고 있었습니다. 이렇게 경제적인 여건이 상승했을 때 민주화에 대한 요구가 강해지는 법입니다.

물론 중국은 천안문사건 이후인 1990년에 다시 국민소득이 341달러로 하락하게 됩니다. 외국인 투자가 완전히 끊겼기 때문입니다. 10만 명의 보안요원이 투입됐을 정도로 북경의 경비가 삼엄해졌습니다. 중국 정부는 아직도 통제가 심합니다. 북경을 비롯한 전국 주요 도시에도 학생 민주화운동이 지금도 발생하고 있는데 이를 막기 위해 85만 명의 보안요원이 주요 도시에 투입되어 있습니다. 또한 현재 인터넷도 통제받고 있는 상태입니다.

천안문사건 발생 당시 덩샤오핑鄧小平의 나이는 85세였습니다. 덩샤오핑은 제가 위대한 정치가라고 인정하는 사람입니다. 마오쩌둥毛澤東도 정치 에너지는 대단한 사람이었지만 히틀러처럼 그 에너지를 정확하게 통제하지 못했습니다. 하지만 덩샤오핑은 달랐습니다. 정확하게 자신의 정치 에너지를 다스린 정치인입니다.

당시 덩샤오핑 아래에는 자오쯔양趙紫陽과 리펑李鵬이라는 참모가 있었습니다. 자오쯔양이 우파를 대표했고 리펑은 좌파를 대표했습니다. 덩샤오핑은 공산당 안에서도 정확하게 이념을 구분했습니다. 중국은 공산당 1당 체제이기 때문에 좌파, 우파가 격렬한 투쟁을 벌였는데 그 당시 중국은 연 10% 이상의 고도성장을 이루었습니다. 천안문 사태가 발생했던 89년도에는 경제성장률이 14%까지 올라갔습니다.

하지만 급격한 경제성장에는 부작용도 있게 마련이지요. 중국은 급격한 경제성장을 이룬 기간 동안 물가가 50%까지 뛰었습니다. 그러면서 이 높은 물가상승률의 책임이 좌파의 것이냐 우파의 것이냐는 논쟁이 생겼습니다. 결과적으로 우파인 자오쯔양이 지고 좌파인 리펑이 이겼습니다. 그런 권력 투쟁 가운데 덩샤오핑은 장쩌민을 끌어올려서 대권을 쥐어줍니다. 이후 덩샤오핑은 은퇴 이후에 아무 직책 없이도 초월적 지도력을 행사할 수 있었습니다. 그때부터 중국의 약진이 시작됩니다.

민주주의와 경제 성장의 수준을 가늠하는 여러 가지 논쟁이 있습니다. 우리나라는 87년 민주항쟁 이후 88년도에 국민 1인당 소득 4,548달러를 성취했습니다. 물론 이것은 법칙이라고 볼 수는 없습니다. 그저 하나의 경향성으로 보면 될 것 같습니다. 구매력 기준으로 국민 1인당 소득이 5천 달러에서 8천 달러 사이가 정치적 격변이 일어나는 시기라고 합니다. 권위주의 체제나 민주화 체제에서나 경제성장은 일어납니다. 하지만 경제성장이 됐을 때 중산층이 형성되는데, 이 중산층은 권위주의 체제 하에서 성장의 한계를 느낍니다. 이 중산층들이 껍질을 깨고 날아오르기 위해서 필요한 것이 민주화입니다. 그것이 바로 6월 민주항쟁으로 나타난 것이죠.

그런데 중국 같은 경우 천안문사건이 발생했던 89년 당시 국민소득이 겨우 400달러였습니다. 89년도는 세계인권선언 40주년, 프랑스혁명 200주년, 5·4운동 70주년이 되던 해입니다. 5·4운동은 3·1운동이 일어났던 1919년에 있었습니다. 3·1운동을 영향을 받아서 나타난 겁니다. 1989년 천안문사건도 마찬가지입니다. 1987년 우리나라의 6월 항쟁 성공을 보고 중국 인민들이 각성해서 나타난 결과라고 저는 봅니다. 87년도, 88년도에 있었던 대한

● ● ●

민주주의는 경제발전을 위해서 약간 유보되어도 좋은가, 하는 질문에 우리나라 민주화 세력을 자처하는 사람들은 답을 내놓아야 합니다. 경제 발전과 민주화의 조화로운 지점은 어디인가라는 고민도 해봐야 합니다. 저는 산업화 과정을 무조건 영웅시하면서 찬양하는 것도, 민주화 과정을 무조건 긍정적으로만 이야기하는 것도 모두 잘못됐다고 봅니다. 모든 역사에는 양면성이 있습니다. 양면성을 모두 따져보면서 역사를 봤으면 합니다.

민국의 민주화 과정을 보면서 중국의 학생들과 지식인들은 굉장히 자극을 받았을 겁니다.

중국의 학생들과 지식인들은 민주화를 꿈꿨습니다. 당시 민주화 운동을 주도하던 핵물리학자 팡리즈方勵之가 10년 전에 체포된 웨이징성魏京生이라는 인권운동가를 석방하라는 편지를 덩샤오핑에게 보냅니다. 그 편지에 힘을 받아서 민주화를 주장하는 33명이 공산당 앞으로 공개 서신을 보내게 됩니다.

그러던 1989년 4월, 학생들의 민주화 운동과 자유화를 지지하던 후야오방胡耀邦이 심장병으로 급작스럽게 사망을 합니다. 이에 학생들과 지식인들은 후야오방의 애도와 후야오방의 사망 원인을 명확하게 밝혀달라는 명분으로 시위를 하기 시작합니다.

4월 중순부터 천안문 광장에 만 명이 넘는 학생들이 모이기 시작했습니다. 이 문제를 진압하느냐 마느냐를 두고 자오쯔양과 리펑이 격렬하게 갈등하기 시작합니다. 리펑은 전년도에 있었던 물가자유화로 인한 물가상승으로 인민들의 저항이 발생했다고 주장했습니다. 자오쯔양의 경우에는 민주화 시위가 자신들의 세력에 유리하다 싶어 그들을 지원했습니다.

당시 천안문 광장에 엄청난 인파가 모였습니다. 공식적인 집계는 없었습니다만, 아마 백 만 명도 넘게 있었을 겁니다. 그 시위는 결국 강경하게 진압이 됐고 자오쯔양은 정계에서 물러나 가택연금을 당합니다. 여러분은 이 결과를 어떻게 보시나요? 역사에는 가정이라는 것이 없지만 대체 역사를 고민해보는 것은 의미가 있는 일입니다. 예를 들어 중국 정부가 진압에 실패하고 자오쯔양이 성공해 급격한 민주화가 진행됐다면 어쩌면 후에 그에 대한 반작용으로 또 한 번의 문화혁명이 일어났을 확률이 높다고 봅니다. 그렇다면 중국이 지금 정도의 경제성장을 이루지 못했을 것이라 봅니다.

민주주의는 경제발전을 위해서 약간 유보되어도 좋은가, 하는 질문에 우리나라 민주화 세력을 자처하는 사람들은 답을 내놓아야 합니다. 경제 발전과 민주화의 조화로운 지점은 어디인가라는 고민도 해봐야 합니다. 저는 산업화 과정을 무조건 영웅시하면서 찬양하는 것도, 민주화 과정을 무조건 긍정적으로만 이야기하는 것도 모두 잘못됐다고 봅니다. 모든 역사에는 양면성이 있습니다. 양면성을 모두 따져보면서 역사를 봤으면 합니다.

낭트칙령

1598년 프랑스의 앙리 4세가 신·구교도의 갈등을 완화시키기 위해, 개인 신앙의 자유와 신·구 양교의 정치적인 평등권을 인정한 칙령이다. 1685년 루이 14세에 의하여 폐지되었다.

니콜로 마키아벨리 Niccolo Machiavelli

이탈리아 르네상스 시대의 정치 사상가이자 역사가. 대표작 『군주론』에서 정체는 도덕과 분리된 별개의 영역이며 이탈리아는 강력한 군주를 중심으로 통일되어야 한다고 주장함. 근대 정치학의 창시자.

데이빗 캐머런 David Cameron

영국의 정치가. 2001년 국회의원, 2005년 보수당 당수가 되었으며, 2010년 5월 43세의 나이에 영국 총리가 되었다.

리콴유 李光耀

싱가포르의 정치가. 자치정부 총리를 지낸 뒤, 독립 싱가포르 총리로 취임하여 26년간 재직하였다. 작은 도시국가 싱가포르가 세계 수준의 금융과 물류의 중심지로 탈바꿈되고 세계 최고의 깨끗한 정부를 갖는데 기여했다.

마틴 루터 Martin Luther

로마 가톨릭교회의 부패에 반기를 든 독일의 종교개혁자. 가톨릭교회의 교리와 폐쇄성에 의문을 제기하고 성경을 통한 하나님과의 직접적인 접촉과 하나님의 구원을 설파하였으며, 라틴어로 되어 있던 성경을 독일어로 번역하여 대중화에 기여함.

서유견문
조선 후기의 정치가 유길준(俞吉濬)이 저술한 서양 기행문.

성 바르톨로메오 축일 학살Massacre de la Saint-Barthélemy
1572년 8월 24일부터 10월까지 있었던 로마 가톨릭신도에 의한 개신교신도 학살을 가리킨다. 당시 대비 카트린 드 메디시스의 딸이자 국왕 샤를 9세의 동생인 마르그리트와 개신교 신자인 나바르의 앙리와의 결혼식을 축하하기 위해서 모인 개신교 지도자 콜리니를 포함한 약 1만여 명의 개신교도가 로마 가톨릭 교도에 의해 학살당했다. 같은 기독교도인 로마 가톨릭신도가 개신교신도를 살상한 것이다.

샤를리 엡도Charlie Hebdo
프랑스의 대표적 풍자 전문 주간지로, 지면의 대부분을 만평에 할애하는 좌파 성향의 잡지.

센카쿠, 댜오위댜오釣魚島
일본과 중국 간의 영토 분쟁 지역으로 일본은 센카쿠, 중국은 댜오위댜오라 부른다. 대만 동북쪽 120㎞, 오키나와 남서쪽 200㎞에 위치한 도서군(島嶼群). 주변해역에 석유와 천연가스가 풍부하게 매장되어 있다. 이 곳에 대한 영유권 주장은 1969년 유엔이 부근의 해저에 석유를 포함한 막대한 천연자원이 대량으로 매장되어 있을 가능성을 제기하면서부터 시작했다.

수니파·시아파

수니파와 시아파 두 종파는 이슬람교 창시자 무함마드 사후 이슬람 공동체의 수장인 칼리프를 선출하는 과정에서 형성됐다. 수니파는 초기 4명의 칼리프를 모두 정통으로 인정한 반면, 시아파는 무함마드의 사위인 4대 칼리프 알리만을 정통으로 본다. 전 세계 무슬림 인구의 80~90%가 수니파, 나머지는 시아파로 추정된다.

수에즈 운하

지중해와 홍해·인도양을 잇는 운하.

영국노동당

영국의 주요 정당. 보수당과 더불어 2대 정당의 하나다. 정책은 사회민주주의에 가깝다. 1900년 독립노동당, 페이비언협회(Fabian Society), 사회민주연맹, 노동조합 등이 연합해 노동대표위원회(Labor Representative Committee)를 결성한 것이 당의 전신이다.

영국보수당

영국의 보수 정당으로, 1912년에 설립되었다. 전신은 1678년에 창당한 토리당(Tory Party)이다. 세계에서 가장 오래된 정당이다.

장 칼뱅 Jean Calvin

프랑스의 신학자이자 종교개혁가로, 신교에 대한 탄압이 심해지자 스위스로 피하여 〈그리스도교 강요(綱要)〉를 저술하였고 제네바의 종교 개혁에 힘씀.

천안문사건톈안먼天安門사건

학생들과 시민의 민주화 시위를 중국 정부가 무력 진압하면서 빚어진 대규모 유혈 참사 사건. 1989년 6월 4일 미명에 민주화를 요구하며 베이징의 톈안먼 광장에서 연좌시위를 벌이던 학생 ·노동자 ·시민들을 계엄군을 동원하여 탱크와 장갑차로 해산시키면서 발포, 많은 사상자를 냈다.

타밀어

인도 남동부의 타밀족이 사용하는 드라비다어족의 대표언어.

토머스 래플스Thomas Stamford Raffles

영국의 식민지 담당 정치가이자 싱가포르를 건설한 장본인. 1811년 영국이 자바를 점령하면서 부총독이 되어, 조사와 연구를 토대로 강제재배 ·의무공출 제도의 폐지 등 자유주의적인 정책을 시행하였다. 그 후 싱가포르의 건설에도 참여하였다.

톨레랑스tolérance

프랑스어로 '관용의 정신'을 뜻함. 즉, 나와 타인과의 차이를 인정하고 그 차이에 대해 너그러운 마음을 가지는 것을 이름.

후티

예멘의 이슬람 자이디야 시아파 무장 단체이다. 2004년 지도자 후세인 알후티가 정부군에 사살된 이후 예멘 정부와 내전이 진행 중이며, 2015년 1월 대통령궁을 장악하였다.

*한경 경제용어사전, 네이버 지식백과 인용

세 상 의   거 짓 말 에   웃 으 면 서   답 하 다

인문을
묻다

어이없다, 미신에 미쳐가는 사회

▶ 동아일보 기사(이달 초 성완종 만난 역술인 "올해, 뿌리 뽑히는 해지만…", 2015.04.21)입니다.

성완종 경남기업 회장은 이달 초 서울 강남구 논현동에 있는 역술인 A 씨를 찾았다. 검찰 출석을 앞두고 성 회장이 초조해하자 주변의 지인들이 권했다고 한다. 성 회장은 오후 5시경 평소 '아버지'처럼 여기던 전 조계종 총무원장 진경 스님(79)과 함께 A 씨의 오피스텔을 찾아가 1시간여 동안 사주를 봤다. 성 회장은 신분을 밝히지 않았고 진경 스님이 성 회장의 이름과 사주를 불러줬다고 한다.

A 씨는 "성 회장은 '토(土)'의 기운을 지녀 건설업으로 큰돈을 벌지만 올해는 뿌리가 뽑히는 해라는 사주가 나왔다"며 "올해가 일생 중 가장 대흉한 시기고 올해 음력 7~8월까지 힘들겠지만 가을까지 극복하면 운이 들어오는 사주였다"고 말했다. 인생 전체적인 사주로

보면 초년에 심하게 고생하다가 중년부터 거부를 쌓는 운이라고 했다. 초등학교 4학년 때 중퇴하고 온갖 역경을 겪으며 자수성가한 성회장의 인생 궤도와 일치한다.

이런 점술가의 풀이에 대해 여러분들은 어떻게 생각하십니까? 당시 성완종 회장의 얼굴을 보면 누구라도 비슷한 얘기를 할 수 있을 겁니다. 성완종 회장은 큰 위기를 맞아 심각한 얼굴을 할 수밖에 없었을 테니까요. 사회적 지위가 높은 사람임은 누가 봐도 알 수 있을 것이고 승려까지 대동했으니 자수성가했다는 말도 누구나 할 수 있을 것입니다.

얼마 전 채널A동아일보 정치부장이라는 자가 방송에 나와서 이완구, 성완종 성명 궁합을 봤다고 해서 화제였습니다. 참 유치찬란하기 이루 말할 데가 없습니다. 동아일보라는 큰 언론사가 이런 기사를 낸 것도 모자라, 그곳의 정치부장이라는 사람이 방송에 나가서 애들 장난 같은 성명풀이를 하다니⋯. 아마 그것도 다른 점쟁이에게 물어보거나 했겠죠. 참 기가 막힙니다. 우리 사회가 왜 이렇게까지 됐을까요?

불교는 인연, 연기를 바탕으로 하는 일종의 유사 학문이죠. 종교기 때문에 유사 학문이라고 표현합니다. 인연, 연기의 핵심은 "지금 너의 행동이 미래를 결정할 것"이라는 겁니다. 그런데 불교에 사주가 웬 말이고 풍수가 웬 말입니까?

진경이라는 승려를 저는 만나본 적이 없습니다만, 조계종 총무원장까지 지낸 고승이 점집에 들락거린다는 건 정말 충격입니다. 불교는 점집하고 관련이 없습니다. 무속인처럼 점을 치는 일부 승려들이 있습니다. 이렇게 점을 치는 승려들은 그냥 중이라고 불러야죠. 승려라는 칭호가 아까운 사람들입니다. 그분 개인의 문제인가요? 아니면 우리나라 조계종 수준의 문제일까요? 저는 듣고 제 귀를 의심했어요. 명색이 조계종의 총무원장을 지닌 분이 점집을 갔다? 스님이라면 불교의 도를 전하고 근심 있는 자의 마음을 평안하도록 도와주어야 하는 거 아닌가요? 기가 막힙니다. 또한 성완종 회장은 교회 장로라고 합니다. 왜 교회 장로가 하나님께 기도하지 않고 점집을 찾나요?

김대중 대통령이 대선에서 승리하기 위해 묏자리를 옮겼다는 이야기는 꽤 유명한 이야기입니다. 그 밖에도 풍수지리에 심취해 묏자리를 옮긴 정치인들 사례는 많습니다. 묏자리를 옮긴 것도 모자라 상대방 후보의 묏자리에 쇠꼬챙이를 몇 십 개씩 꽂았다는 사례도 있습니다. 인사 철만 되면 수많은 대기업 임원들이 점집을 찾아갑니다. 많은 임원들이 찾아가다 보니 점쟁이가 웬만한 임원들보다 회사 속사정을 더 잘 알게 되는 웃지 못할 상황이 생기기도 합니다. 이렇듯 풍수고 사주고 다 웃기는 애들 장난 같은 이야기입니다. 우리 사회에는 비합리적이고 원시적인 사상들의 지배를 받는 경우가 많습니다. 물론 한편으로는 이해가 되기도 합니다. 사회지도층도 자살을 할 정도로 스트레스가 많은 나라니까요.

비슷하게 생긴 것은 비슷한 효과가 있지 않느냐는 동형감응 同形感應이라는 사상이 있습니다. 비합리적이고 원시적인 사상이지요. 동형감응에 따르면 여성의 성기형상을 닮은 묏자리를 최고의 명당으로 친다고 합니다. 여성이 자식을 생산하는 존재이므로 그것과 닮은 곳에 묏자리를 쓰면 자연을 감응시켜서 후손들이 잘될 것이라고 믿는 것이죠. 마치 동물의 성기를 먹으면 정력이 좋아질 거라 믿는 것과 같습니다. 이렇게 원시적인 사상들로 움직이는 사람들이 많습니다.

그런 사상이 생겨났을 당시에는 인간은 과학적 지식이 전혀 없는 무지몽매한 상태였습니다. 당시 인간은 연약했기에 주체적인 세계관을 가질 수 없었습니다. 풍수도 마찬가지입니다. 고려시대, 조선시대에 풍수가 유행했지요. 풍수지리에 따라 궁궐터를 짓고 왕들의 묏자리를 썼습니다. 고려시대, 조선시대 왕들은 모두 장수했나요? 계속해서 혈통이 이어졌나요? 풍수라는 것은 어리석은 자들의 게임에 불과합니다.

청일전쟁이 터졌을 당시, 민비는 서울에 있는 모든 무당들을 불러 모았습니다. 그리고서는 자신과 고종이 화를 피할 방법을 점쟁이들에게 물었습니다. 그리고 점쟁이들 말에 따라 궁에서 굿을 하고 온 궁궐에 부적을 붙이는 등 미신이라는 미신은 모두 따랐습니다. 민비가 여럿 무당들을 먹여 살렸죠. 자신들의 안위를 지키기 위해 온갖 미신들을 동원하는 그런 자들이 국가의 지도자였습니다.

우리나라 태극기를 살펴볼까요? 세계인들이 태극기의 문양을 보고 궁금해 합니다. 태극 모양 주위에 4개의 사각형들이 있죠? 그것이 바로 건곤감리입니다. 주역에 나오는 개념으로 보다 복잡한 수비학적 내용에 불과합니다. 숫자에 신비한 무언가가 담겨 있다는 원시적인 생각이죠.

수비학數秘學에 빠진 사례는 동서양에 골고루 있습니다. 제일 극단적인 예가 동양의 주역이라는 것입니다. 서양에는 피타고라스학파가 있습니다. 원래 피타고라스학파는 연구를 하는 모임이었습니다. 많은 이들이 아시다시피 피타고라스는 수학적 지식이 상당한 사람이었습니다. 하지만 이 학파는 차츰 교단으로 바뀌기 시작하더니 나중에는 학문적 목표를 완전히 상실한 채 수비학적 종교 집단으로 바뀌었습니다.

그리고 이웃나라 일본도 비합리적이고 원시적인 사상의 지배를 받고 있습니다. 흔히 일본을 신도의 나라라고 합니다. 일본은 거의 매년 야스쿠니 신사 참배로 우리나라와 마찰을 빚습니다. 일본인들이 참배하는 야스쿠니 신사에는 전범들의 제사도 함께 지내는 곳이기 때문입니다. 그때마다 일본인들은 대답합니다. 죽은 사람에게 무슨 선악이 있느냐고. 일본인들은 인간의 길흉화복이 귀신들의 장난 때문이라고 생각합니다. 그래서 일본 사람들은 신사를 만들어 귀신을 숭배하는 겁니다. 모든 문제를 자신에게 있다고 보지 않고 귀신에게 있다고 보니 인과응보라는 것이 성립하지 않습니다. 자신의 도덕적 결함이나 잘못을 인정하지 않는 거죠.

점집을 방문한다는 것도 그런 맥락입니다. 자신의 문제를 자신이 주체적으로 해결할 생각은 않고 미신에 의지해서 해결하려고 하는 거죠. 그 문제는 자신으로 인해 발생한 것이 아니라 귀신들로 인해 발생한 것이고 그것은 자신이 해결할 수 없다고 생각하는 겁니다.

맹자의 제자들은 환경이 중요하냐, 타고난 요소가 중요하냐를 가지고 논쟁을 했습니다. 이 학문적 논쟁이 차츰 지나면서 풍수가 우수하냐, 천시가 중요하냐, 등의 논쟁으로 바뀌었습니다. 논쟁은 세상을 발전시킵니다. 이런 저런 명제에 대한 논쟁이 계속되어 과학으로 발전할 수 있었던 거죠. 하지만 논쟁이 풍수와 사주처럼 엉뚱한 곳으로 빠지면 걷잡을 수 없어집니다.

주변 환경이 중요한가, 타고난 것이 중요한가, 하는 논쟁은 결정론입니다. 이미 내 삶이 결정됐다는 겁니다. 그게 바로 미신의 출발입니다. 환경적인 요소를 중요하게 생각하면 풍수쟁이가 되는 것이고, 타고난 것이 중요하다고 하면 사주쟁이가 되는 겁니다. 아직도 풍수와 사주가 어떤 것인지도 모르고 많은 사람들이 점집을 찾고 풍수쟁이를 찾고 있습니다.

맹자는 2,300여 년 전에 이것에 대한 답을 내놨습니다. "천시불여지리지리불여인화天時不如地利地利不如人和" 풀어서 설명하자면 무엇보다 중요한 것은 사주도 아니고 풍수도 아니라 지금 현재 내가 살아가는 마음가짐이다. 열심히 마음을 닦고 사람들과 더불어 살고 사랑을 베푸는 것이 중요하다는 겁니다.

칼 포퍼가 쓴 『열린사회와 그 적들』이라는 책을 보면 사주나 풍수의 결정론이 얼마나 어리석은 행동인지를 잘 설명하고 있습니다. 오이디푸스 왕 이야기를 아십니까? 테베의 왕 라이오스는 점쟁이들로부터 나중에 아들이 성장해서 왕을 죽이고 아내를 빼앗을 것이라는 예언을 듣습니다. 왕은 그 말에 두려움을 느끼고 아들 오이디푸스를 버립니다. 버려진 오이디푸스는 자라서 라이오스가 자신의 아버지인 줄 모르고 그를 죽이고 자신의 어머니인 이오카스테를 취하면서 예언을 실현시킵니다. 그 후 오이디푸스는 자신이 아버지를 죽이고 어머니를 취했음을 알고 자신의 눈을 뽑아버리는 비극적인 결말을 맡게 됩니다.

칼 포퍼는 그 신탁으로 인해 결과가 교란되었다고 합니다. 사회과학적 예측은 사회를 교란시키는 속성이 있습니다. 예를 들어 "전세 값이 연말에 폭등할 것"이라는 발표가 나면 갑자기 수요가 몰려들어 연말이 되기 훨씬 전에 집값 폭등이 나타나는 거죠. 예측이라는 것이 그런 겁니다.

정규재 TV를 보는 교양인이라면 점을 치고 사주를 보는 분들이 없을 거라 믿습니다. 사주는 맞든 틀리든 상관없습니다. 사주는 볼 필요가 없습니다. 사주라는 게 맞다고 가정해봅시다. 그렇다면 우리 운명은 정해진 것이죠. 제가 언제 죽을 것인지는 바뀌지 않는 사실이겠죠? 그런데 부적을 쓰고 굿을 해서 달라지는 것이라면 운명이 아니겠죠. 이렇게 사주나 풍수는 상당히 모순되는 겁니다. 진인사盡人事 대천명待天命입니다. 매 순간 최선을 다하고 그저 결과를 기다릴 뿐입니다. 그게 인간의 올바른 자세입니다.

의회 독재의 끝은 어디인가?

▶ 일반적으로 대다수 국민들은 여당의 힘이 강하다고 생각합니다. 하지만 이번 공무원연금안을 확정 짓는 과정에서 야당의 힘이 강하다는 것을 알게 됐습니다. 바로 새누리당이 2012년 5월에 통과시킨 국회선진화법 때문입니다.

당시 국회에는 폭력이 난무하는가 하면 날치기 통과 같은 것도 많았기 때문에, 국회를 어떻게 하면 평화롭게 운영할 수 있을까를 고민하다가 이 법이 출발했을 겁니다. 하지만 많은 이들은 이 법을 만든 이유를 조금 다르게 생각하고 있습니다. 총선을 앞둔 새누리당이 총선에서 패배해 원내 1당 자리를 빼앗길 것으로 예상되자 자신들의 보험 차원에서 만든 법이 국회선진화법이라는 것이죠. 저도 그 주장에 동의합니다.

국회선진화법이 제정되면서 재적 의원 5분의 3 이상이 동의를 해야 법안이 통과될 수 있게 되었습니다. 그러면서 소위 '알박기'가 가능해졌습니다. 소수자의 횡포가 가능하게 된 겁니다. 덕분에 국회의원들은 목에 더 힘이 들어갔겠죠. 이제 소수자도 독재를 할 수 있는 국회선진화법이 있거든요.

이후에 '야당독재'라는 말이 나올 정도로 야당의 힘은 막강해졌습니다. 그로 인해 새누리당은 과반 이상의 의석을 가진 여당임에도 국정 주도권을 잃게 됐습니다. 새누리당이 자기 꾀에 자기들이 넘어가게 된 것이죠. 더 큰 문제는 국회선진화법이 아니라 국회의 타락입니다.

국회는 지금 무소불위의 독재기구로 거듭나고 있습니다. 국가권력은 입법, 사법, 행정이 조화로운 균형과 견제를 이루어야 제대로 작동할 수 있는 법. 그런데 사법부, 행정부보다 입법부의 힘이 절대적으로 우위를 차지하게 되면서 국가권력이 제대로 작동하지 않고 있습니다.

지금 입법부는 과잉 입법이나 포퓰리즘의 유혹에서 헤어나지 못하고 있습니다. 또한 사회정책이라는 명분으로 특정 이익집단의 이익을 대변하거나 그들에게 특혜를 만들어주는 정책들을 무더기로 쏟아내고 있습니다. 이렇게 법이 쏟아지고 있음에도 법에 대한 존중심은 땅에 떨어졌습니다. 지금은 법이 일패도지—敗塗地 하고 있는 상황입니다. 민주주의가 총체적인 위기를 맞고 있는 겁니다.

최근 공무원연금 개혁을 하던 중에 야당에서 제안한 국민연금 소득대체율 50% 구상을 여당이 받아들인 것은 정말 황당한 일입니다. 제 생각에는 야당이 일부러 판을 깨기 위해 던진 제안이었다고 생각합니다. 무슨 생각이었는지, 그것을 여당이 덜컥 받아들이면서 사태가 커지기 시작했습니다.

야당에서는 여당이 어떤 것을 중요하게 여기고 어떤 것을 두려워하는지 알아차린 것 같습니다. 그러면서 야당은 여당에게 억지스런 주장을 하기 시작했습니다. 그래서 웬만한 여당의 정책에는 여러 가지 요구사항을 들이밀며 물물교환 하듯이 법안을 통과시키려 하고 있습니다. 법안을 만들고 집행하는 일이 무슨 엿 바꿔 먹는 일입니까? 이렇게 입법부가 야합과 흥정으로 운영되고 있

● ● ●

지금 입법부는 과잉 입법이나 포퓰리즘의 유혹에서 헤어나지 못하고 있습니다. 또한 사회정책이라는 명분으로 특정 이익집단의 이익을 대변하거나 그들에게 특혜를 만들어주는 정책들을 무더기로 쏟아내고 있습니다. 이렇게 법이 쏟아지고 있음에도 법에 대한 존중심은 땅에 떨어졌습니다. 지금은 법이 일패도지(一敗塗地) 하고 있는 상황입니다. 민주주의가 총체적인 위기를 맞고 있는 겁니다.

습니다. 여당은 갈수록 당혹스러운 행보를 이어가고 있습니다. 이번 국회법 개정안에 새누리당이 찬성한 것은 정말 개탄스러운 일입니다.

정부가 일반적인 법규를 만들면 대통령령으로 시행령이 만들어집니다. 이 시행령은 온전히 정부의 소관입니다. 이 시행령조차 입법부가 수정을 강제하거나 시행 여부를 결정할 수 있는 권한을 달라고 야당이 요구했습니다. 이를 여당 지도부가 또 받아들였습니다. 야당 의원들도 문제지만 여당 의원들의 문제가 더 심각합니다. 아무리 봐도 지금 여당 지도부는 한 나라의 국정을 이끌 지력이 없는 것 같습니다.

대통령령을 만드는 것은 대통령 고유의 권한입니다. 입법부가 정부의, 아니, 대통령의 고유 권한까지 침해하려고 하고 있습니다. 이제 대통령이 하는 모든 일을 입법부가 통제하고 명령을 하겠다는 거죠. 입법부의 권한 범위가 있고 행정부의 권한 범위가 있는데, 입법부가 이제 그것을 넘어서려고 하는 겁니다. 국정은 입법부인 국회 혼자 이끌어가는 것이 아닙니다. 정부도 정부 나름의 계획이 있어 시행령을 만들고 그 밑에 여러 규칙들을 만드는 것인데 그것을 무시하는 행위죠. 입법부가 행정부를 견제해서 균형을 맞추는 정도가 아니라 아예 정부를 국회의 시녀로 만들려는 겁니다.

지금도 국회에서 정부가 편성한 예산안을 심의하고 있습니다. 사실 예산을 편성할 수 있는 편성권은 정부가 가지고 있습니다. 정부가 예산안을 다 편성하면 그 편성된 예산안이 국회로 넘어옵니다. 그럼 국회는 예산을 심의합니다. 예산 심의는 기본적으로 총액 심의입니다. 예산을 심의하더라도 항목별로 별도의 예산을 증액할 수 없습니다. 하지만 지금 국회는 정부의 예산안을 보고 예산을 줄이거나 늘리면서 정부의 예산안을 마음대로 짜깁기하고 있습니다.

정부가 만든 예산안은 단지 시안에 불과하고 예산안은 예결위원회가 결정하는 것처럼 돼버렸습니다. 사실상 예산 편성의 권리를 국회가 행사하고 있는 것이죠. 얼마 전 당당하게 월권행위를 하고서도 항변하는 새누리당 소속 예산결산위원장의 말은 현재 국회의원들의 의식을 여실히 보여줍니다. 입법부의 권한과 행정부의 권한을 완전히 망각한 그들을 보면서 과연 법을 만지는 사람들인지 의심스러울 정도입니다.

입법만능주의, 인민독재주의가 국회에서 벌어지고 있습니다. 지금 세월호 특별법도 마찬가지입니다. 세월호 특별법은 나중에 굉장한 논란을 불러일으킬 수 있는 사안입니다. 이 법은 사법권에 대한 침해로 볼 수도 있습니다. 세월호 사건은 이미 하나의 사건으로서 공식적으로 국가기관에 접수되었고 국가기관에 의해 기소되었습니다. 세월호 관련자들은 이미 국가기관에 조사를 받고 있습니다.

그런데 그것을 또 다시 조사하라고 합니다. 한 사건을 두 번 조사해서 두 번 재판하는 희대의 사건이 벌어지게 됩니다. 재판중인 사람을 국회가 불러내서 다시 재판을 하자는 겁니다. 이건 인민재판이죠. 법치국가 중 이런 나라가 어디 있습니까? 외형상 세월호 특별법이 입법권의 정당한 행사처럼 보입니다. 만약 세월호 특별법이 통과돼서 수사와 재판을 다시 하게 되면 그 자체로 사법질서의 훼손입니다. 사법권이 상당한 침해를 받는 일인 거죠. 지금 여기저기가 다 난장판입니다.

인민독재의 상황이 연출되면서 민주주의의 질이 급격하게 나빠지고 있습니다. 법이라는 것은 우리가 지켜야 할 최소한의 규칙입니다. 그리고 그 최소한의 규칙을 따르지 않으면 벌을 받습니다. 그렇기 때문에 법을 만들 때는 아주 신중해야 합니다. 절대 감정적으로 처리해서는 안 됩니다.

국회에서 모든 것을 마음대로 하려고 합니다. 인사청문회도 심각합니다. 물론 인사 문제는 중요하기에 국회에서 철저하게 검증하는 것은 중요합니다만, 검증이라는 미명 하에 장·차관 인사들을 완전히 난도질하고 있습니다. 외부 인사가 장관을 맡게 되면 어떤 명분으로든 공격해서 중도 하차시키고 있는데, 이렇게 되다보니 국회의원인 자들만 장관을 맡고 있습니다. 총리도, 경제부총리도, 사회부총리도, 각 장관들도, 내각의 대다수가 전부 국회의원 출신입니다. 사실상 대통령제가 아닌 의원내각제처럼 국정이 운영되고 있습니다. 대한민국의 헌법 질서가 입법부에 의해 파괴되고 유린되면서 국가권력의 배분 절차나 국가권력에 대한 규정이 무시되고 있는 상황입니다.

국회가 입법권을 가지고 있다는 이유만으로 행정부 전체를 그리고 대통령을 국회의 명령에 복종시키려고 하는 행위에 여당 지도부가 찬성했습니다. 사법부의 침해는 말할 것도 없습니다. 수많은 판사들 중 국회가 저지르고 있는 사법권 침해에 대해서 말하는 판사는 없습니다. 판사들도 나중에 대법관이라도 하려면 국회에 와서 인사청문회를 받아야 하는데 국회에 잘못 보이면 안 되니 눈치를 보고 있는 겁니다.

지금 의회 독재시대가 열리면서 우리나라의 민주주의는 타락하고 있습니다. 나중에 개정된 국회법 때문에 대통령이 거부권을 행사하는 과정까지 가게 되면 곤란하므로 새누리당이 깨끗하게 처리해주길 바랍니다.

고결한 야만인

▶ 오늘은 『고결한 야만인Noble Savages』라는 책에 대해서 이야기해 볼까 합니다. 나폴리언 섀그넌이라는 문화인류학자가 쓴 책입니다. 문화인류학을 대표하는 사람들로는 『슬픈 열대』를 쓴 클로드 레비스트로스나 사모아 섬의 종족들을 연구한 마거릿 미드 등이 있습니다.

서구의 문명이 완전히 개화된 후 유럽인들은 다양한 원주민 문화들을 폭넓게 접촉하게 되었는데, 유럽인들은 이 문화들을 일괄적으로 '야만' 또는 '원시' 문화로 규정했습니다. 원시부족 진화론이 나오면서 원시부족들의 삶은 어떠했는지에 대한 연구 등이 많아졌습니다. 기본적으로 당시의 문화인류학은 진화론을 설명하기 위한 하나의 방편이었습니다. 야만인은 덜 진화된 상태라는 잘못된 전제를 깔고 연구를 시작했습니다.

그리고 진화론은 점차 변질됩니다. 원시부족과 흑인 등이 진화가 덜 된 부족이며 백인은 완전하게 진화됐다는 우생학이 만연하게 된 것이죠. 우생학은 제국주의의 근거가 되기도 했습니다. 인간이라고 하는 종족은 사실 본질적으로 똑같습니다만 당시에는 문화적 양태, 복잡성의 정도에 따라 더 진화하고 덜 진화하는 생물학적 현상으로 받아들였습니다. 거기에 대한 일종의 반론으로 나타난 것이 문화인류학이었습니다.

문화인류학은 기본적으로 어떤 인간집단을 이루는 민족, 제도, 종교 등을 조사합니다. 이 집단에서는 어떤 것을 금기시하는지, 어떻게 밥을 먹는지, 어떻게 결혼하고 어떻게 가족을 구성하는지, 사회적인 위계질서는 어떻게 구성되는지 등을 조사하는 거죠. 그러다가 문화인류학에는 기존의 흐름을 거부하는 새로운 흐름이 나타납니다. 애초에는 야만인은 덜 진화된 자들이라는 전제하에 연구를 했는데, 클로드 레비스트로스 등의 학자들이 이런 흐름을 거부한 것입니다.

"문명사회는 열망을 부추기고 아주 빠른 시간에 소비하게 하는, 말하자면 엔트로피를 끝까지 끌어올리는 열역학적 사회다. 그에 반해 원시부족 또는 문명으로부터 고립되어서 살고 있는 종족사회 등은 마치 우리 문명인이 옛날에 그랬던 것처럼 고상하고 조화롭고 평화를 사랑하고 자연과 일체화되어 살고 있다"

그들은 원시인들이 문명인보다 평화롭고 정적인 상태라고 주장했습니다. 이 주장은 루소의 인간불평등 기원론에서부터 형성되어왔던 주장입니다. 경제사에서도 그대로 연결되어서 마르크스에게도 영향을 주었습니다.

"인간이 인간으로부터 소외되지 않고 평등한 질서를 이루어 나가며 자기가 능력껏 일하고 필요한 만큼 분배받는 고상한 야만인 상태의 마을이 있을 것이다. 꿈꿔왔던 공산사회에서 사유재산이 출현하면서 계급 갈등이 생기고 지배와 피지배의 관계가 생기고 그 재산을 획득하기 위한 무한한 에너지의 소모, 말하자면 개인들 간의 분쟁 또는 집단 간의 분쟁이 생기고 심지어는 그 집단이 점점 더 강대해져 어떤 정도의 규모를 이루는 국가단위로까지 커져서 국가가 국가에 선전포고를 하고 무자비한 전쟁상태에 몰입하는 문명의 더러운 단계에 이르렀다. 그런 상태의 모순이 극에 달해서 자본주의까지 발전하겠지만 그 자본주의가 끝내는 혁명에 의해서 자본주의 자체 또는 자본주의의 경제 논리가 소멸하고 새로운 형태의 원시 공산사회가 반복된 진정한 공산사회로 갈 것이다"

마르크스는 이렇게 주장했습니다. 세상이 점점 더 나빠져서 종말로 치달은 다음 천지개벽이 일어나 새로운 사회로 갈 것이라는 얘기인데 이런 공산주의 역사관은 기독교를 거꾸로 뒤집어 놓은 것이죠.

마르크스의 영향을 받은 문화유물론이라는 흐름은 20세기 학계를 완전히 지배하게 됐습니다. 클로드 레비스트로스나 마빈 해리스 같은 학자들이 학계를 이끌었죠. 마빈 해리스는 『문화의 수수께끼』, 『음식문화의 수수께끼』라는 책으로 알려져 있습니다.

한편 에드워드 윌슨, 리처드 도킨스 등이 구축한 사회생물학은 착실하게 자리를 잡아왔습니다. 사회생물학은 인간도 하나의 복잡한 생물학적 기계에 불과하다는 관점에서 개미를 연구하거나 벌을 연구하는 것과 똑같은 방법으로 인간을 연구합니다. 이 사회생물학은 이타심이라든지 이기심과 같은 인간의 심리를 연구하고 분석하는데, 거의 완벽한 해설들을 내놓고 있습니다.

그 완벽한 해설의 결정판이 리처드 도킨스의 『만들어진 신』입니다. 무신론을 바탕으로 한 이 책은 신도 인간이 만든 허상이라고 주장합니다. 하나의 강력한 유물론이라고 볼 수 있겠습니다. 리처드 도킨스에 와서 사회생물학이 정점을 이루고 있습니다. 인간의 몸과 마음의 문제는 어떻게 되는가, 인간의 영혼은 어떤 관념인가, 인간의 집단 이기심과 이타심은 어떻게 형성 되는가, 등의 메커니즘을 사회생물학이 거의 다 밝혔습니다. 그래서 지금 문화인류학이 별로 할 게 없다는 얘기까지 나올 정도로 사회생물학의 영향력은 대단합니다.

이 책에는 많은 자료들이 있습니다만, 시간상 제가 몇 가지만 골라서 보여드리겠습니다. 기대수명은 1인당 GDP가 만 달러가 될 때까지는 굉장히 빨리 늘어납니다. 하지만 만 달러가 넘어가면 그 다음에는 거의 늘지 않습니다.

실제로 밑에 숫자를 1만, 2만, 3만, 5만 이렇게 등액으로 가는 것이 아니라 같은 비중치로 이렇게 로그분석을 해보면 2백 달러, 4백 달러, 8백 달러, 꼭 2배씩 되는 것이죠. 그럼 그냥 2백 달러 늘었으니까 이 다음에 6백 달러가 아니고 2배가 되는, 말하자면 로그로 전환해서 분석을 해보면 아주 정확한 그래프가 나옵니다. 역시 소득이 늘어나는 데 비례해서 기대수명은 늘어나고 있다는 결과를 도출해볼 수 있습니다.

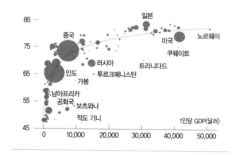

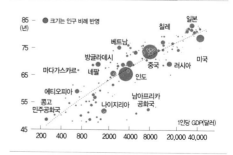

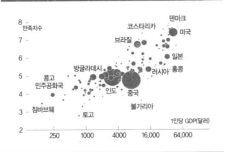

GDP 대비 국가별 삶의 평가(만족도, 로그분석)

8 - 만족지수
7 -
6 -
5 -
4 -
3 -
2 -
250 1000 4000 16,000 64,000

덴마크
미국
코스타리카
브라질
일본
방글라데시
러시아 홍콩
콩고
민주공화국
인도 중국
짐바브웨
불가리아
토고

1인당 GDP(달러)

이번 그래프는 삶의 평가 로그분석입니다. 삶의 만족도 평가입니다. 만족지수 8점을 주고 만족하는 비례치를 조사해보니까 역시 이것도 로그분석으로 해보면 상관관계가 아주 명확하게 드러난다는 것을 알 수 있습니다. 1인당 GDP가 늘어나면 거기에 비례해서 만족지수가 늘어나는 겁니다. 방글라데시가 만족도 1등이라는 그런 주관적인 지수 말고요. 사회적, 객관적 지표로 볼 때 그 사회를 더 정확하게 알 수 있습니다.

이번 그래프는 중국과 인도의 GDP와 영아사망률입니다. 이 그래프를 보시면 중국의 GDP가 늘어날수록 중국의 영아사망률은 정확하게 떨어지고 있습니다. 인도 영아사망률도 마찬가지죠. 영아사망률이라는 것은 어린 시절의 건강 상태, 그 나라의 의료 수준 등이 복합적으로 드러나는 것입니다. 영아사망률이 떨어지고 있다는 것은 그 나라의 생활 조건이 좋아진다는 지표라고 볼 수 있겠죠.

다음 그래프는 지역별로 기대수명 증가 추이를 정리한 겁니

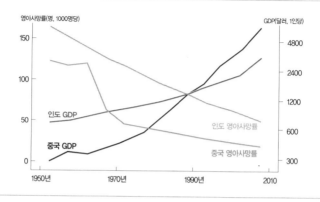

중국·인도의 GDP와 영아사망률 비교

영아사망률(명, 1000명당)
GDP(달러, 1인당)

150

100

50

0

인도 GDP

중국 GDP

인도 영아사망률

중국 영아사망률

4800

2400

1200

600

300

1950년   1970년   1990년   2010

다. 북유럽, 동아시아, 중남미, 남부아시아, 서남아시아, 동남아, 사하라 이남의 아프리카. 여기서 사하라 이남의 아프리카라고 하는 것은 지구상에 유일하게 자본주의의 혜택을 보지 못하고 있는 지역이라고 책에 나와 있습니다.

아직도 1억 명의 어린아이들이 여전히 기아선상에 있다고 하는 이야기는 종종 후원 광고 등에서 보셨을 겁니다. 거기에 소개되는 아이들이 대부분 사하라 사막 이남 지역, 수단 같은 나라들입니다. 아직까지도 자본주의의 혜택을 전혀 못보고 있는, 지구상에 유일하게 남아있는 지역입니다.

피케티는 70년대 이후 계속해서 자본주의 사회에 빈부격차가

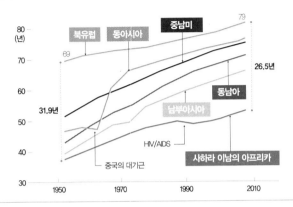

벌어지고 있다고 주장하고 있는데 이 그래프는 그에 반하는 증거입니다. 모든 국가의 기대수명이 대부분 개선되었습니다. 북유럽 국가들은 물론 사하라 이남의 아프리카 지역까지도 기대수명이 개선된 것이죠. 기대수명이라는 것은 인간의 생활수준을 측정할 수 있는 지표인데, 전 세계적의 생활수준이 점점 개선되고 있다는 것을 보여주는 예입니다.

　　다음은 19세기 중반 이후 유럽의 기대수명 증가 추이입니다. 어린 아이들이 위생적인 환경에서 자랐는지, 영양실조 같은 것은 없었는지, 그런 필수적인 삶의 조건에 관한 여러 가지 기록들입니다. 각각의 국가들이 저마다의 사정으로 수치들이 다 달랐습니다

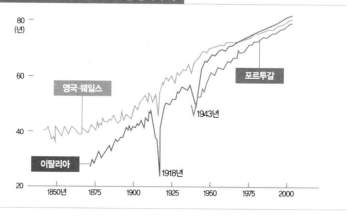

만, 최근에 오면 모두 개선되고 있습니다. 점점 전 세계의 격차가 줄어들고 있습니다.

그 다음에 여러분들이 꼭 기억해주셨으면 하는 그런 그림입니다. 이것은 핑코프스키-사라마틴 교수가 평가한 전 세계 지니계수 추이입니다. 여러분들은 아마도 중국도, 미국도, 한국도 양극화되고 있다는 주장을 많이 들으셨을 겁니다. 핑코프스키-사라마틴 교수가 국경을 없애고 전 세계 인구를 하나의 기준으로 조사해봤더니 지니계수가 점점 낮아지고 있다는 것이 드러난 겁니다. 지니계수는 흔히 빈부격차를 드러내는 지수로 알려져 있죠. 1에 가까워질수록 빈부격차가 심하다는 것이고 0으로 가까워질수록 빈

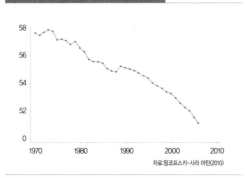

전세계 지니 계수 추이(1970~현재)

자료:핑코프스키-사라 마틴(2010)

부격차가 없다는 것입니다. 조사 결과, 전 세계는 갈수록 평균화되었으며 빈곤도도 낮아지고 있다는 사실이 밝혀졌습니다.

흔히 통계를 가지고 양극화를 주장하는 좌파들 중에 상위 0.1%의 부에 초점을 맞추는 사람들이 있습니다. 그러나 최상위 층은 정말 예외적이기 때문에 빼고 얘기해야 합니다. 평균적으로 살아가는 사람들이 어떻게 사는지가 중요합니다. 길에서 흔히 볼 수 있는 보통사람들의 삶이 우리의 관심사인데, 빈부양극화를 과장하기 위해 상위 0.1%의 부를 얘기하는 것은 타당하지 않죠. 전 세계적으로 생활수준이 높아지고 있으며 양극화는 줄어들고 있습니다. 그러니까 지구는 점점 평평해지고 있다고 보시면 되겠습니다.

앵거스 디턴의 『위대한 탈출』과 여러 그래프를 같이 보면서 전 세계 생활수준과 경제수준을 살펴봤습니다. 이 내용은 지난 *비타민*에 아주 자세히 소개되어 있습니다. *비타민*을 보시는 분들은 이미 보신 내용입니다. *비타민*을 여러분들이 성원해주셔야 정규재 TV도 만들 수 있고 자료 조사도 할 수 있습니다. 앞으로 *비타민*에 많은 관심과 구독 부탁드립니다.

박제가와 현대판 사치금지법

▶ 많은 사람들이 사치에 대해 부정적인 생각들을 합니다. 특히 우리나라 사람들에게 사치는 도덕정 방종을 의미하기도 합니다. 단순한 소비생활의 문제가 아닌 거죠. 그래서 개인의 사치를 규제하거나 또는 검소한 생활을 요구하는 캠페인을 벌이기도 합니다.

우리나라는 기본적으로 상품에 10%의 부가세를 냅니다. 10% 부가세 외에도 우리나라 개별소비세가 있습니다. 개별소비세가 남아있는 나라는 거의 없습니다. 이 개별소비세는 5%에서 20%까지 됩니다. 개별소비세라는 게 누진세입니다. 개별소비세를 부과하고 거기에 교육세를 덧붙이고 농특세도 부과하고 그 세금을 다 더한 다음에 부가세 10%가 붙습니다. 실제로 20%의 개별 소비세를 부과하면 36%의 세금을 내게 됩니다. 세금이 없으면 100만 원이 될 것을, 세금 때문에 136만 원이 되는 어처구니없는 일이 발생하는 거죠.

정부에서 침체된 경기를 회복시키고자 소비를 늘리자는 캠페인을 많이 하고 있습니다만 정작 개별소비세에 대해서는 언급이 없습니다. 그저 기업에게 "투자를 많이 해라", "배당금을 많이 내놓아라"라고 압박을 할 뿐이죠.

개별소비세는 박정희 정부 때인 1978년에 만들어졌습니다. 그 당시에는 특별소비세로 불렸지만 지금은 개별소비세라는 명칭으로 바뀌어 지속되고 있죠. 개별소비세가 부과되는 품목은 유류, 가스, 보석, 귀금속, 고급 모피, 냉장고, 세탁기, TV, 향수, 경마장, 골프장 등입니다. 앞서 말씀드렸듯이 5%에서 20%까지 개별소비세가 부과됩니다. 그 다음 10%의 부과세가 더 포함되죠.

물론 개별소비세를 부과하는 물품의 기준에는 '고급'이라는 기준이 있습니다. 고급 전자제품, 고급 모피, 고급 가방, 고급 시계 등 고급이라는 말이 붙어 있어 엄청난 사치품에만 개별소비세가 부과되는 것 같지만 사실은 그렇지 않습니다. 14년 전에 책정된 기준이라, 지금은 웬만하면 개별소비세 기준에 포함됩니다.

2,000cc 이상의 자가용에도 개별소비세가 붙는데 요즘 웬만한 차는 다 2,000cc 이상입니다. 냉장고, TV, 세탁기에 개별소비

세가 붙습니다. 그게 무슨 사치품입니까. 결혼할 때 조그만 보석 정도는 주고받을 수 있는데 거기에도 개별소비세가 붙습니다. 젊은 남녀가 결혼을 하게 되면 엄청난 돈을 세금으로 내는 겁니다.

우리나라처럼 소비에 누진과세를 부과하는 나라는 없습니다. 이웃나라 일본도 5%의 일률적인 소비세를 부과합니다. 세금체계가 조금 다르지만 스웨덴도 5%의 일률적인 소비세를 부과합니다. 우리나라는 물품 종류에 따라 누진과세를 부과합니다. 보석이나 귀금속의 경우 부가세 10%, 개별소비세 20%, 교육세 6%가 부과됩니다. 그러면 일본보다 30% 이상 가격이 높아지는 어처구니없는 일이 발생하기도 합니다. 이렇게 되면 고급시장이 다 죽는 겁니다. 돈 많은 사람들이 세금을 더 내라는 논리이죠. 부자들이 주로 소비하는 품목이라고 해서 세금이 많이 부과하는 것은 말도 안 되는 논리입니다. 소득이 아닌 소비에 대해서만큼은 일률적인 세금으로 가야 합니다.

다른 나라에 가면 명품 브랜드들이 즐비한데 우리나라에는 명품 브랜드들이 거의 없습니다. 사치품에 대한 그릇된 인식은 물론이고 사치품에 대한 과세액이 많다 보니 생산자 입장에서는 엄청난 진입 장벽이 되는 거죠.

사치에 대한 부자와 빈자의 소비행태를 어떻게 볼 것인가를 두고 오랜 논쟁이 있었습니다. 200년 전 박제가 선생도 사치에 대한 의견을 피력했습니다. 박제가 선생이 『북학의』에 쓴 몇 대목을 살펴보겠습니다.

"조선은 사치를 금지했기 때문에 망하게 될 것이다. 이제 조선도 사방 수천 리 땅에 백성도 적지 않고 물가도 낮지 않다. 그러나 천연자원을 제대로 이용하는 법을 모른다. 경제의 이치를 잘 모른다. 중국의 가옥이나 수레, 단청 비단 등이 매우 훌륭한 것을 보고 사치가 매우 심하다고 말한다. 사실 중국은 사치하다가 망했다. 그러나 조선은 검소한데도 쇠퇴하는 것은 무슨 까닭일까. 검소하다는 것은 물건이 있어도 남용하지 않는다는 뜻이지, 자신에게 물건이 없다 하여 스스로 단념하는 것을 말하는 것은 아니다. 지금 우리나라는 구슬을 캐는 집이 없고 시장에 산호 같은 보석이 없다. 금이나 은을 가지고 가게에 들어가도 떡조차 살 수 없다. 이것이 정말 검소한 풍속 때문일까? 아니다. 이것은 물건을 이용하는 방법을 모르기 때문이다. 소비할 줄 모르니 생산할 줄 모르고, 생산할 줄 모르니 나날이 궁핍해진다. 재물이란 우물과 같다. 퍼내면 차게 마련이고 이용하지 않으면 말라버린다. 비단을 입지 않기 때문에 나라 안에 비단 짜는 사람이 없는 것이다. 따라서 부녀자가 베를 짜는 것을 볼 수 없게 되었다. 그릇이 찌그러져도 개의치 않고 정교한 기구를 애써 만들려 하지 않는다. 나라 안에는 기술자나 질그릇 굽는 사람들이 없어져, 각종 기술이 전해지지 않는다. 심지어 농업도 황폐해져 농사짓는 방법을 잊어버렸다. 장사를 해도 이익이 별로 없어 생업을 포기할 지경이다. 지금 종각 십자 거리(운종가)에는 가게가 줄지어 있다고 하지만 그것도 채 1리가 되지 않는다. 그러나 중국은 그냥 지나쳐 갈 만한 시골길도 몇 리에 걸쳐 전부 가게로 덮여 있다. 어디 그뿐인가. 산더미처럼 쌓아 놓은 물품과 다양한 품목은 우리나라 전역의 것을 모은 것보다 많다"

　　"사람들은 항상 말하기를 사치가 나날이 심해진다고 한다. 내가 보기에는 이는 근본을 모르고 하는 말이다. 어떤 나라는 정말 사치 때문에 망하기도 한다. 하지만 우리나라는 검소하기 때문에 망한다. 왜냐하면 무늬를 수놓은 비단 옷을 입지 않아서 나라에는 비단을 짜는 기계가 없어졌다. 여성들은 더 이상 길쌈을 하지 않는다. 음악을 숭상하지 않기 때문에 오음(五音)과 육률(六律)이 맞지 않는다. 부서져서 물이 새는 배를 타고 더러운 말을 타며 찌그러진 그릇에 밥을 먹고 흙먼지가 덮인 방에 살고 있고 기술자와 목축 그리고 그릇을 만드는 기술이 단축되었다. 농사도 황폐해져 방법조차 잃어버리고 장사를 해도 이익이 적어져 생업을 중단해야 한다. 그리하여 백성들은 모두 가난해져 서로에게 도움을 줄 수 없다. 저 가난한 사람들은 설사 채찍질을 해가면서 매일 사치하라고 해도 할 수 없는 것이다. 대궐의 뜰은 나라의 의식을 거행하는 곳인데, 심지어 그곳에조차 거적이 깔려있다. 대궐의 좌우 문을 지키는 호위병조차 무명옷에 새끼 띠를 두르고 서 있다. 이는 정말 수치스러운 일이다. 시내에서 가죽신과

적삼을 입은 사람을 잡아들인다. 그러니 모두가 점점 가난해진 것이
다"

　박제가 선생은 소비를 하지 않으면 나라가 가난해질 수밖에
없다고 주장했습니다. 쉽게 말해 돈을 많이 써줘야 경제가 움직
인다는 거죠. 저는 기업경제에 큰 비중을 두지, 개인 소비에 대해
큰 비중을 두지는 않습니다. 우리나라는 수출하는 국가이기 때문
에 내수 소비를 진작시켜 국가 경제를 경영한다는 것은 기본적으
로 넌센스라고 봅니다. 그러나 지금 정부가 기업의 돈을 뜯어서 소
비하자는 정도에까지 이른다면 개별소비세 같은 것은 없애야 합니
다.

　소비하는 데까지 이렇게 36%의 세금을 부과한다? 이것은 전
체 세수를 따지면 얼마 되지도 않습니다. 그런데도 많은 항목에
부과를 해 소비하는 사람들에게 부담만 주고 있습니다. 소비를 막
는 정부의 정책이 바뀌어야 합니다. 박제가 선생의 『북학의』를 살
펴보면서 개별소비세를 어떻게 볼 것인지 생각해봤습니다.

다양성이냐, 획일성이냐

▶ 여러분들도 다 들으셨을 겁니다. 미국의 연방대법원에서 소위 소수집단 우대정책affirmative action을 해서는 안 된다고 했던 2006년도 미시건 주 헌법은 합헌이라고 최종판결을 내렸습니다. 그동안에 이 소수집단 우대정책을 둘러싸고 미국에서 여러 번 소송이 있었습니다. 그동안에는 미국의 연방대법원의 판사들 사이에서도 "소수집단 우대정책이 합헌이다"라는 의견이 다수였다가 조금씩 줄어들더니 이번에 뒤집어진 것입니다.

미시건 외의 다른 주에서도 이 문제가 계류 중에 있는데 영향을 줄 것으로 보입니다. 1978년, 2003년에 있었던 재판에서는 합헌이란 판결이 내려졌었습니다. 소수집단이라는 개념에는 여러 가지가 있습니다만, 대개 인종차별을 고려한 법이겠지요. 그렇다보니 이 법이 오히려 백인들을 역차별하는 법이라는 논란이 생기기도 했습니다. 작년까지만 해도 "이 법이 다양성을 유지하기 위한 유일한 방법일 경우에는 합헌이다"라는 판결이 있었지만 이제는 서서히 소수집단 우대정책이 위헌이라는 판결로 바뀌는 추세입니다.

물론 아직은 다수의 주에서 소수집단 우대정책을 시행하고 있습니다. 소수집단 우대정책을 금지한 주는 미시건을 포함해 캘리포니아, 플로리다, 워싱턴, 애리조나 등 8개 주입니다. 이 법은 대학 입시나 직장 고용에 영향을 주게 돼 역차별의 우려가 높아 시행하지 않겠다는 논리입니다.

소수집단 우대정책은 1961년 케네디 대통령이 대통령 직속 기관인 고용평등위원회를 만들면서 시행된 정책입니다. 당시 미국의 60~70년대에는 좌파적 주장들이 많았죠. 케네디 대통령은 특히 흑인들의 취업이나 입시에 편의를 주기 위해 이런 정책을 펼쳤습니다. 소수자들이 사회 각계각층에 많아지면 다양성을 증진시키고, 다양성의 증진이 진보의 상징이라고 생각했던 거죠. 다양성이라는 것에는 '상대주의'라는 것이 전제되어 있습니다. '세상에 보편적 기준은 없어. 다 각자의 상황과 입장이 다른 거야'라는 생각인 거죠.

존 롤스John Rawls이 쓴 『정의론』의 핵심적인 내용은 이렇습니다. "우연적 여건에 의한 부당한 불평등은 시정되어야 한다" 그 우연적 여건에 의한 부당한 불평등이 바로 "부모를 잘못 만나서 흑인으로 태어났다" "부모를 잘못 만나서 가난하게 태어났다" 이런 겁니다. 그래서 그런 논리로 극빈계층에 대한 지원 등이 강화되면서 입학시험이나 취업에 가점을 주는 것이죠.

우연적 여건에 의한 불평등을 천천히 살펴보겠습니다. 외모도 우연적 여건에 의한 불평등에 포함될 겁니다. 외모는 타고나는 것이죠. 두뇌는 또 어떻습니까? 두뇌도 타고나는 겁니다. 우연적 여건에 의한 불평등을 시정하겠다고 하면 굉장히 광범위해집니다. 실제로 『정의론』 14장에서 17장까지 보면 "노력하는 품성도 우연적 여건에 의한 불평등"이라는 내용이 나옵니다. 두뇌도 노력도 다 타고나는 불평등한 요소인데 시험은 뭐 하러 치나요?

피터 우드Peter Wood라는 보스턴대학교 인류학 교수가 쓴 『다양성: 오해와 편견의 역사』라는 책을 추천합니다. 이 책에서 다양성이라고 하는 기준 자체가 말도 안 되는 것이라고 말합니다. 여러 내용들이 있는데 제가 그 중 한 부분을 읽어보겠습니다.

"다양성의 목적은 다양한 배경을 지닌 사람들을 한데 모음으로써 사람들의 태도에 변화를 주려는 것이다. 가령 배타적인 집단의 구성원이 자신과 다른 새로운 구성원을 받아들임으로써 낯선 문화적 배경을 보고 그 안의 풍요로움을 발견하게 한다. 다양성은 관용과 존중의 정신을 낳고 기술을 발전시키며, 집단 내부의 업무 효율을 높이고, 경제 발전에 이바지한다. 다양성을 지지하는 사람들은 심지어 다양성이 선의를 낳고 모든 면에서 사회를 개선시킨다고 믿는다. 아프리카계 미국인 경영자, 동성애자인 백인 비서, 라틴계 컨설턴트는 낯선 문화를 체험함으로써 더 나은 근로자, 훌륭한 시민, 한 개인으로 거듭나게 된다고 주장한다. 이처럼 다양성의 각 단계가 지니는 의미는 많은 미국인을 매료시켰지만, 모두가 똑같이 느낀 것은 아니다. 다양성의 이상을 거부하는 사람들에게 다양성은 대학 입학과 구직에 적용되는 인원할당 규정일 뿐이었고 사소하지만 결코 가볍지 않은 차별이며, 실적과 능력에 따라 결정되어야 할 보상의 원칙을 무너뜨리는 인종편애주의로 여겨졌다. 다양성을 주장하는 문화상류층은 자신을 예외로 두면서, 차별이 나쁘다는 것을 읊어대는 위선자를 떠올리게 했다"

이렇게 계속 다양성에 대한 문제를 제기하고 있습니다. 이 피터 우드는 인류학 교수입니다만, 다양성에 부정적 견해를 갖고 있는 사람입니다. 다양성은 허구 이론이라는 겁니다. 이 책은 인문학적 소양이 좀 있는 분들은 아주 읽을 만할 것입니다.

마이클 센델Michael Sandel의 『정의란 무엇인가』라는 책에 보면 이 다양성 입학에 대한 강력한 옹호가 나옵니다. "다양성이라는 것은 그 자체로 좋기 때문에 좋다"라는 식으로 주장을 펴고 있어요. 『정의란 무엇인가』라는 책에서 가장 비논리적으로 쓰인 부분이 바로 이 부분입니다. 사회가 좋아하기 때문에 좋아하게 된다? 그 자체로 좋은 가치이므로 대학에서 다양성입학을 하는 것은 좋다?

책의 내용 중에 조그마한 예술대학의 사례가 나옵니다. 그 예술 대학이 바이올린 전공자를 뽑는데 다양성 기준을 적용해서 여러 소수민족들을 입학시키면서 정작 바이올린을 잘하는 친구가 떨어졌어요. 이 떨어진 친구가 이제 소송을 제기했는데 "학교에서 다양성을 가장 높은 가치로 두었기 때문에 그렇게 할 수 있다"라는 판결이 나옵니다. 그 판결 내용을 소개하면서 "다양성 그 자체로 좋은 가치이기 때문에 좋다"라는 요지의 논변을 펴고 있습니다.

그런 논지를 보다가 『다양성, 오해와 편견의 역사』를 보면 아주 맛깔나고 재미있게 읽을 수 있습니다. 그래서 여러분들이 이번 주말이나 휴가를 이용해서 이 책을 한번 읽어보시기 바랍니다.

우리나라에서도 소수집단 우대정책이 굉장히 많습니다. 특히 대학 입시에는 수많은 정책들이 있죠. 빈곤계층 우대, 농어민 자녀 우대, 지역균형 선발제도, 저소득층 선발제도, 탈북학생 선발제도, 다가구 자녀 선발제도 등이 운영되고 있죠. 앞으로도 여러 가지 정책이 더 나올 것으로 예상됩니다.

대학이라는 곳이 근본적으로 어떤 곳인지를 살펴봐야 합니다. 대학은 지식을 전수하는 곳이지 각종 사회정책을 펴는 곳이 아닙니다. 기업이 업무수행 능력을 보고 뽑듯이 대학의 신입생은 학습 능력을 보고 뽑아야 합니다. 다양성이라는 기준이야말로 차별이며, 그저 '멋 내기'에 불과한 것이죠. 기업은 기업이 갖는 가치에 충실해야 하듯, 학교는 학교의 가치에 충실하면 되는 겁니다. 우리 사회가 기본적인 기준에 충실한 사회가 됐으면 합니다.

건곤감리乾坤坎離

주역의 기본 괘이자, 우리나라의 국기인 태극기의 모서리에 표현되어 하늘과 땅, 물과 불을 상징하는 4개의 괘(卦)이다.

개별소비세

개별소비세는 특정한 물품·특정한 장소에의 입장 행위, 특정한 장소에서의 유흥음식 행위 및 특정한 장소에서의 영업 행위에 대해서 부과되는 소비세.

문화인류학

인류의 생활 및 역사를 문화면에서 실증적(實證的)으로 추구하는 인류학의 한 부문.

문화유물론

문화 진화에 관한 유물론적 관점. 이것은 사회의 성장과 변화는 새로운 기술 및 경제체계의 적용에서 기원한다고 보고 기본적으로 사회 성원 개개인의 행동이나 개별 사건보다는 체계 전체에 걸친 변화에 초점을 둔다. 이러한 물질적 기초에서 변화는 사회적—이데올로기적—정신적 영역의 기능을 필연적으로 다시 조절해야 하기 때문에, 문화유물론자들은 진화를 사회 하부구조에서 상부구조로 확산되어 나가는 과정으로 간주한다. 고고학의 경우, 유물론적 관점의 선구자로는 차일드(V. G. Childe)와 화이트(L. White)를 들 수 있고 스튜어드(J. Steward)의 영향도 크지만, 본격적인 문화유물론은 해리스에 의해 정리되었다.

박제가 朴齊家

18세기 후반을 살았던 조선의 대표적인 실학자. 호는 초정(楚亭). 양반 가문의 서자로 태어나 전통적인 양반 교육을 받기는 했으나 서자라는 신분 때문에 차별대우를 받았기에, 봉건적인 신분제도에 반대하는 선진적인 실학사상을 전개하였다. 서울에서 연암(燕巖) 박지원(朴趾源)을 스승으로 모시고 공부하였으며, 누구보다도 국내 상업과 외국 무역에 대한 이해가 깊었다. 따라서 그의 사상도 당시 새로운 세력으로 부상하고 있던 도시 상공인의 입장을 대변하는 중기 실학, 이용후생학파와 시기를 같이한다.

그리하여 그는 반계(磻溪) 성호(星湖) 등의 토지경제사상을 지양하고 선진적인 청(淸)의 문물을 받아들여 상공업을 발전시켜야 한다고 주장했다. 또 국가가 상공업의 발전을 도모하려면 수레(車)를 쓸 수 있도록 길을 내어야 하고 화폐 사용을 활성화해야 한다는 중상주의적 국가관을 내세운다. 대표적인 저서로 『북학의(北學議)』가 있다.

사주

사람이 태어난 년·월·일·시를 간지(干支)로 계산하여 길흉화복을 점치는 법.

소수집단 우대정책 affirmative action

미국에서 소수집단에 대한 차별을 시정하기 위한 적극적인 국가정책. 이 용어가 처음 사용된 1960년대에는 여성과 소수집단의 고용에 대한 '인위적 장벽(artificial barriers)'을 없앤다는 의미였으나, 그 뒤 불우집단에 대한 보상적 기회의 제공을 의미하는 것으로 바뀌게 되었다. 다시 말하자면 인종, 성, 장애를 이유로 고용상의 차별을 당하는 것을 없애기 위한 미국 정부의 행동 계획 및 실천 활동이다. 이러한 우대정책의 기원은 루즈벨트(F. D. Roosevelt) 행정부까지 거슬러 올라갈 수 있지만, 정부 조달 계약에서의 인종차별을 금지하고 대통령 직속 평등고용위원회를 설치한 케네디 행정부의 행정명령 'Executive Order 10925'로부터 구체화되기 시작했다고 할 수 있다.

엔트로피 entropy

자연 물질이 변형되어, 다시 원래의 상태로 환원될 수 없게 되는 현상을 말한다. 에너지의 사용으로 결국 사용 가능한 에너지가 손실되는 결과를 가져온다.

우생학

유전학적으로 인류를 개량한다는 목적을 갖고 여러 가지 조건과 인자 등을 연구하는 학문. 1883년 영국의 프랜시스 골턴이 창시했는데, 우수한 또는 건전한 소질을 가진 인구의 증가를 꾀하고 열악한 유전소질을 가진 인구의 증가를 방지하는 것이 목적이다.

존 롤스 John Rawls

미국의 철학자. 하버드대학교 교수를 지냈다. 대표적 저서인 『정의론』에서 공리주의를 대신할 실질적인 사회정의 원리를 '공정으로서의 정의론'으로 전개했다. 가장 불리한 상황에 있는 사람들의 이익을 최대화하기 위해서는 사회경제적 불평등이 정당화된다는 '격차원리(隔差原理)'를 주장했다.

주역 周易

유교의 경전(經典) 가운데 중요한 3경(三經)의 하나인 『역경(易經)』

칼 포퍼 Karl Raimund Popper

오스트리아 태생의 영국 철학자. 과학철학자로서 객관적인 지식을 탐구하였으며 그것이 가능한 방법을 역설하였다. 사회철학에도 높은 관심을 가지고 있었다.

풍수지리설 風水地理說

산세(山勢)·지세(地勢)·수세(水勢) 등을 판단하여 이것을 인간의 길흉화복(吉凶禍福)에 연결시키는 설.

피타고라스 Pythagoras

만물의 근원을 '수(數)'로 보았던 그리스의 종교가·철학자·수학자. 피타고라스는 특히 수학에 기여한 공적이 매우 커서 플라톤, 유클리드를 거쳐 근대에까지 영향을 미쳤다. 지동설을 확립한 코페르니쿠스보다 무려 2천 년 앞서서 이미 지구가 구형이라는 사실과 태양이 우주의 중심이며 지구는 태양의 주위를 공전한다는 사실을 설명하기 시작했다.

피타고라스학파 Pythagorean school

기원전 6세기~기원전 4세기 사이 피타고라스와 그의 계승자들을 통해 번성했던 고대 그리스 철학 분파이다. 수(數) 이론을 만물의 근원이자 철학의 핵심 요소로 삼았으며, 신비주의적 종교 결사의 모습도 지니고 있었다.

*한경 경제용어사전, 네이버 지식백과 인용

세 상 의 거 짓 말 에 웃 으 면 서 답 하 다

부 록

정규재의 특별 강의:
"자유시장경제는 어떻게 우리를 풍요롭게 하는가?"

"자유시장경제는 어떻게 우리를 풍요롭게 하는가?"

상인 혹은 장사꾼에 대한 반감의 역사

시장에 대한 반감은 꽤 오래되었다. 외래의 것에 대한 반감도 마찬가지다. 무언가 우리의 것이 아닌 타인의 것이 우리 속에 침투해 들어와, 우리를 우리 아닌 다른 존재로 만들고 말 것이라는 두려움은, 인류가 자연부락을 만들어 공동생활을 시작한 이후 줄기차게 되풀이 되어왔던 자기방어 기제의 하나였다. 이런 배타적 태도는 조직 내부의 통일성을 유지하고 자기 정체성을 확인하는 데도 적지 않은 기능을 했을 것이다. 이런 종류의 자기방어 기제는 외부로부터 질병이 전염되어 침투하는 것이나 다양한 환경적 변화에 대한 자동화된 경계심을 갖도록 만들어주는 긍정적 기능도 무시할 수 없다. 의학적 경계심도 그렇다. 수혈을 거부하는 일부 종교집단의 태도 역시 이와 유사하다.

시장은 외래의 것이 침투해 들어오는 경로였기 때문에 언제나 반동적이며 보수적인 세력들에게 공격의 빌미를 제공해왔다. 시장경제가 확대되면서 도시가 출현하고 공장이 조직되면서 새로운 상품이 출현하는 것은 새로운 문화양식이 전파되는 일련의 과정이다. 이런 과정이 환영받지 못했다는 것도 언제나 크게 다르지는 않았다. 무언가 우리에게 낯선 상품과 문화들이 고유의 문화를 파괴하고 생활을 송두리째 뒤흔들 것이며 인간성을 무참하게 훼손할 것이라는 도덕적 우려도 언제나 되풀이 되어왔다. 신토불이 같은 논리도 그런 사고 경향의 하나다. 열대과일을 포함해 전 세계에서 온갖 좋은 먹거리를 들여다 먹고 즐기는 한국인들이 신토불이라는 단어를 아직도 쓰고 있다는 것은 기이한 현상이다.

다음의 문장을 한번 읽어보자. 이 글은 제리 멀러Jerry Muller의 『자본주의의 매혹』이라는 책에 소개된 글을 직접화법으로 재구성한 것이다. 밑줄 친 부분은 필자가 강조한 것이다.

국제 시장은 나 유스투스 뫼저의 고향인 서부 독일 오스나브뤼크의 독특한 <u>문화를 파괴</u>하고 있다. 첫째, 국제 시장은 이 지역의 전통 경제가 만족시킬 수 없는 새로운 수요를 창출한다. 둘째, 지역에서 생산되는 상품들은 여타 지역에서 더 낮은 비용으로 생산될 수 있는 상품들과 경쟁하게 됨으로써, <u>전통적 생산 체제는 그 근간이 흔들린다.</u> 그리고 그것과 얽혀 있는 사회 정치적 토대도 함께 파괴된다. 결국 시장은 <u>문화의 독창성과 다원주의를 파괴한다.</u>

자본주의가 진척됨에 따라, 지역의 문화와 사회구조가 더 광역적인 시장에 의해 파멸을 맞게 될 것이다. <u>소도시는 지방 전체에 걸친 시</u>

장에 의해, 지방 시장은 국가 전체의 시장에 의해, 국가 시장은 국제간 무역 시장에 의해 잠식당하게 된다.

근본적으로 시장은 지역의 직업 수공업자들, 농부들의 전통적 요구 그리고 사회의 정치적 구조에 대한 하나의 위협이다. 왜냐하면 시장은 전통적인 사회관계에서 벗어난 새로운 계층의 사람들을 증가시키기 때문이다.

지역 경제는 지역 재정을 유지하는 버팀목이다. 그러나 이들의 역할은 광역화된 상업에 의해 파괴되고 있다. 상인들은 외부에서 물건을 들여와 팔고 있다. 이 물건들은 런던과 파리 그리고 독일의 대도시들에서 흘러들어온다. 이렇게 도시에서 대량 제조된 물건을 오스나브뤼크 같은 지방으로 들여온 장본인이 바로 유통업자들이다. 생산 과정의 '단순화'를 통해 제작된 상품들은 그 지역 상공인들이 만든 물건보다 질이 좋고 값도 싸다.

타지에서 수입된 상품을 경계해야 하는 또 하나의 이유는 바로 신기함이 인간성을 파괴하기 때문이다. 지역의 수공업자는 전통적인 방식으로만 물건을 만들고 있는 반면, 대도시에서는 취향과 스타일이 항상 변하고 있다. 유통업자들은 이처럼 유행과 사치품에 대한 선호를 조장하고 조종하면서 번성하고 있다. 그들은 새로운 광역 경제의 하수인이다. 이렇게 해서 '유행은 지방 소도시의 가장 큰 약탈자'가 되어가고 있다.

유통업자가 도시의 변화를 유입시키는 하수인이라면, 상인들은 지역에 시장경제의 바람을 몰고 다니는 하수인이다. 이들은 대부분 유대인이다. 유대인의 상업 활동은 지역의 '미풍양속'을 파괴한다.

우리 선조들은 이러한 지역의 유통업자를 용납하지 않았다. 선조들은 <u>시장의 자유 없이 살기를</u> 고집했다. 그들은 우리 지역에서 유대인을 추방시켰다. 왜 그토록 엄격했던 것일까? 그것은 주민들이 매일매일 유혹을 받고 잘못된 길로 들어서서 기만당하고 자극을 받지 않도록 하기 위해서였다. 즉 보지 못하면 미혹될 염려도 없으리라는 생각이었다.

지금 우리가 자주 듣는 반세계화 논리와 너무도 유사하다. 놀랍지 않은가? 이 글을 썼던 유스투스 뫼저Justus Möser는 1720년부터 1794년까지 서부 독일 오스나브뤼크라는 지역에 살았다. 향사였고 지역 검사였으며 전통의 가치를 수호하며 살았던 귀족이었다.

시장경제가 만들어 내는 변화를 지역 경제의 파괴뿐만 아니라 도덕적 타락으로까지 보는 오늘날의 반시장주의와 거의 완전하게 동일한 단어들을 사용하면서, 당시 활기차게 확산되고 있던 시장경제에 치열하게 저항했던 것이다. 그렇다. 3백 년 전이나 지금이나 다를 것이 별로 없다. 시장에 반대하고 개방에 반대하며 상업에 반대하는 이런 몰이해는 언제나 되풀이 되는 일종의 관용어구인 것처럼 인간의 뇌를 지배해왔다.

오늘날 언론을 장식하는 반세계화 구호나 골목의 영세 상인을 보호하라는 온갖 종류의 요구와 주장들이 기초하고 있는 논변이라는 것은 대부분 이와 같은 원초적 생각에 기반을 두고 있다. 그것은 매우 오래된 것이다.

평화 질서에 대한 옹호

시장경제의 확산에 이런 반대론만 있었던 것은 당연히 아니다. 저 유명한 애덤 스미스가 시장을 옹호한 획기적 작품『국부론』을 저술한 것도 유스투스 뫼저와 동시대였으며, 다음의 저자도 시장의 확산을 적극 환영하고 있다. 특히 이 글은 시장 확대와 국제평화를 연결지어 말한다는 점에서 누구보다 확고하게 협소한 시장의 광역적 개방을 주장하고 있다.

무릇 국가란 국제법의 구속에도 불구하고 온갖 간계와 강압적인 방법으로 기꺼이 다른 민족을 통일시키고자 한다. 그러나 자연은 국가들을 자연스레 분리해놓고 있다. 자연은 바로 그런 방식으로 이번에는 세계 공민법만으로는 폭력과 전쟁으로부터 자신을 보호할 수 없는 많은 나라들을 상호 이해에 따라 스스로 연합하도록 한다. 그것은 상업정신이라는 것이다. 상업정신은 전쟁과는 양립할 수 없다. 상업주의는 조만간 모든 국가들에서 우위를 차지하게 될 것이다. <u>돈의 힘은 국가 권력 아래에 있는 모든 권력 중에서 가장 신뢰할 만한 것이다. 이것으로써 국가는 굳이 도덕적 강제가 아니더라도 고귀한 평화를 추구하지 않을 수 없도록 되는 것이다.</u> 또 그것의 중재를 통해 평화를 지키게 된다. 국가들은 마치 항구적인 평화동맹을 체결한 것처럼 행동하게 된다. 왜냐하면 전쟁을 위한 공세 동맹이 유지되는 경우는 거의 없으니까.

바로 이런 방식으로 자연은 인간 감성의 메커니즘에 의해 영구 평화를 보장하게 된다. 물론 이론적 측면에서 이를 확약할 수는 없다. 그러나 실천적 관점에서는 평화를 위해 일하는 것을 우리의 의무가 되도록 하는 것이다.

이 글은 도덕철학자로 유명한 임마누엘 칸트의 글이다. 시장 체제의 전파와 확립이 세계 평화를 가져올 것이라는 이 기발한 생각은 오늘날 우리가 세계적 차원의 전쟁과 평화를 말할 때 언제나 되풀이하는 논거 중의 하나다. 우리는 중국과 미국의 갈등이 불거질 때, 중국과 일본의 갈등이 드러날 때, 심지어 남한과 북한의 갈등이 표면화될 때, 개성공단을 거론하고 중국과 일본의 긴밀한 경제적 결합 및 그래서 서로 깨뜨릴 수 없는 경제관계를 거론하게 된다. 중국이 미국의 국채를 팔면 미국도 견디지 못할 것이라거나, 중국을 혼내는 것은 미국의 소비자들에게도 그다지 좋은 상황이 안 된다는 이야기들은, 크건 작건 칸트가 말했던 경제적 결합과 거래의 확대라는 세계 평화를 위한 새로운 강제적인 수단을 깊이 의식하고 있다는 반증이다. 만일 그런 강제가 없었더라면 이미 고대사회처럼 전쟁은 다반사가 되고 약탈이 일상적인 행사가 되고 말았을 것이다. 칸트는 바로 이런 내밀한 관계를 예리하게 꿰뚫어 보았던 것이다.

세계화 반대론, 너무 상투적이다

　자본주의가 활기차게 성립해가던 시기에 시장의 급속한 확대라고 유스투스 뫼저가 불렀던 현상에 대한 찬반 논쟁도 이어졌다. 볼테르는 서로 다른 삶의 방식들을 공존하게 하는 하나의 메커니즘으로 시장경제를 규정하고 이에 대한 지지를 분명히 했다. 애덤 스미스가 국제 무역을 통해 서로 이익을 보는 국가들 간에 평화의 기운이 형성된다고 본 것은 시장경제의 호교론자인 그로서는 너무도 당연한 것이었다.

　그러나 많은 사람들은 시장은 물론, 시장이 만들어내는 새로운 세계를 이해하지 못했다. 우리가 위에서 읽은 뫼저는 아마도 세계화를 비판한 역사상 수도 없이 많은 인물들의 하나일 것이다. 시장의 확산이라는 관점에서 세계화를 비판한 인물로는 아마 최초일지도 모르겠다. 더구나 뫼저의 비판이 지역 문화의 다양성을 거론하는 데 이르면 아마 많은 독자들이 놀랄지도 모르겠다. 세계화를 비판하는 그 많은 주장들이 실은 오늘날의 관점에서 보면 세계화라고 할 것도 없는 18세기의 상황에서부터 되풀이되어온 일종의 상투어라니 말이다!

　뫼저가 살았던 오스나브뤼크는 인구 12만 5천여 명의 작은 도시였다. 뫼저가 옹호했던 오스나브뤼크는 정치 질서, 명예 그리고 지역경제 권력이 서로 불가분의 관계에 있던 전통사회였다. 여전히 중세적이었고 귀족들이 지배하고 있었으며, 길드에 의해 지역경제가 꾸려지던 변방의 낙후된 체제였다.

시장을 옹호했던 볼테르는 철학자답게 시장이 하나의 보편적 기준을 확산시킨다는 점에 착안했다. 유럽은 바야흐로 '지역을 초월한 하나의 커다란 공화국'으로 지형을 바꾸고 있었고, 하나의 보편적 원리가 지배하는 공통 사회로 바뀌어간다는 인식이 분명했다. 어떤 사람이 한 지역의 법정에서 이길 수 있는 소송인데, 인근 다른 지역이어서 패소한다는 건 있을 수 없는 일이었다. 물론 21세기 대한민국에서 이런 일은 비일비재하다. '모든 인간'이라는 보편 가치가 성립하는 이상, 하나의 범죄에 대해 지역에 따라 다른 판결이 내려진다는 것은 있을 수 없었다. 마치 시장이 전국에 걸쳐 그리고 광역적으로 끊임없이 하나의 보편 가격으로 수렴되려는 본성을 가진 것처럼, 이제 법률도 정치도 하나의 보편적 가치로 통합되는 과정이 바로 18세기였다. 인간은 근본적으로 동일한 존재였다.

지역 문화? 그게 뭐지?

이러한 새로운 과정은 필시 낡은 법체계와 이권 관계, 계급구조의 대부분을 철폐해야 함을 뜻하는 것이었다. 당시 오스나브뤼크 경제는 수공업자 길드에 의해 돌아가고 있었다. 대장장이, 제빵공, 제화공, 푸주한, 모피공, 보석세공, 목수, 가발공, 제본공, 외과의, 의류 제조공, 아마포 직조공들은 지역 내 수공업자를 모두 포함하는 길드에 묶여 있었다. 길드는 다른 상인이나 수공업자의 시장 진입을 제한하고 독점적 권리를 추구했다. 길드에서 생산하는 것과 같은 종류의 물건이 외지에서 흘러들어오면, 길드는 가차없이 그것을 몰수했다. 이는 조선시대 특권 상인들과 그들이 정부로부터 받은 권리였던 금난전권과 유사한 것이었다. 조선의 관허 상인들은 다른 상인들이 무단으로 들어와 장사를 하면, 폭력을 행사해서라도 무참하게 짓밟는 독점 상인들이었다. 길드 역시 단순히 조합은 아니었다. 그것은 신분제였으며 세습되는 지역 봉건 질서의 한 축이었던 것이다.

뫼저가 그토록 옹호하려 했던 지역경제에 대해서는 애덤 스미스의 강력한 반론이 제기된다. 『국부론』 제4장은 "도시의 상업은 농촌의 개량에 어떻게 기여했는가?"라는 제목을 달고 있다. 도시는 시골의 생산물에 시장을 제공하는 것은 물론, 도시민의 부가 시골의 토지를 매입하여 개량하는 등의 좋은 기능을 수행했다는 것이 스미스의 설명이다. 그리고 다음의 설명이 이어진다.

상업과 제조업은 시골 주민들 사이에 질서와 훌륭한 정치, 그리고 개인의 자유와 안전을 점차로 도입했다. 이전에 그들은 인근 주민들과 끊임없는 전쟁 상태에서 그리고 영주들에 대한 노예적 종속 상태에서 살았다. 상업을 하지 않는 영주들은 자기 토지의 생산물 중 생활에 필요한 자료를 초과하는 대부분과 교환할 것이 전혀 없기 때문에 잉여생산물 전부를 향응에 소비해버렸다.

애덤 스미스의 증언으로는 외부 세계와의 교역이 없기 때문에 영주들은 잉여생산물을 시골풍의 향응에 소비하고 그런 과정을 통해 주민들을 더욱 효과적으로 지배했다는 것이다. 뫼저는 바로 이런 점에서 스미스와 차이를 갖게 된다.

상업에 대한 혐오도 조선시대의 그것과 아주 닮아 있다. 상품이 도덕을 무감각하게 만들고 인간을 경박하게 만든다는 생각도 아주 오래된 것이다. 인간의 사치 욕구를 부정하고 부ﯺ에 대한 욕망을 부인하는 도덕주의적 공세 역시 뿌리가 깊다. 뫼저가 비판했던 것도 바로 이 도덕주의적 가치관에 뿌리를 내리고 있다.

사치품에 대한 공격

상인들은 언제나 순진한 사람들이 반드시 필요하지도 않은 물건을 사도록 꼬드긴다. 그런 유혹으로부터 순진하고 소박한 사람들을 지켜주는 것이야말로 정부나 지식인들이 할 일이라고 생각했던 것이다. 그러나 상인들이 순진한 지역민들과 부인들을 유혹하던 그 유해하고 매혹적인 상품이란 과연 무엇이었던가. 그것은 비단으로 만든 수건, 아마포, 가죽 장갑, 양털로 짠 양말, 금속으로 만든 단추, 얼굴을 비추는 거울, 목화로 짠 겨울용 모자, 부엌용 칼, 바느질 하는 금속제 바늘 같은 것들이었다. 이런 걸 뫼저가 미혹하는 상품이라고 비난했던 시대만 해도 그런 것들은 사치품이었다. 대체 사치품과 필수품의 차이는 무엇인가?

조선이 종착역을 행해 달려가던 후기를 살아내야 했던 박제가는, 조선이 오랫동안 사치를 금했기 때문에 결국 조악하고 거칠며 볼품없는 물건들만 생산되고 그 결과 경제와 민생이 비참할 정도로 피폐하게 되었다고 개탄했다. 그러나 사람들은 종종 오류에 빠지곤 한다. 도덕주의적 깃발을 들다보면 사치는 언제나 부도덕한 것으로 선포되고 만다. 검박한 것이 덕목인 것은 분명하지만, 그렇다고 그런 정신으로부터 현대사회를 운영하는 방법론을 도출할 수는 없는 노릇이다. 물론 사치품이나 자본주의의 과도한 소비가 만들어내는 부박함에 대해서는 그 동안에도 허다한 비판이 있어왔다.

더러운 소비, 비열한 사치, 웃기는 따라하기

〈소비의 사회, 그 신화와 구조〉라는 글을 쓴 장 보드리야르 Jean Baudrillard도 그 중 한사람이다. 보드리야르에게 소비는 허구적 이미지로 해석되었다. 보드리야르는 포스트모더니즘 계열에 속하는 프랑스 학자로, 자본주의 체제의 상품 소비에 대한 철학적 분석으로 잘 알려진 사람이다. 그는 사람들이 필요에 의해서가 아니라 상징 교환적 의미로 소비한다고 갈파했다. 자본주의 사회에서는 진짜보다 더 진짜 같은 시뮬라르크 차원의 가공 이미지의 삶을 살게 된다는 것이다.

보드리야르에 앞서 백과사전을 만들기도 했던 디드로 Denis

조선이 종착역을 향해 달려가던 후기를 살아내야 했던 박제가는, 조선이 오랫동안 사치를 금했기 때문에 결국 조악하고 거칠며 볼품없는 물건들만 생산되고 그 결과 경제와 민생이 비참할 정도로 피폐하게 되었다고 개탄했다. 그러나 사람들은 종종 오류에 빠지곤 한다. 도덕주의적 깃발을 들다보면 사치는 언제나 부도덕한 것으로 선포되고 만다. 검박한 것이 덕목인 것은 분명하지만, 그렇다고 그런 정신으로부터 현대사회를 운영하는 방법론을 도출할 수는 없는 노릇이다.

Diderot는 '디드로 일체화'라는 단어를 만들어냈다. 잠옷을 새로 사면 이불을 바꾸고 싶고 이불을 바꾸면 방의 벽지까지 바꾸게 되는 연쇄적 소비를 '디드로 효과'라고 부른다. 명품 핸드백을 사면 구두도 명품으로 바꾸어야 하고 구두를 바꾸면 이제는 코트도 명품으로 바꾸어야 하는 연쇄적 소비가 일어나는 것을 비판한 것이다.

미국의 경제학자인 베블런Thorstein Bunde Veblen은 1899년에 발표한 『유한계급론』에서 소비는 사회적 지위를 과시하기 위하여 자행된다고 비판했다. 자신의 성공을 과시하고 물질적 허영심을 만족시키기 위해 사치한다는 것이다. 베블런 효과Veblen effect라는 단어는 여기서 생겨났다. 어떤 상품의 가격이 오를 때 소비가 더 늘어나게 되는 상품을 경제학에서는 베블런재라고 부른다. 사치품의 이런 고유한 특성 때문에 붙여진 이름이다. 과시욕을 만족시키기 위해 사치품을 구입하는 사람들은 값이 오르면 오를수록 더욱 안 달하면서 사치품을 사들인다. 이런 소비를 베블런은 **과시적 소비** conspicuous consumptions라고 불렀다. 천박한 천민자본주의에 대한 공격은 이런 단어들을 무기로 갈고 다듬은 결과였다.

독일의 사회학자 게오르그 짐멜Georg Simmel은 소수 부자들의 사치가 점차 대중에게 경쟁적으로 전파되는 현상을 **트리클 다운** trickle down이라고도 불렀다. 그는 **모방과 차별이란 이중의 원리가 끌고 밀면서 트리클 다운이 나타난다**고 봤던 것이다. 즉 하위 소비자는 상위 소비자를 모방하고 상위 소비자는 하위 소비자가 결코 따라올 수 없도록 자신을 차별화한다는 것이다. 과시소비나 사치 그리고 명품 욕구들은 상품 그 자체가 아니라 타인에 대한 구별이나 차별화로서의 허위의식 때문이라는 것이다. 짐멜의 분석이라면 차라리 공정하다. 단순히 소비의 특성을 분해하는 정도라면 이는 자본주의에 국한된 이야기는 아니다. 로마 시대 이후로 언제나 숨바꼭질하듯 사치를 금지했지만, 곧이어 욕망은 지하화하면서 더욱 번성기를 맞았다.

인간을 해방시키는 온갖 상품들

상품경제에 대한 이런 비난 섞인 분석들은 우리를 도덕적 명쾌함으로 이끌어간다. 욕망으로부터 벗어난다는 것은 얼마나 대단한 일인가! 상품을 지나치게 소비하고 자원을 낭비하는 것에 대한 비판은 이처럼 아주 오래되었다. 근대화 이전 단계에서는 더 말할 나위도 없었다. 상품이 부족하고 언제나 품귀 상태였던 경제체제에서는 조선시대처럼 검약과 절제가 당연히 미덕이었다. 너무도 당연했다. 물론 자본주의라고 해서 그런 낭비가 용인되는 것은 아니다. 검약과 절제는 누구라도 부자가 되기 위해 반드시 갖추어야 하는 덕목이다. 낭비를 통해 부자가 되는 것은 예나 지금이나 변함없이 불가능하다. 어떻든 자본주의가 천민성을 띤다는 도덕주의자들의 공격은 지금도 계속된다. 그러나 과시소비가 부도덕하다는 것과 누군가 물건을 만들어 다른 이들의 욕구에 응한다는 것과는 다르다. 놀랍게도 어제의 사치가 오늘은 필수품이 된다.

아마 지금 평균적인 한국인이 소비하는 일상적인 물품들의 대부분이 불과 한두 세대 전만해도 사치품 목록에 포함되었을 것이다. 전화는 물론이고 휴대전화라는 것은 엄두를 낼 수도 없는 것이었다. 가정의 세탁기와 냉장고는 주부를 가사노동의 지옥에서 해방하는 획기적인 여성해방적 상품들이었다. 콘돔은 자유연애를 보편화하는 데 결정적으로 기여했다. 자본주의가 만들어내는 더러운 상품 경제는 알고보면 우리들을 전통적 삶의 무게와 굴레에서 해방하는 데 없어서는 안 될, 바로 그 물건이기도 했던 것이다. 우리는 이점을 결코 부인할 수 없다. 자동차는 20세기 전반 미국에서, 그리고 20세기 후반엔 급기야 한국에서도 필수품이 되었다.

상품, 문화를 바꾸다

불과 한 세대 전 자동차 광고가 만들어내던 고귀한 사치품의 이미지는 정말 대단한 것이었다. 부의 상징이요, 마치 아내 아닌 애인이라도 태워야 할 것 같은 무언가 퇴폐적 이미지까지 더해져서 자동차는 그 자체로 남성적이며 출세와 성공의 상징이었다. 지금도 자동차 광고에는 미인들이 등장해 무언가를 연상시키는 듯한 다소 선정적인 표정과 눈빛으로 소비자를 유혹한다. 그런 자동차가 보통 사람들에게는 전혀 다른 여행의 자유를 선사했다. 과거 극소수의 부자들만이 마차와 말을 타고 시종을 부리면서 즐겼던 여행을 지금 현대인들은 스스로 자동차를 몰고 다니면서 즐기고 있다. 너무도 놀라운 변화들이다.

컴퓨터와 인터넷이 만들어낸 변화도 마찬가지. 인터넷은 민주주의까지 바꾸어놓았다. 독재를 무너뜨리고 자유를 전파하며, 인권을 지키는 것도 바로 인터넷이요, 컴퓨터였다. 우리가 아는 물질문명은 알고 보면 우리가 누리는 정신적 가치를 지탱하고 발전시키는 데 없어서는 안 되는 바로 그 필수품이기도 하다. 물질에 대한 비정상적인 비난과 오해에 기초한 반대들은 오히려 우리를 무지로 몰고 가거나 삶의 진면목에 대한 이해를 방해할 뿐이다.

과시적 소비, 비정상이며 일탈적인 소비행위가 없지 않다. 그러나 그런 근거들로 소비생활을 부정하거나 상품경제를 저지시킬 수 있는 도덕적 깃발을 바로 높이 쳐들 수 있는 것은 결코 아니다.

그러니 상품경제는 인간의 삶과 충분히 함께 할 수 있다는 점도 동시에 기억해야 마땅하다. 그런 점에서는 자본주의를 저주한 다음의 글도 한번 읽어봄직하다. 이 글은 마르쿠제Herbert Marcuse라고 하는 아주 고약한 독일 철학자가 쓴 글이다. 그는 학술적으로 프랑크푸르트학파라고 불리는 그룹에 속해 있었고 소위 68문화혁명의 상징이었으며, 지금도 유럽 좌익들의 사상적 토대로 거론되는 이론가다. 68문화혁명 당시 마르크스, 마오쩌둥과 함께 이름의 첫 머리 글자를 따 "3M"으로 불리는 영광을 안기도 했다. 프랑크푸르트학파는 신마르크스주의라 불리기도 했다. 한 번 읽어보자. 역시 상품경제 체제 하에서의 옥구이론에서 출발한다. 그의 잘 알려진 〈일차원적 인간〉에서 발췌한 글이다.

우리는 진실한 욕구와 거짓된 욕구를 구별할 수 있다. 거짓된 욕구란 개인을 억압해서 이익을 얻는 특정한 세력이 개인에 부과하는 욕구다. 이 욕구를 채우는 일은 개인에게 있어서는 만족일지도 모른다. 그러나 그 만족이 사회 전체의 병폐를 인식하고 개선할 기회를 포착하는 능력을 방해한다면 곤란하다. 그것은 불행의 한가운데 있는 병적 쾌감과 다를 바 없다. 광고에 나오는 대로 휴양을 취하고 놀고 행동하고 소비하고 싶어 하며, 또한 남들이 사랑하고 미워하는 것을 자기도 사랑하고 미워하고 싶다는 흔히 볼 수 있는 욕구들은 대개가 이 거짓된 욕구의 범주에 들어간다. 이런 종류의 욕구는 억압적인 욕구repressive needs다.

마르쿠제가 말하는 억압적인 욕구는 만들어진 욕구다. 만들어진 욕구라면 이는 가짜 욕구라는 주장이다. 마르쿠제는 여기서 한발 더 나아간다. 이런 욕구를 실현할 수 있는 자유조차 비난의 대상이 된다. 가짜 자유이며 자본주의적 통제의 효율성을 증명하는 데 불과한 그런 싸구려 자유다.

억압적인 전체(a repressive whole)의 지배 아래서, 자유는 지배의 강력한 도구가 될 수 있다. 개인에게 열려 있는 선택의 여지는 인간적 자유의 정도를 정하는 데 결정적인 요인이 되는 것이 아니고 '무엇이' 개인에 의해 선택될 수 있는가 그리고 무엇이 실제로 선택되고 있는가, 하는 것이 그 결정적 요인이 된다. 자유로운 선택이 되기 위한 기준은, 유일 절대적인 것이 될 수는 없으나 전적으로 상대적인 것도 아니다. 주인을 자유롭게 선택하더라도 주인 또는 노예가 없어지는 것은 아니다. 매우 다양한 상품과 서비스가 고역과 공포의 생활에 대한 사회적 통제를 지속시킨다면 —다시 말해 소외를 지속시킨다면— 그 다양한 상품과 서비스 속에서의 자유로운 선택은 진정한 자유를 의미하는 것은 아니다. 또한 개인에 의해 부과된 욕구를 자발적으로 재생산하더라도 자율성이 형성되지는 않는다. 그것은 통제의 효율성을 증명하는 데 불과한 것이다.

무언가를 선택할 수 있는 자유를 통제되고 만들어진 자유라고 생각한다면, 이는 일종의 종교이론의 영역에 속한다. 인간의 사고 중에 시대를 초월하여 생겨나거나 형성되는 사고는 없다. 기존의 사상 체계를 지배 체계로 규정하고 이 모든 체제를 상품경제를 관철시키기 위해 누군가가 기획하고 의도하거나, 그렇지 않은 경우라도 욕망과 소비 전체를 조작적 욕구라고 규정하면, 진실한 욕구라는 것은 그 정체성을 어디에서 찾을 것인가? 지금 존재하는 것이 허구의 조작된 자유라는 식이면, 이는 세계에 대한 부정의 메시지일 뿐 어떤 개혁이론도 될 수 없다.

시장경제가 대량의 욕구체계라는 설명이라면 설득력은 높아질지 모르지만, 그렇다 하더라도 이런 논의의 연장선에서는 추가로 덧붙일 것이 사라지기는 마찬가지다. 이런 점이 프랑크푸르트학파의 한계였다. 섣부른 혁명이론으로 자멸해버린 토대 위에서 새롭게 등장한 사회비판이론이 이처럼 단순히 부인과 부정, 냉소로 채워져 있다면 이는 올바른 사회이론이라고 할 수 없다. 시장경제를 비난하는 소위 인문학적 공세 혹은 비판이 종종 실패하는 이유가 여기에 있다. "그래서 어떻다는 것인가?"에 대한 적절한 답변이 준비되지 않는다면 공허한 이론이 되고 만다. 결국 "그들이 너를 속이고 있다. 속지 말라. 당신의 생각은 조종되고 만들어진 것이야!"라는 메시지라면, 이는 세계를 거대한 음모 체계로 보는 소박한 주장으로 격하되고 만다. 그렇게 다음의 글로 연결된다.

만일 노동자와 그의 보스가 동일한 텔레비전 프로그램을 즐기고 동일한 행락지로 나간다면, 만일 타이피스트가 고용주의 딸과 마찬가지로 화려하게 치장한다면, 만일 흑인이 캐딜락 자동차를 소유한다면, 만일 그들이 모두 동일한 신문을 보고 있다면, 그 경우에 이러한 동일화는 계급의 소멸을 가리키는 것이 아니라, 기성 사회의 유지에 기여하는 욕구와 만족이 이 사회의 하층 사람들에게 공유되고 있는 정도를 가리키는 것이다.

설명은 그럴듯하지만 전혀 '사회변혁적'이지 않은 메시지가 등장하게 된다. 사회를 변혁하는 이론에서 출발한 마르쿠제의 논의가 어느덧 원위치로 돌아와버린 것이다. 흑인이 캐딜락을 욕구하고 결국 소유하게 되었다는 스토리를 기성의 질서에 순응하도록 만들어낸 허구라고 격하해버리면, 그 다음은 어떤 의식이 남게 될지 궁금하다. 이런 사고는 결국 마르쿠제를 자유 자체를 부정하는 방향으로 유도하고 만다.

기업의 자유는 애초부터 반드시 환영할 만한 것은 아니었다. 일하는 자유인가, 그렇지 않으면 굶어죽을 자유인가에 불과하다는 점에서, 그것은 억압적인 대다수의 사람들에게 있어서 고통과 불안정 및 공포를 의미했다. 만일에 한 개인이 시장에서 자유로운 경제주체로서 자신을 더 이상 드러내도록 강제되지 않게 된다면, 그런 종류의 자유의 소실은 문명의 가장 소중한 성과의 하나가 될 것이다.

마르쿠제의 기대와는 달리 현실 세계에서는 아쉽게도 욕구가 아니라 공산주의가 소멸하고 말았다. 자본주의의 욕구체계가 찬란한 승리를 구가하는 그 순간에 구소련의 국민들은 아이로니컬하게도 궁핍할 자유를 제외한 거의 모든 자유를 상실해버렸고 결국 체제의 종말을 맞았다. 상품경제나 시장경제 체제를 부정하려는 되저 이후의 오랜 비판이론들은 마르크시즘에서 마르쿠제의 이론에까지 일관되게 실패했다. 시장은 더러운 욕구의 체계인 것 같지만 시민의 대부분을 궁핍에서 해방시키고 사치품을 필수품으로 만들면서 시민들의 생활수준을 풍요롭게 만들어가는 체제라는 사실도 부인할 수 없다. 간헐적인 욕구 과잉이 있다고 해서 욕구 자체를 백안시할 수도, 소비 자체를 부정할 수도 없는 것이다. 물론 명품 욕구에 빠져 흉악범죄를 저지르는 사람이 분명 존재하는 것이 우리의 현실이다. 그러나 가족과 애인에게 건네줄 모처럼의 귀한 선물이라면 한동안은 절약하고 아껴 쓰는 수고를 감당할 만하기도 한 것이 우리의 일상적인 삶의 풍경인 것이다. 우리는 분명 명암이 교차하는 그런 현실에서 살고 있다.

폭리상인들을 규제하라

하버드 대학의 명강사로 알려진 마이클 샌델 교수는 한국에서 많은 돈을 벌어갔다. 최근 수년 동안 가장 많이 팔린 책이 바로 샌델의 『정의란 무엇인가』였다. 『돈으로 살 수 없는 것들』이라는 책은 전적으로 한국인을 위한 책인 것 같았는데 이 책도 꽤 팔려 나갔다. 『정의란 무엇인가』라는 책은 이제 막 대학에 들어간 학생이라면 읽을 만한 점도 많다. 그러나 전체적으로 정의에 대해 시장원리를 부정하고 개인주의를 기반으로 하는 시민사회적 정의 배분체계를 부정하고 있기 때문에 해를 끼칠 가능성이 크다. 그의 생각은 공동체주의라고 부를 만한데다, 그의 스승인 존 롤스에 비해 전체주의적이며 공동체주의적이어서 근대시민사회의 개인주의적 지적 전통과는 걸맞지 않는다. 온건하게 은폐된 국가주의적 정의관은 시장경제를 부정하며 공동체적 도덕기준에 의한 배분체계를 주장함으로써 결국에는 점점 강화될 뿐인 권위주의적인 도덕관을 확산시킨다.

사람들이 상업이나 상인에 대해서 비난할 때 동원하는 논리들은 대부분 상인이 원가보다 터무니없이 비싼 가격으로 생필품을 팔면서 폭리를 취한다는 데서 출발한다. 가격을 속인다거나 궁핍한 사람들을 대상으로 폭리를 취한다는 비판은 거의 모든 도덕군자들이 언제나 개탄해 마지않던 대표적 부도덕성이었다.

2004년 여름 멕시코만에서 세력을 일으킨 허리케인 찰리가 플로리다를 휩쓸고 대서양으로 빠져나갔다. 그 결과 스물두 명이 목숨을 잃었고 110억 달러에 이르는 손실이 발생했다. 뒤이어 가격 폭리 논쟁이 불붙었다. 올랜도에 있는 어느 주유소는 평소 2달러에 팔던 얼음주머니를 10달러에 팔았다. 전력 부족으로 냉장고나 에어컨을 사용하지 못하는 사람이 많았기 때문이다. 건설업자들은 지붕에 쓰러진 나무 두 그루를 치우는 데 무려 2만 3천 달러를 요구했다. 플로리다 주민은 바가지 요금에 분통을 터뜨렸다. 일부 언론은 폭풍 뒤에 찾아온 약탈자라는 머리기사를 썼다.

샌델은 직접화법을 피해 에둘러 말하는 데는 아주 노련한 논객이다. 그는 폭리를 직접 비난하진 않았지만, 독자들이 폭리를 마음껏 비난할 수 있도록 다양한 근거를 제시함으로써 은근히 폭리상인들의 부도덕을 비난하는 여러 가지 논리를 소개했다. 여러분은 어떻게 생각하시는지? 샌델이 온건한 어조로 소개한 시장옹호론자들의 입장은 이렇게 쓰여 있다.

자유시장경제학자 토머스 소웰은 가격 폭리를 대단한 것처럼 보이지만 경제학적으로는 의미가 없는 표현이라고 말하면서 가격 폭리가 플로리다 주민에게 어떤 도움이 되는지를 설명하려 했다. 그는 가격이 사람들에게 익숙한 수준보다 현저하게 높을 때 가격 폭리라는 혐의가 생긴다고 말한다. 소웰의 주장에 따르면 얼음, 생수, 지붕 수리 발전기 등의 가격이 높아지면 수요자는 소비를 억제하고 공급자는 재화와 용역을 공급하려는 욕구가 높아지는 장점이 있다. 소웰은 비싼 값이 전혀 부당하지 않다면서 그것은 구매자와 판매자가 서로 교환할 물건에 부여하기로 한 가치일 뿐이라고 설명했다.

시장에 대한 몰이해, 조작적인 설명

샌델의 이 같은 설명은 자유시장주의자를 비정한 인물로 묘사하는 데 그치지 않고 공급자를 일방적으로 옹호하는 논리로 비치기에 충분하다. 실제로 샌델에 열광하는 대부분 독자들은 시민 사회가 지향하는 공공의 선을 도외시하는 상인들의 지독한 이익 전략에 분노하는 일관된 태도를 보인다. 샌델 역시 시장 기능을 중시하는 사람들에게 친시장주의 혹은 자유시장주의자라는 딱지를 붙임으로써 시장기능에 대한 부정적 인식을 은연중에 기정사실화하는 논법을 쓴다. 한국에서 샌델의 『정의란 무엇인가』는 1백만 부가 넘게 팔렸고 그의 후속작 『돈으로 살 수 없는 것들』도 전작의 인기에 힘입어 적지 않은 판매고를 기록했다. 그러나 이는 얼마나 우스운 논리인가.

우리는 폭리상인을 잘했다고 칭찬할 이유도 없지만, 그렇다고 그것을 비판할 이유도 없다. 종종 발생하는 가격 폭등은 안타까운 일일 뿐이고 그런 일이 반복되는 것을 막아주는 항구적이며 제도적인 방법이 바로 자유시장이라는 사실을 도덕철학자들을 비롯한 일반인들이 잘 인식해주기 바란다. 사실 가격 폭등이 일어나는 경우가 매우 드문 것이라는 사실이야말로 평소에 상인들의 어떤 기능을 수행하는지는 잘 보여주고 있다. 상인들은 조그만 이익의 가능성이 있으면 바로 움직이는 기민한 후각을 갖추고 있기 때문에, 시장에서 틈새가 벌어질 때마다 재빨리 상품을 공급함으로써 가격의 폭등 가능성을 차단한다. 우리가 평소에 가격 폭등 때문에 고생하지 않아도 되는 것은 만에 하나 폭등 가능성을 염두에 둔 부지런한 상인들이 열심히 그들의 일을 수행하고 있기 때문이다. 그래서 미세한 가격의 진동만으로도 시장은 항상 충만한 포화를 이루면서 우리의 나날의 수요에 응하는 것이다. 만일 상인들에게 공공성이나 시민적 덕성을 요구하면서 치밀한 이윤 동기를 갖지 못하도록 하거나 그런 의지를 삭감하는 도덕교육을 실시한다면 우리는 머지않아 시장에서 물건이 사라지고 귀하게 되며 은밀한 암시장이 형성되고 상품을 구하려면 상인이 아니라 그 물건을 갖고 있는 많은 친구를 가져야 한다는 사실을 알게 될 것이다. 또 필수품을 구매하거나 교환할 수 있는 은밀한 친구와 기회를 찾아 뇌물을 들고 온종일 땀을 흘려야 한다는 사실을 뒤늦게 깨닫게 될 것이다.

우리는 그런 사회를 종종 목격하기도 했지만 평소에는 상인들이 그런 기능을 대신해주기 때문에 물건 구하기 따위의 일은 아예 잊어버리고 살 수 있게 되었을 뿐이다. 지금 샌델을 비롯한 대부분의 반反시장론자들은 시장의 그런 고유한 기능을 잊고 있는 것이다. 마치 평소에는 우리가 숨 쉬는 산소나 태양의 존재를 잊고 사는 것처럼 말이다. 시장은 그렇게 우리의 삶을 보증하고 안락하게 만들어준다. 불시에 찾아오는 긴급한 상황에서의 풍경을 빌미로 시장원리 전체를 폄훼하는 것은 가치 전도에 불과하다. 샌델 같은 부류의 도덕철학자들은 대체로 시장의 불규칙한 움직임에 주목하여 시장을 비난하지만, 우리의 문명생활이 이처럼 안전하고 편리하게 돌아가는 것에는 이기적 동기에 사로잡힌 '악덕상인'들이 존재하기 때문이다.

한양의 폭리상인

폭리상인과 관련하여서는 전통의 일화가 하나 있기에 소개하고자 한다. 조선 후기 어느 해에 큰 홍수가 터져 한양 도성의 싸전쌀가게이 모두 물에 젖어 쌀값이 크게 폭등한 적이 있었다. 이에 왕은 긴급히 교지를 내려 "가뜩이나 홍수피해가 막심한데 미곡상들이 곤궁한 처지의 백성들을 돌보기는커녕 폭리를 취한다"면서 "적발되는 대로 모두 목을 베라!"고 지시를 내렸다는 것이다. 이때 당시 한성부에 근무하던 한 신하가 "아니 되옵니다!" 하고 나서기를, "지금 한양에 쌀값이 다락같이 올랐다는 말을 듣고 전국의 쌀장수들이 쌀을 머리에 이고 등에 지고 한양으로 올라오는 중인데, 비싸게 팔았다고 목을 베라 하시면 결국 장사치들은 돌아갈 것이고 그리되면 한양 백성들은 모두 굶어죽을 것"이라고 주장했다. 다행히도 왕이 이 말을 알아듣고 교지를 회수하였는데 며칠 지나지 않아 기어이 전국의 쌀이 한양으로 몰려들면서 쌀값도 안정되고 쌀 부족도 모두 해소되었다는 것이다. 이 현명한 신하는 실학자로 유명한 바로 그 연암 박지원이었다. 이 야이기는 박지원의 둘째 아들인 박종채가 쓴 『과정록過庭錄』이라는 책에 기록되어 있다.

현대 하버드 대학의 도덕철학자가 조선의 박지원보다 시장에 대한 이해가 낮다고 해야 할 대목임이 분명하다. 시장과 이윤에 대해서는 이런 몰이해가 지금도 넘쳐나고 있다. 수요와 공급이라는 추상적 언어 속에서 시장이 실제로 어떤 기능을 해내는지에 대해 사람들이 잘 알지 못하게 되고 말았다는 것이다.

바로 이런 몰이해와 오해들이 지금 한국 유통산업이 직면하고 있는 환경이다. 상업과 상업정신을 부인하며, 결과적으로 상업할 자유를 질식시키는 것이 대형마트 규제요, 프랜차이즈 규제며, 빵집 규제며, 골목상권보호라는 반자유적 행정 개입이다. **초정 박제가는 이윤을 부정하는 지식계급의 주자학적 태도가 장차 조선을 형편없이 가난한 나라로 몰고 갈 것이라는 점을 너무도 생생하게 기록으로 남겼다.**

빵집에 쏟아진 비난

한때 재벌 빵집은 규탄의 대명사였다. 소위 재벌가의 며느리 혹은 딸들이 운영하는 포숑, 아티제 등의 빵집이 동네 빵집을 다 잡아먹는다는 아우성이 골목길과 정치권을 메아리쳤다. 물론 과장된 것이었다. 소위 재벌가 빵집은 호텔 같은 일정한 지역의 범위 안에서 사업을 영위하는 소규모의 고급 빵집들이었다. 골목길에 뛰어들 이유도 없었다. 그러나 어느 날부터인가 골목 빵집이 재벌가 딸들의 빵집 때문에 다 망한다는 비명소리가 터져 나왔다. 언론보도는 이를 증폭시켰다.

이런 비명소리는 파리바게트 같은 빵 전문 중견기업들의 프랜차이즈로까지 이어졌다. 곧이어 정부가 나서서 프랜차이즈 빵집의 출점을 제한하고 재벌 빵집들에는 일감 몰아주기 규제라는 칼을 휘둘렀다. 출점 제한은 거리 제한, 영업형태 제한, 인테리어 계약 간섭에 이르기까지 온갖 방법들이 동원되었다. 동반성장위원회는 이명박 정부가 만들어놓은 반관반민의 조직이다. 형태는 자율적인 NGO지만 그렇다고 여기서 결정되는 규제들을 마음대로 거역할 수는 없다. 정부 규제보다 더 무서운 대중의 압력이라는 것이 버티고 있는 상황이어서, 사실상의 정부 규제와 다를 바 없다. 사실상 이런 조직은 나쁜 정부보다 더 나쁘다. 대중의 압력이라는 것은 반反법치의 다른 이름에 불과하다.

한국의 재벌들에 대해 재벌이 빵집까지 차리느냐고 비난하는 사람들도 정작 워런 버핏Warren Buffett 같은 세계적 재벌들의 과자가게에 대해서는 일언반구 입도 벙긋하지 못한다. 버핏은 50여 개의 계열사를 갖고 있는데 그중에는 '시즈 캔디즈'라는 과자가게도 포함되어 있다. 미국에서는 꽤 알려진 이 회사는 한국의 인천 송도에도 가게를 열었다. 그러나 아무도 한국의 재벌을 능가하는 이 버핏의 과자가게에는 관심조차 두지 않는다. 질투와 질시는 그것이 작동하는 공간적 범위가 분명히 존재하는 모양이다.

동반성장위가 만들어내는 수족관

상인들로부터 장사에의 열정을 빼앗고 그 열정을 다른 상인에 대한 질투와 방해로 돌리게 만든다는 점에서 동반성장위원회는 정부 규제보다 훨씬 질이 나쁜 규제를 만들어내게 된다. 규제의 결정 방식도 일종의 인민재판식 과정을 거친다는 점에서 위험하다. 경쟁하는 상인들이 써내기만 하면 일단 규제를 검토하기 시작한다는 점에서 행정 기관이 나름의 전문성으로 권위를 갖고 결정하는 규제와도 차이가 난다. 그런 점에서 동반성장위원회는 전형적인 '완장증후군'이 쉽게 생길 수 있는 독특한 의사결정 구조를 갖고 있다고 할 것이다.

결국 대기업이 영위할 업종, 중소기업이 영위할 업종이라는 괴이한 제도를 만들어내면서 바다처럼 넓어야 할 시장을 인위적으로 잘게 찢고 분할하여 "골목이다, 아니다"를 제멋대로 규정하고 "상인들 경쟁 구역의 거리 제한은 5백 미터로 정한다"는 등의 제멋대로 금 긋기를 자행하게 된 것이다. 조폭들이 관리 구역을 나누는 것도 아닌데, 준정부 기관이 나서서 시장을 잘게 분할하여 그 속에서 일하는 기업들을 수족관 물고기에게 먹이 주듯 하는 제도를 운영하게 되고 말았다. 수족관의 물고기는 처음에는 답답할지 모르지만 노력하지 않고도 먹이를 얻어먹게 되었다는 것을 아는 순간, 본성을 상실하게 되고 점차 자연을 잊게 된다. 결국 드넓은 자연 속에서 활기차게 헤엄칠 생명들이 한낱 관상용 물고기로 전락하게 되는 것이다. 소기업의 장사 영역을 정해주고 중기업의 장사 영역과 중견기업의 사업 분야를 구분하고 대기업의 사업을 규정하는 식이라면, 더 이상의 성장은 없고 더 이상의 대기업의 출현도 보기 어려워지게 된다. 실제로 우리는 70년대에 출현한 기업을 제외하면 새로 대기업으로 성장한 기업을 거의 볼 수 없다. 그것은 경제를 키우고 기업을 성장시키는 좋은 방법이 결코 아니다.

파리바게트 이야기

동네 빵집에 대한 공격이 시작되면서 재벌도 아니요 거대기업도 아닌 파리바게트가 갑자기 세간의 주목을 받았다. 파리바게트는 파란 간판에 새겨진 예쁜 노란 글씨만으로도 그 동네가 중산층이 사는 좋은 동네라는 사실을 드러내는 일종의 지표 구실을 훌륭하게 해왔다. 파란 파리바게트가 있다는 것만으로도 그 동에는 꽤 그럴싸한 동네로 비쳤고 그래서 새로 장사를 시작하려는 사람들은 너도나도 파리바게트 가맹점이 되기 위해 돈을 싸들고 줄을 서야 할 지경이 되었다. 파리바게트는 종전에는 볼 수 없었던 고급 빵을 내놨다. '고급 빵이란 이런 것'이라는 점을 사람들은 파라바게트를 통해 비로소 알게 되었다. 다양한 고급 빵은 그저 소다를 넣고 부풀려 구워낸 그렇고 그런 빵이 아니었다. 사람들은 처음에는 파리바게트가 진짜 파리에서 날아온 줄로 알았다. 빵의 차원이 달랐던 것이다.

어떤 성공이든 단순히 운이 좋아 성장하는 것은 아니다. 파리바게트는 이 점을 확실하게 보여주었다. 그래서 너도나도 빵집을 열어보겠다는 사람들이 줄을 섰다. 바로 이것이 문제였다. 가맹점을 확보하지 못한 사람들의 질시와 질투를 불렀다. 이 비열한 질투가 나중에 화근이 된 것이다.

실은 파리바게트 자체가 동네 빵집이었다. 해방 직후인 1945년 10월에 당시로서는 꽤 고급스런 이름인 상미당이라는 동네 점포에서 출발해 삼립식품으로 발전했고 샤니 빵, 파리크루아상, 파리바게트, 베스킨 라빈스, 던킨도너츠 등의 계열사를 포함하는 제빵 식품 기업으로 성장했다. 해방과 더불어 문을 연 동네 빵집이었던 것. 그러나 빵을 팔아 매출 3조 원을 넘긴 견실한 중견기업이 되었다. 뉴욕제과 등 숱한 경쟁자들을 물리치고 한국 최고의 제과―제빵회사로 올라왔다. 지금은 중국에 125개, 베트남에 14개, 싱가포르에 3개, 미국에 32개 등 모두 174개의 해외 점포망을 운영하고 있다. 그런데 "너는 많이 컸으니 이제 성장은 그만해!"라는 명령이 떨어졌다. 이것이 골목 빵집 논란의 전부다. 한국은 세계적인 제빵회사를 가지면 안 된다는 것인가? 세계인들에게 한국인이 만든 빵을 먹일 수 있는 그런 세계적인 제빵기업이 나오면 안 된다는 것이 바로 동반성장이라는 그럴듯한 이름을 가진 바보들의 경제민주화다.

국내 골목길의 제과점 수는 대략 1만 3천여 개다. 독립 점포가 절반이 조금 넘는 7천 2백여 개, 프랜차이즈가 5천 2백여 개다. 프랜차이즈 빵집 5천 2백여 개 중 3,250개가 파리바게트 점포다. 그러나 파라바게트 점포의 절대다수인 3천여 개는 퇴직자 등 개인들이 운영하는 가맹점이고 불과 50개만이 직영점이다. 메뉴개발 등 가맹점 체제를 유지하기 위해서라도 50개 정도의 직영점은 필요할 것이다. 이점이 회사 측의 항변이다. 멀리서 보면 고래처럼 보이지만 실은 작은 물고기들의 연합체라는 설명이지만, 정부의 힘을 빌어 경쟁자를 누르고 싶은 업자들에게는 이 말이 곧이 들릴 리가 없다. 파리바게트는 고래라는 주장이 동반성장위의 본보기 사업에 걸려들었다. 결국 파리바게트는 "사업 확장 자제" 권고를 받았다. 말이 권고지, 명령이나 다를 바가 없다. **빵으로 큰 사업자에게 사업을 이제 그만 성장시키라는 명령을 내리는 나라가 바로 한국이다. 그러니 경제가 더 이상 성장하지 않는 것은 자연스런 현상이다.**

잠 좀 자게 해줘요!

재벌 딸들의 빵집에 대한 사회적 비난에서 시작한 빵집 논란은 파리바게트 죽이기로 이어졌지만, 동네 빵집을 살려 놓았다는 증거는 어디에도 없다. 빵집은 골목길 자영업자들 중에서도 가장 힘든 일에 속한다. 파리바게트 점포 중에는 원래 동네 빵집이었다가 가게 경영이 너무 힘들어 파리바게트로 전환한 것들이 많다. 당연하다. 빵집 주인은 기술 여하를 떠나서 우선 잠을 제대로 잘 수 없는 직업이다. 밤 12시에 문을 닫는다고 해도 새벽 3시면 일어나 다시 반죽을 해야 한다. 생지를 만들어 숙성시킨 다음 오븐에 넣어 구워내기까지 두 시간만 계산해도 첫 새벽 손님을 맞기 위해서는 새벽 3시에 맞출 수밖에 없다. 프랜차이즈를 하면 바로 이 새벽 시간에 한 시간여 정도라도 더 부족한 잠을 보충할 수 있다. 반죽된 재료를 가져다주기 때문에 생지를 만들어 숙성시키는 시간이나마 잠을 잘 수 있는 것이다.

이게 자영업의 진면목이다. 자영업 중에서도 가장 치열한 경쟁 분야인 치킨집은 더하다. 전국적으로 치킨 집은 무려 4만 개에 이른다. 이 치킨집들이 골목과 거리를 점령하다시피 하고 있다. 한적한 골목길 치킨 집은 영업이 잘 안 되는 대신 잠이라도 충분히 자지만, 강남역 주변 같은 곳은 새벽이야말로 불야성이기 때문에 정상적인 수면을 누릴 수 없다. 오전에 잠간 눈을 붙이면 오후부터는 그날 장사를 위해 장을 봐야 하고 또 손님을 맞아야 한다. 그야말로 강행군이다.

강남 반포에 있는 모 치킨 집 사장은 하루에 2시간 남짓 자는 것으로 동네 주민들이 걱정해줄 정도라고 한다. 이 치킨 집 사장은 새벽 손님까지 빠져나간 아침 8시부터 10시까지 가게 귀퉁이 의자를 이어 붙여 그곳에서 쪽잠을 잔다고 한다. 물론 이 가게는 매출에서만큼은 타의 추종을 불허할 정도로 장사가 잘된다고 한다. 치킨집은 이렇게 치열하게 살아간다. 진입 장벽이 없기 때문에 창업과 폐업이 가장 많다. 이게 인생의 쓴맛이라는 각오를 하지 않으면 도저히 치킨집을 경영할 수가 없다.

자고 일어나면 모퉁이마다 한곳 씩 새로 문을 연다는 커피전문점이 전국적으로 2만 8천개, 전통의 자장면집은 전국에 2만 5천개가 영업을 하고 있다. 자장면집의 맛 경쟁이라는 것은 상상을 초월한다. 노래방은 약 3만 개다. 고객들은 목이 터져라 노래를 부르겠지만 주인들은 빈 방들이 원망스러워 도저히 흥을 낼 수가 없다. 이게 골목길의 진정한 삶이다. 골목길 자영업자의 삶이 이토록 고단해진 것에 하나의 마녀가 필요했기 때문일까.

빵을 몇 가지나 만들어야 하나

골목 빵집의 다음 문제는 빵의 구색이다. 이 문제는 대부분 사업에서 본질적으로 나타나는 구조적 문제다. 규모가 커질수록 다양한 종류의 제품을 갖추는 것이 가능하다. 판매망이 광역적일수록 그런 효과도 크게 나타난다. 파리바게트가 만드는 빵과 과자의 종류는 무려 550가지다. 이렇게 많은 수의 빵과 과자를 지속적으로 동일한 규격으로 만들어내는 것이 신기할 정도다. 동네 빵집의 품목 수는 1백 개를 넘기기 어렵다. 골목의 손님들을 대상으로 그렇게 다양한 빵을 만들어낼 재간이 없다. 최소한 오븐에 같이 넣어 구워낼 수 있는 개수는 맞추어야 한 종류를 생산할 수 있다. 그래서 경쟁하기 어렵다.

파리바게트의 점포는 3,250개. 중국, 베트남, 싱가포르, 미국에까지 퍼져 있다. 어느 정도 경제단위가 되면 다양한 종류의 빵을 경제성 있게 구워낼 수 있다. 빵 1개당 단가도 그렇지만 종류당 단가도 낮출 수 있다. 이 점 때문에 사람들이 동네의 독립 점포보다 프랜차이즈를 선호한다. 어느 가게에 크림빵을 좋아하는 구매자가 딱 1명뿐이라고 해도 파리바게트는 만들어 배달할 수 있다. 본사에서 수백 개의 크림빵을 만들어 수백 개의 점포에 한 개씩 배달하면 된다. 그러나 오직 한사람의 구매자를 위해 한 개의 크림빵을 만들어낼 동네 빵집 주인은 존재하지 않는다. 아니, 그렇게 만들어내면 점포는 경제성을 맞출 수 없어 결국 망하고 만다. 구색이 많기 때문에 선택의 기회도 그만큼 넓어졌다. 그게 자영업자들이 독립 빵집보다는 프랜차이즈를 선호하는 또 하나의 이유다.

상품의 종류가 관건이다

상품의 종류가 관건인 것은 대형마트도 마찬가지. 이마트는 7만여 개의 품목을 취급한다. 롯데마트는 6만여 가지다. 미국의 대형마트는 10만 개 품목을 다룬다. 미국 대형마트가 무려 10만 개 품목을 다룬다는 것은 미국 소비자들이 즐길 것이 그만큼 많다는 뜻이다. 그게 문명의 발전이다.

슈퍼라고 부르는 동네 구멍가게에서 파는 물건의 가짓수는 1천개 남짓이다. 편의점은 대략 2천개 정도의 품목을 판매한다. 이것이 기본적인 차이점이다. GS25가 공급할 수 있는 삼품의 가짓수는 1만 5천 개에 달한다. 우리가 유통혁신이라고 말할 때 의미하는 것, 그리고 소비자 선택의 확대라고 말하는 것이 바로 이런 차이다. 우리가 이것을 두려워할 이유가 없다. 그게 문명의 진보다. 가게에서 파는 물건의 가짓수가 많아지는 방향으로 가야 하는

지, 아니면 달랑 몇 개 품목만 선반에 얹혀있는 상황으로 돌아가야 하는지, 설명이 필요한가?

대한민국에서 구할 수 있는 직업의 수는 불과 1만 1천 개 남짓이다. 고용노동부가 직업으로 분류하고 있는 분류 기준에 따른 것이다. 미국의 직업 수는 3만 5백 개로 껑충 뛰어 오른다. 분업이 고도화되고 있기 때문에 직업의 가짓수도 많아지고 일자리도 그만큼 많아진다. 위에서 강조한 것처럼 대형마트에서 파는 물건의 가짓수도 미국이 압도적으로 많다. 우리는 무엇을 원하는가?

빵집 규제 그 후

동네 빵집이 죽어간다고 시작한 캠페인은 3년여를 지속하고 있다. 그러나 동네 빵집이 보호되고 있거나 경영이 개선되고 있다는 뉴스는 여전히 듣기 어렵다. 빵집에 대한 규제는 5백 미터 이내에는 동일한 상호의 점포를 낼 수 없도록 하거나 전체적으로 확장을 자제토록 하는 등의 규제를 하는 외에도, 공정거래법을 개정해 소위 프랜차이즈 가맹본부와 가맹점의 갑을 계약에 개입하는 등의 다양한 수단들이 동원되고 있다. 그렇게 동네 빵집 보호정책이 시작된 지 3년여가 되었다.

당연한 결과지만 파리바게트 등 고급 프랜차이즈 가맹점들의 권리금만 높아졌다. 종전에는 철수하는 가맹점주가 매수자에게 받을 수 있는 권리금이 2천만 원 남짓이었다면 지금은 2억 원을 훌쩍 넘어섰다는 것이어서, 동네 빵집이 아니라 기존 가맹점에게만 유리한 결과를 초래하고 말았다.

대부분 정부 규제는 어떤 의미로건 특권을 창출하거나 특혜를 부여하는 결과를 초래하는 것이 상례다. 빵집 규제도 결국은 기존 점포들의 권리금만 높여놓고 말았다. 권리금이 10배 가까이 폭등했다는 것은 그만큼 새로 빵집을 시작하려는 사람에게 진입장벽으로 작용하게 된다. 시장은 생로병사가 활발하게 일어나는 생태계다. 이 생태계는 새로 들어오는 사람과 실패해서 물러나는 사람, 크게 성공한 사람과 겨우겨우 경영을 해나가는 사람에 이르기까지 수많은 사람들이 등장하고 사라지는 그런 삶의 무대다. 여기에 정부가 인위적으로 장막을 치고 상권을 보호한다고 해봤자, 효과도 없을뿐더러 결국은 더 나쁜 결과를 초래하기 마련이다.

이제 파리바게트 같은 고급 브랜드의 프랜차이즈를 할 수 없게 된 후보자들은 겨우 보다 하급인 브랜드의 가맹점주가 되거나 아니면 독립 가게를 열어 아무런 희망도 없이 하루에 잠을 두 세 시간만 자면서 버텨내야 하는 것이다. 대형 가맹본부를 규제한 결과 중소 브랜드의 가맹점들이 다소 늘어난 것이 변화라고 하면 변화다.

그렇다면 중소 브랜드의 프랜차이즈가 늘어난 것을 반겨야 할까? 예를 들어 '잇브레드'라는 상호의 프랜차이즈는 규제 이후 2년 정도의 기간 동안 점포수가 70여 개 정도 늘어났다고 한다. 저가정책을 무기로 빵 사업을 하고 있는 '이지바이'라는 프랜차이즈 역시 점포수가 80여 개를 기록할 정도로 인기를 끌고 있다. 그러나 이 역시 본질적으로 동네 빵집은 아니다. 동네 빵집들은 여전히 경영에 힘들어 하고 주인들은 수면 부족을 호소하며 이번에는 중소 브랜드의 프랜차이즈 가맹점 때문에 고통을 받고 있기는 마찬가지다. 골목의 비명소리가 잦아들기를 기대하는 것은 역시 무리다. 달라지는 것은 없다. 밀고 당기는 상인들의 이름만 바뀔 뿐이다.

더구나 이 틈새를 뚫고 에릭 케제르, 폴 베이커리, 브리오슈 도레 등 외국 빵집들이 진출하고 있다. 외국계가 들어온다고 국수적인 태도를 보일 필요는 전혀 없다. 문제는 국내 강타자들에 대해서는 그들의 손발을 모두 묶어 놓는 부당한 차별을 강요하고 있다는 점이다.

결국 변한 것은 정부가 고급 빵은 시장에서 축출해버리고 시민들에게 보다 저급한 빵을 먹으라고 강요하는 것과 같은 결과에 이른 것이다. 이것이 동네 빵집을 보호하라는 대중들의 고함 소리가 만들어낸 어리석은 결과다. 독립 빵집의 총수는 2013년 들어 지속적으로 감소하고 있다. 위에서 독립점포 수를 7,200개라고 했지만 이는 2012년 말 수치고 2013년 7월 현재로는 6,700여 개로 눈에 띠게 줄고 있다. 시장은 원래 그런 것이다.

대형마트의 혁명, 그러나 비명소리

한국에 대형마트라는 업태가 선을 보인 것은 1993년의 일이다. 1996년에는 외국계 대형마트가 진출했다. 대형마트는 유통시장에 가히 혁명을 몰고 왔다. 이제 한국인들도 카트를 밀며 가족이 손을 잡고 나들이하듯 깨끗한 매장에서 음악을 들어가며 쇼핑을 즐길 수 있게 되었다. 대형 점포는 산뜻하게 정돈되어 있어서 상품을 비교하기도 좋았고 물건마다 정가표가 붙어 있어서 가격에 대한 정보가 부족한 도시 소비자들에게는 그만이었다. 더구나 신용카드로 결제하는 편리성이나 대량구매에 따른 가격 할인은 너무도 매력적이었다. 인근에 대형마트가 있는지 여부가 아파트 가격에도 영향을 줄 정도였다. 직장에서 늦게 퇴근한 젊은 부부들도 차를 몰고 들어가 데이트하듯 심야의 쇼핑을 즐겼다.

그렇게 2011년까지 모두 446개의 마트가 들어섰다. 한국 상인들은 그 기질이 놀라울 정도로 진취적이어서 한국에 진출한 세계적인 월마트와 까르푸 등이 맥을 추지 못할 정도로 이마트, 홈플러스, 롯데마트, 하나로 클럽 등은 치열하게 시장을 개척해나갔다. 맥도널드는 그들이 진출한 국가 중에서 점유율 2위를 기록해본 역사가 없지만, 한국에서만큼은 롯데리아의 뒤를 따르는 만년 2위를 기록할 뿐이었다. '천하의' 월마트가 시장 진입에 실패한 나라는 없었다. 그러나 한국에서는 너무도 비참하게 실패했다.

2003년 SSM으로 확산된 전쟁의 불길

'한국은 어디를 가나 공급과잉'이라는 말이 있지만 대형마트라는 업태가 소개되자마자 한국인들은 가장 빠른 속도로 유통 혁명을 만들어갔다. 2003년에는 대형마트 시장이 급속하게 팽창한 결과 거기서 불붙은 경쟁이 골목에까지 밀어닥쳤다. 시장에는 원래 포화상태라는 것이 존재하지 않는 법이다. 그러나 급속하게 시장이 형성되는 과정에서는 일시적으로 더 이상 시장 확장이 불가능한 일종의 포화지점이 생겨나게 된다. 대형마트는 불과 10년 만에 전국 주요 지점의 점포 가능 지역을 사실상 모두 장악하게 되었다. 그래서 이면도로까지 치고 들어가게 되었다.

소위 SSM 전쟁이 터진 것이다. 대형마트라는 일대 유통 혁신을 목도한 상인들은 골목의 상권에도 유사한 방법론을 적용한 혁신적인 상점이 가능하다는 데 금세 눈을 떴다. 그렇게 불과 수년 만에 전국적으로 1천 6백 개가 넘는 SSM이 문을 열었다. 롯데슈퍼, GS슈퍼, 이마트, 탑마트 등 매장이 20개 이상인 8대 업체만도 모두 1,280개의 SSM을 오픈했다. 2007년 343개이던 SSM은 2008년 412개, 2009년엔 640개로 뛰는 식이었다.

자연스레 반발이 터져 나왔다. 새로운 것의 약진은 언제나 오래된 것의 반발을 부르는 법이다. 전국적으로 재래시장은 1,511개소가 등록되어 있다. 여기서 장사를 하는 점포 수는 20만 4천개. 종사자는 무려 35만 4천 명이다. 점포를 임대해준 점포주까지 합치면 그 수는 50만 명을 넘길 것이다. 결코 무시할 수 없는 인구다.

여기에 골목길의 동네 점포들도 계산에 넣어야 한다. 전국의 구멍가게 수는 2011년 말 현재 7만 6천 개다. 구멍가게라고 부르는 점포는 면적이 50평165제곱미터 이하를 말한다. 2006년 9만 7천 개이던 가게 수가 빠른 속도로 줄어들고 있었다.

아마 지금도 줄어들고 있을 것이다. 구멍가게보다는 조금 큰 규모인 동네슈퍼가 여기에 다시 골목마다 8천여 개의 점포를 열고 있다. 면적이 1천 평 이하인 규모의 종합소매업을 말한다. SSM이 아니어도 이미 8만, 9만 개의 골목길 슈퍼들이 치열하게 자리를 다투는 중이었다. 그랬으니 새로운 강자의 출현과 더불어 망하는 점포가 속출했다. 점포 수가 줄어든다는 것은 주인으로 보자면 가게의 죽음이요 가족 모두의 생계가 벼랑으로 내몰리는 것이다.

골목에서 터진 비명소리

결국 대형마트와 SSM 때문에 전통시장, 동네상인, 골목상인 다 죽는다는 비명소리가 터져 나왔다. 피할 수 없는 운명적 대결이었다. 전통시장은 이미 지난 수십 년 동안 시장 살리기라며 정부의 지원과 협력을 받아오던 터였다. 전통시장은 일제 때 시장근대화 정책에 힘입어 대대적으로 발전했지만 점차 누가 봐도 내리막이라는 것이 분명했다. 아니 전통시장이라는 것 자체가 한 때는 모든 이동하는 보부상들과 5일장, 10일장의 상인들과 충돌을 빚었다. 간이 천막이 아니라 정식으로 지붕을 가진 건물이 들어서고 집집마다 형형색색의 불을 킨, 고정적이며 영구적인 시설물을 갖춘 근대적인 가게는 사실 일제에 들어서야 한국인에게 그 모습을 드러냈다.

그 이전 시대에는 심지어 보부상들조차 도회의 온갖 희귀한 물건들을 가지고 다니면서 동네사람들의 품성을 해친다는 비난을 받았다. 황현의 『매천야록』은 이런 당시 모습을 매우 걱정스런 어투로 기록하고 있다. 황현은 한일병합 당시 자살로 이에 항거한 우국지사였다. 우리는 당시 일을 그가 남긴 일지매천야록에서 읽을 수 있다.

우리가 유스투스 뫼저의 글에서 보았듯이 처음 동네 입구에 작은 점포가 들어설 당시만 해도 구멍가게들은 온갖 도시의 신기한 것들을 들여와 조용하고 검박한 시골 사람들의 마음을 흔들면서 돈을 낭비하고 사치하게 만드는 바로 그 모든 도시적인 것들의 앞잡이였던 것이다. 전국적으로 시장을 통합하게 만들어 지역경제를 죽이며 시골 여인들의 온갖 궁금증을 자아내던 각종 공산품들이 시골의 작은 동리로 치고 들어오던 창구가 바로 구멍가게였다.

시골여인들이 결코 구경하지 못했던 향기로운 화장품들이며 각종 바늘 등 살림도구들이 미풍양속을 해치면서 시골경제를 파괴하고 사람들을 미혹케 했던 것이다. 바로 그 가게들이 이제 컴퓨터와 인터넷으로 관리되고 세계적인 조달망에 의해 뒷받침되는 현대적 마트와 SSM의 거친 도전에 직면하게 되었다.

아무도 찾지 않는다

승패는 너무도 뻔했다. 전통시장들로서는 울고 싶은 때에 뺨을 맞은 격이기도 했다. 경제성장과 함께 자라난 신세대들은 전통시장의 쇼핑 환경과 구조 자체를 싫어했다. 정부는 전문가들을 불러 온갖 종류의 세미나와 토론회를 열어가면서 전통시장의 부활을 부르짖었지만, 시장을 찾는 사람들이 시간이 가면서 줄어드는 추세 자체를 되돌려놓기는 불가능했다. 신용카드를 쓰기가 불편하고 정확한 가격표가 없고 상인들은 불친절하며 상품의 구색이 적고 비라도 올라치면 온통 진창길이 되고 여름에는 에어컨이 없어서 덥고 겨울에는 반대로 춥고, 쇼핑 중에 잠시 잔잔한 음악을 들으며 향기로운 커피를 홀짝일 수 있는 커피점도 없는, 낡고 거칠고 불친절하며, 물건을 사고 나면 마치 바가지를 쓴 듯한 기분이 드는, 그런 짜증나는 장소로 변한 것은 어쩔 수 없는 시대의 변화였다.

실제로 같은 상품을 구매한 경우조차 대형마트나 편의점에서 구입하면 반품이 될 것 같고 전통시장에서 구입하면 반품이 안 될 것 같은 느낌을 소비자들이 갖고 있는 동안은 어쩔 수 없는 현상이리라. 만일의 경우 손해배상에 대한 신뢰 역시 마찬가지로 차이가 적지 않을 것이다. 동네 구멍가게를 상대로 어제 사간 우유를 마시고 설사가 났다면서 소송할 사람은 많지 않을 것이다. 그러나 CU나 GS25 그리고 이마트, 에브리데이라면 사정은 달라진다. 판매자의 책임 문제에 예민한 젊은 소비자일수록 현대화된 유통채널을 선호한다.

같은 상품을 팔지만 나중의 반품이나 손해배상 가능성까지 염두에 둔다면 전혀 같은 상품이 아니라고 소비자들은 생각하는 것이다. 아마 이런 기분은 그동안의 적지 않은 경험들이 쌓여 있기 때문일 것이다. 그래서 전통시장 살리자는 운동에 적극 동참하는 젊은이들조차 정작 자신은 현대적인 쇼핑몰에 가거나 대형마트와 SSM과 대기업이 경영하는 편의점을 찾게 된다는 것이다.

골목은 치열한 삶의 현장이기도 했다. 매년 3천 개의 편의점이 새로 문을 여는 정도다. 이익은 박해지고 협소한 시장을 놓고 다수의 영세 공급자가 치열하게 다투는 전쟁터를 방불하게 되고 말았다. 중소 유통업자들의 집단적인 반발이 터져 나오고 대형유통업을 규제해야 한다는 여론도 점차 비등하게 되었다. 대형마트가 SSM으로 전쟁터를 옮긴지 불과 2년여 만에 규제론도 포화를 터뜨렸다. 2005년이 되면 개설허가제, 영업시간 및 품목 제한, 사업조정제도의 실효성을 강화해달라는 의원입법안이 국회에 제출되었다.

이명박 정부, 유통혁신을 틀어막다

드디어 정부가 개입하게 되었다. 사라지는 것에 대한 미련이라고 할까. 기존 상인들의 반발은 언제나 정치적인 것이었다. 더구나 지역 국회의원들에게 지역 주민들은 바로 표였다. 정부 개입은 SSM의 진출이나 영업 내용을 직접 규제하는 방법과 지역 상인들과의 조정을 통해 절제하도록 만드는 두 가지 채널로 이루어졌다. 이명박 정부는 실제 내용에 있어서는 이전의 다른 어느 정부보다 시장에 적대적이었다. 10년 좌편향 정부는 좌파정부라는 비판이 싫어서라도 정부 개입에는 주저해왔던 것이 사실이다. 노무현 정부는 스스로 좌익신자유주의라는 말을 쓸 정도였다.

이명박 정부는 초기의 기업친화적 정부라는 슬로건의 실패 때문에 그랬는지, 갈수록 좌편향적 정책들을 쏟아냈다. 광우병 시위 이후에는 더욱 정책 편향성이 커졌다.

여기에는 유스투스 뫼저를 방불케 하는 전통적인 오해들이 물론 깔려 있다. 외부의 대규모 자본이 지역에 밀고 들어와 영세 상인을 짓밟는다는 생각은 너무도 오래된 도식이어서 쉽게 고쳐지지 않는다. 일제 치하에서 발달한 기존의 유통망이 1백 년 만에 새로운 업태에 도전을 받기 시작한 자연스런 변화요 발전이지만, 과거의 일은 종종 잊히기 마련이다. 결국 유통업의 혁신은 전통시장의 반발에 밀려 사실상 올 스톱 되고 말았다.

정부가 개입하면 상태가 좋아질 것은 오래된 오해의 하나다. 사람들은 정부가 개입하기를 바라면서 공평무사하고 공정하며 충분한 전문적 지식을 가진 하느님 비슷한 존재를 가정하는 버릇이 있다. 그러나 정부는 정치의 결과일 뿐이며, 주어진 조건 하에서의 개입에 그친다. 당장의 이권을 조정할지는 모르지만 시장이 역동적으로 발전해나가는 동태적 균형을 만들 수 있는 논의구조를 갖고 있지 않다. 아니, 그럴 수가 없다. 정치는 다수의 사람의 여론의 향배를 쫓는 것이기 때문에 기존의 조건과 상황을 넘어서는 발전적 체제 혁신적 결정을 할 수도 없고 해서도 안 된다. 정치는 조직의 평균적 의사결정일 뿐, 우리를 새로운 경제의 영역이나 발전의 영역으로 이끌어가고 삶을 고양시키는 그런 존재가 아니다. 그러나 사람들은 국회의원에 호소하고 정치에 의존한다. 정치는 본질적으로 안 되는 일을 되게 하는 외형을 가장한다. 링에 오른 권투선수들이 저마다 자신의 하느님에게 승리를 기도하는 장면을 생각해보라. 정치는 한쪽으로 돌아서서 "나는 네 편"이라고 속삭일 뿐이다.

현실을 발전시키고 상황을 타개하고 직장을 만들어내고 우리에게 문명을 선물해주는 것은 기업이다. 잘 조직된 기업은 잘 조직된 분업 체제요, 협력의 조직이다. 유통 분야 혁신도 마찬가지다. 우리는 종종 산지에서는 아주 값이 싼 물건이 복잡한 유통경로를 거치면서 터무니없이 가격이 올라간다고 비판한다. 그 격차를 없애고 산지 농민을 보호하면서 동시에 소비지 물가를 낮추는 것을 유통혁신이라고 부른다. 바로 그 유통혁신이 있고서야 현대인의 거대하고 효율적인 소비시스템이 완성된다.

사업조정 제도, 텃세도 유분수지!

정부의 유통산업 규제는 크게 두 가지다. 하나는 사업조정 제도다. 역사를 자랑하는 중소기업 관련 보호법이다. 어떤 종류든 이런저런 보호법이 소기의 목적을 달성한 적은 별로 없다. 종전의 중소기업사업조정법이 1995년 중소기업 사업영역 보호 및 기업 간 협력 증진에 대한 법으로 바뀌었다. 이법이 사업조정을 강제해오던 것이 최근 다시 '대중소기업 상생협력 촉진에 관한 법률'로 통합되었다.

사업조정은 새로 특정 지역에서 사업을 시작하려는 사업자가 기존의 사업자들과 사업 내용에 대해 조정 협의를 해야 한다는 것이 골자다. 물론 기존 사업자가 요구조건을 내걸면조정을 요구 신규 진출 사업자는 이 요구를 들어주어야 점포를 열 수 있다. '왕따'나 텃세도 이런 정도는 없다. 아예 외부에서 새로 들어오는 자에 대한 철저한 복수요, 약탈이나 다를 것이 없는 제도가 한국에서 버젓이 일어나고 있다.

추상적인 '협의'라는 단어 뒤에서 실제로 일어나는 일을 들여다보면 이 사업조정 제도의 진면목을 잘 이해할 수 있다. 어떤 내용들에 대해 기존 상인들이 새 상인들에게 요구조건을 내놓는지 한번 살펴보자.

다음의 사업조정 사례는 00지역에 진출하려는 00 SSM이 지역 동네슈퍼마켓 조합과 체결한 사업조정 내용이다. 이 합의문에서 새로 진입하려는 OO SSM은 ▲점포의 시설물 배치, 판매진열대 배열, 세부상품 진열 목록 등을 담은 매뉴얼을 기존 상인들에게 제출해야 한다. ▲영업시간은 밤 11시까지로 제한하고 ▲쓰레기 종량제 봉투를 팔아선 안 된다. 특히 ▲ 무료배달 서비스는 2만원 이하 상품으로 제한하며 ▲같은 종류의 상품이 있을 때는 OO지역 상품을 우선 구매해야 한다. 이외에도 ▲주류를 구매할 때는 OO지역 내 주류도매상을 3년 이상 이용해야 한다. 또 ▲영업비밀을 제외한 주요 집행사항은 투명하게 공개해야 한다는 등의 내용을 담고 있다.

엇, 조폭 비슷하군!

이런 조정 내용이라는 것은 무엇을 말하는 것일까. 주류는 옛날부터 조폭들이 장악하고 있는 사업으로 잘 알려져 있다. 지금은 많이 달라졌다고는 해도 이처럼 특별한 대접을 요구하는 것을 보면 지역 주류업자들이 지금도 매우 특별한 지위를 유지하고 있음에 틀림없다. 주류는 지역에서 생산하는 전통주가 아니라면 전국적으로 품질이 동일하다. 지역 내 주류도매상을 이용하도록 만들려면 배달이나 가격에서 치열하게 경쟁을 하고 다른 지역이나 업자들보다 유리한 조건을 제시해야 하는 것이 시장의 원칙이다. 그러나 OO지역의 주류 도매상들은 그럴 생각이 전혀 없다. 그들은 당당하게 자기들의 가게에서 술을 구매할 것을 요구하고 있다. 만일 주류 구매가 강제로 된다면 가격은 파는 쪽에서 정하게 된다. 결국 이런 주장은 00지역 소비자들에게 강제로 비싼 술을 사마시도록 강제하는 것과 다를 바 없다. 이것을 지역정부가 나서서 사업조정이라는 이름으로 행하고 있으니, 그자체로 조폭적 영업이라고 할 수밖에 없다.

노하우를 공개하라고?

판매가격 2만 원으로 무료배달 가능한 품목을 제한한 것도 마찬가지다. 무료배달은 중요한 영업 수단이고 소비자 편의를 증진시키는 대표적인 마케팅 방법이다. 한국은 배달의 민족이라는 농담이 있을 정도로 한국은 배달 서비스에서 다른 나라의 추종을 불허한다. 종량제 봉투를 판매할 수 없다고 제한한 것은 주부를 아예 00 SSM에서 떼놓으려는 사업 방해요, 영업 방해다. 종량제 봉투는 지역정부가 독점 공급자다. 바로 이런 점을 악용해 정부에 압력을 넣고 종량제 봉투를 SSM에서 판매할 수 없도록 함으로써 아예 발을 끊도록 만들겠다는 야비한 꼼수다. 결과적으로 소비자들의 선택할 자유를 제한한 것이다.

기타 영업 비밀에 속하는 대부분 사항이 모두 공개 대상에 포함되었다. 진열대 상품 목록이나 시설물 내역 같은 것을 왜 기존 상인들에게 내놓으라고 할까? 사실 구매와 진열 시설물 등에는 적지 않은 비밀이 포함되어 있다. 그 자체로 브랜드 가치를 형성하는 무형의 자산들이 바로 장사 노하우다. 실제로 수많은 사업 분야에서 상품 목록이나 진열 시설물 등이 바로 장사 노하우다. 이런 노하우가 바로 수없이 많은 장사 지망생들이 굳이 로열티를 내고 프랜차이즈를 하는 이유 아닌가? 그런데 이 노하우를 공짜로 내놓으라는 것이다. 이는 사업방해 정도가 아니다. 아예 공짜로 먹겠다는 것과 다를 바가 없다.

동네가게들의 사업 성패는 대체로 상품을 사 넣고 진열하고 재고를 관리하며, 매장을 관리하는 등의 노하우가 결정한다. GS25나 CU 등이 가맹점주를 모집하고 로열티를 받을 수 있는 것도 바로 이 노하우 때문이다. 만일 어떤 가맹점주든 이런 노하우가 있다면 직접 단독으로 가게를 열고 단독으로 마케팅을 펼치려할 것이다. 규모가 작은 편의점이라면 로열티를 포함해 하루에 2백만 원 어치는 팔아야 겨우 점주 자신의 인건비를 건진다고 할 정도다. 그러나 이런 노하우를 갖춘 단독 가게라면 하루에 80만 원만 팔아도 이익을 맞출 수 있다는 것이다. 그만큼 장사 노하우가 중요하다. 바로 이 노하우가 없기 때문에 동네점포들이 밀려나고 그 지점에서 유통혁신이 일어난다. 월마트가 오늘날의 세계적 강자로 성장할 수 있었던 것은 바코드 시스템을 중심으로 하는 재고관리 물류혁신을 이루어냈기 때문이다. 이게 바로 장사 노하우인 것이고 혁신의 비밀이다. 그런데 이런 무형의 자산을 투명하게 내놓으라는 것이 지역 상인들의 요구였다. 이런 사회적 구조에서는 혁신이 일어날 수 없다.

유통혁신을 금지하는 '발전'이라는 이름의 온갖 법

대형마트와 SSM에 대한 보다 직접적인 규제는 '유통산업발전 법'의 개정을 통해 모습을 드러냈다. 발전법이라는 이름을 단 사실상 '산업 발전 금지법'이 우리나라에는 꽤 많다. 단말기 유통구 조개선법 같은 것도 사실은 개악법이다. '발전법'이라고 이름 붙여진 법들의 목록을 보면 전시사업 발전법, 대중문화예술산업 발전법, 선박관리산업 발전법, 원양산업 발전법, 택시산업 발전법, 철도산업 발전법 등이 있다. 철도산업 발전법은 철도노조 파업으로 잘 알려졌지만 이 모든 발전법을 망라하는 기본법인 '산업발전법'이 또 떡하니 버티고 있다. 정부가 발전이라는 이름으로 장려금을 주거나 장려금을 주는 핑계로 사업에 간섭하는 내용들이 골자다. 한번 정부 보조금에 맛들이고 나면 업자들이 보조금 타먹는 경쟁에 몰입할 뿐 진정한 시장경쟁을 피하려는 동기를 갖게 된다. 그리고 더욱더 정부의 보조금을 바라게 되고 정부의 보조금을 타먹을 수록 더욱 정부 의존적이 되어, 기어이 사실상의 국영기업체나 조합 같은 속성을 갖게 되면서 산업발전은 서서히 정지되는 것이다.

2010년 개정된 유통산업 발전법은 지역경제의 발전과 유통산업의 균형 발전을 위해 보다 직접적으로 대형마트와 SSM을 규제하는 것을 목표로 하는 사실상의 유통혁신 금지법이 되어 있다. 이 법에 따르면 지자체는 전통시장이니 전통상점가의 경계로부터 500미터 이내의 범위를 전통상업보존구역으로 지정하고 있다. 보존이라는 이름이 붙었다는 것에 주목하라. 불행히도 이 법은 전통 상업이라는 이름으로 재래식 상업을 더 이상 발전할 수 없도록 아예 사망선고를 내린 것이다. 또 SSM도 대형마트와 함께 규제할 수 있도록 만들었다. 이제 대형마트는 물론이고 SSM도 전통 상업구역 안에서 점포를 열려면 지자체장에게 등록하고 사실상의 허가를 받아야 한다. 당연히 지자체는 이 과정에서 여러 가지 조건을 부여할 수 있다. 이런 것들이 유통산업 발전법이라는 이름을 갖고 있는 사실상의 유통혁신 금지법. 이대로 살다 죽으라는 전통 상업 고사법인 것이다.

이 발전법은 여러 차례 개정을 거쳤다. 등록제가 허가제로 바뀌고 전통 상업구역 아닌 일반 지역에서의 개점도 등록하도록 하는 등의 조치가 내려졌다. 영업시간과 품목을 제한하고 사업조정 제도의 실효성을 강화하는 등의 조치도 착착 진행되고 있다. 새로 점포를 낼 수 없는 전통상업 보존 지역의 범위는 5백 미터에서 1킬로미터로 확대되었고 지역 지정 유효기간도 3년에서 5년으로 확장되는 등 규제는 법안을 손댈 때마다 강화되었다.

영업규제에 반대해왔던 대형마트는 한국체인스토어협회를 중심으로 2012년 유통산업 발전법과 지자체들의 조례를 무효로 하는 헌법소원과 효력정지 가처분 신청을 청구하였으나, 2013년 12

월에 각하되고 말았다. 헌법재판소는 실질적인 피해가 나타나면 다시 소원을 제기하라고 판시했지만, 손실은 이미 발생하고 있는 중이어서 일단 재판을 연기하기 위해 편법을 썼다는 비판을 받고 있다. 헌법재판소는 철저하게 여론에 휘둘리는 재판을 한다는 비판에 직면해 있다. 법정마저 여론에 휘둘리게 되면 민주주의는 떼를 지어 집단만 이루면 무엇이든 할 수 있는 반법치국가가 되고 만다. 사람들은 종종 법정이 시대정신을 반영해야 한다고 말하지만, 시대정신이라는 것과 법치주의는 엄연히 다른 것이어서 고도의 지적 숙련을 거치지 않으면 이 두 가지가 어떻게 같고 다른지 구분하기조차 어렵다.

어떻든 헌법재판소까지 포퓰리즘에 매몰돼 더 이상의 유통 혁신을 봉쇄해버리고 1백년 이상이나 낡은 사업을 보존한다는 쪽의 손을 들어주고 말았다. 이는 진화를 막는 것만큼이나 어리석은 일임은 물론이다. 유통산업의 혁신은 점차 정지되고 소비자는 피해를 보며, 국가경제는 더 이상의 일자리도 혁신도 일어나지 않게 될 것이다.

보이는 것, 보이지 않는 것

사람들은 눈에 보이는 것만이 진실이라고 생각하는 버릇이 있다. 어쩌면 그것도 자연적일지 모른다. 아침에 해가 뜬다고 말할 때는 은연중 해가 하늘에서 움직이는 것처럼 생각하는 버릇이 있잖은가. 다행히도 코페르니쿠스 이후에 태어난 우리들은 태양이 움직이는 것이 아니라 지구가 정해진 궤도를 따라 태양 주위를 돌고 있다는 사실을 잘 안다. 그러나 태양이 움직이는 것처럼 말하고 그런 무의식적인 신조를 바탕으로 자연을 관찰하기 일쑤다.

우리가 골목상권의 변화나 산업의 발전 과정을 관찰하거나 직업의 생성과 소멸에 대해 생각할 때도 이런 오류를 자주 범하게 된다. 눈앞에 보이는 것만 볼 뿐, 드러나지 않은 장면과 그것의 진실에는 종종 눈을 감는 것이다. 골목에 대형 빵집이 들어서 작은 동네 빵집이 무너지는 것만 볼 뿐, 대형 프랜차이즈가 만들어내는 빵들과 그 빵을 구워내는 커튼 뒤의 보이지 않는 사람들에 대해서는 생각지 못한다. 하나의 가게가 '폐업'이라고 크게 써 붙인 지 얼마 되지 않아 그 가게 자리에는 버젓이 다른 가게가 들어와 영업을 하게 된다는 점도 우리는 자주 잊게 된다. 파리를 날리게 되는 전통시장의 상인들로부터 하소연을 듣는 것은 매우 괴로운 일이지만 그 상인의 아들과 딸이 대형마트에 취직이 되고 대형 백화점의 영업사원이 되어 열심히 그리고 즐겁게 직장생활을 하게 된다는 점은 생각하지 않는다. 봉제공장은 사라질지 모르지만 그 공장 자리는 새로 현대식 공장이나 사무실 용도로 개발이 되어 도심은 더욱 번창하고 있다는 점도 마찬가지다. 지금 우리가 알고 있는 도심의 변화나 불야성 같은 상점가들은 불과 몇 년 전만 해도 낡은 점포와 우중충한 골목길로 보기에도 누추한 그런 부도심의 뒷골목이었던 것이다. 그곳에서는 물론 많은 상인들이 실패하고 물러갔다. 그러나 더 많은 상인들이 더 좋은 시설을 갖추고 그들을 대체했다. 아니 낡은 상인들 스스로가 시설을 교체하고 서비스를 혁신하면 새로운 상인으로 거듭나기도 한다. 그게 도시의 발달이며 상업의 성장이다.

세상은 온통 사라지는 것들뿐이다. 기계를 파괴하자!

우리 모두가 그런 세계 속에서 우리의 자녀들이 더 좋은 환경 속에서 살아가기를 바란다. 동네 빵집의 고생스런 점주가 아니라 세계적인 빵집의 사장이 되어있기를 바라고 골목길의 빵집 주인이 아니라 세계인의 입맛을 결정하는 큰 식품회사의 경영자가 되어 있기를 바란다. 아무도, 심지어 동네 빵집 주인조차도, 자신의 자녀들이 하루에 두세 시간의 쪽잠을 자면서 오늘도 새벽에 일어나 생지를 반죽하기를 원치 않을 것이다. 구멍가게 주인이라면 더 말할 나위도 없다. 구멍가게 주인은 자신의 자녀들이 가게를 물려받아 전망도 없고 새로울 것도 없는 가게 한구석에서 날로 줄어드는 손님을 처량하게 기다리기를 원치 않을 것이다. 동네가게 주인이야말로 자신의 자녀가 세계적인 백화점의 점주나 경영자가 되어 있기를 바랄 것이다. 그러면서 왜 그것을 방해하고 있는 것인가?

사라지는 것을 온존시키려는 허망한 노력은 자연의 이치에 반하는 것이고 인간의 자연스런 정서에도 반하는 것이다. 가을이 왔는데 떨어지는 낙엽이 안타깝다고 겨울의 도래를 저지할 수는 없는 법. 직업의 세계는 그렇게 바뀌어가는 것이고 우리는 부지런히 지식을 갈고 닦아 새로운 직업의 선두에서 보다 고급스런 업무에 온전히 자신을 바치는 그런 기회를 우리 자녀들은 갖기를 원하는 것이다. 무성영화가 사라지고 유성영화가 생기면 당연히 변사는 직업을 잃게 된다. 버스 카드가 생기고 버스를 타는 시민들의 인식이 개선되면서 버스 안내양이라는 직업들도 모두 사라졌다. 타이핑을 치는 사무보조원도 이제는 사라졌다. 회사 경영자들조차 이제는 대부분이 직접 컴퓨터를 사용해 작업하기 때문에 타이프라이터라는 직업이 모두 사라져버린 것이다. 그러면 바보들은 세상엔 온통 사라지는 것밖에 없고 직업이나 일자리는 언제나 줄어들고만 있다고 주장할 것인가?

사실 이런 오해는 매우 오래된 오해다. 그래서 그런 오류는 거의 자연주의적 오류라고도 부를 만한 것이다. 직물산업이 빠르게 기계화되던 19세기 초 영국에서도 그랬다. 러드Ludd라는 이름을 가진 가상의 지도자를 내세운 일단의 노동자 비밀결사 그룹인 제너럴 러드General Ludd는 당시 활발하게 진행되던 기계화가 직물산업에 종사하던 노동자의 일자리를 모조리 없애고 있다고 생각하고 실로 폭력적인 기계 파괴운동을 벌였던 것이다. 역사책은 그 운동을 러드의 이름을 따서 '러다이트 운동'이라고 기록하고 있지만, 그런 오류는 언제나 되풀이되는 자연주의적 오류에 불과한 것이다.

그러나 영국은 바로 그 기계화 덕분에 세계 최강의 경쟁력을 갖추게 되었고, 결국 대영제국이라는 거대한 국가망을 만들어냈다. 아마도 러다이트 운동에 참여했던 노동자의 자녀들은 세계로 뻗어나간 국력 덕분에 큰 사업가로 성공했거나, 제국의 본부가 전 세계로 파견한 중간 관리들이 되어 영국의 명예를 드높이는 신사로 살아갔을 것이다. 우리는 사라지는 직물공장 노동자의 사실상 노예노동과 다를 바 없는 거친 직업이 사라지는 것을 안타까워하면서 러다이트 운동을 지지할 것인가?

상품의 가짓수가 결정한다

사람들은 종종 10개의 사라지는 동네슈퍼와 1개의 새로 들어서는 대형마트를 비교하면서 대자본이라는 소수가 골목길의 작은 업자라고 하는 다수를 초토화시켰다고 생각한다. 부자에 대항하는 연대에 참여하고 있다는 점에서 골목길 상권을 보호해야 한다고 생각하는 사람들은 자신이 도덕주의적 운동에 참여하고 있다는 우월감까지 갖게 된다.

그래서 그들은 대형슈퍼가 골목길에까지 밀고 들어오는 것을 "큰 것의 작은 것에 대한 부당한 침탈"이라고 생각하며 그것을 저지하기 위해 법을 만들고 도덕주의적 캠페인을 벌이는 것이다. 그러나 과연 그런 것인가? 물론 전혀 아니다.

겉으로 보기에 세상에는 언제나 사라지는 것들밖에 없다. 늘 그렇게 나빠진다. 그런데, 그런데 말이다. 세상은 또한 언제나 더 다양해지고 쇼핑가는 더욱 번화하게 변해가며 날이 갈수록 더 요란해지고 손님들로 북적이게 된다. 이는 위에서 말한 직업의 변천 과정과 정확하게 일치한다. 변사가 사라지지만 영화산업은 더욱 발전하여 더 많은 영화인을 고용하며, 타이프라이터는 사라지지만 컴퓨터를 만들거나 관련 소프트웨어를 만드는 여성 근로자는 더욱 늘어나고, 버스 차장은 사라지지만 버스카드와 인식기기를 만드는 공장이 번창하는 것이다. 더구나 지하철까지 생겨나 교통 서비스는 더욱 세밀하게 우리를 위해 봉사하고 다양한 루트를 따라 승객들을 실어 나르게 된다. 이것을 발전이라고 하지 않으면 과연 우리는 무엇을 발전이라고 말할 것인가!

　물론 우리에게 친숙한 동네 구멍가게가 사라지는 것은 아쉬운 일이다. 동네 빵집이 문을 닫는 것을 보는 것도 즐거울 리 없다. 이웃에 관심이 있고 인간에 대한 연민이 있는 사람이라면 누구라도 이런 상황을 반가워하거나 환영할 수는 없는 법이다. 그래서 우리는 그런 변화를 막아야 할까? 아니다.
　앞서 대형마트가 다루는 품목의 수는 만 가지가 넘는다고 말했다. 빵집도 마찬가지다. 파리바게트가 만들어 파는 품목 수는 동네 빵집 가짓수의 4배가 넘는다. 그게 조직화의 이점이다. 대형마트에 반해 구멍가게는 불과 2천 가지도 안 되는 품목을 관리할 뿐이다. 그렇다면 구멍가게 10개를 합치면 SSM과 다루는 품목수

겉으로 보기에 세상에는 언제나 사라지는 것들밖에 없다. 늘 그렇게 나빠진다. 그런데, 그런데 말이다. 세상은 또한 언제나 더 다양해지고 쇼핑가는 더욱 번화하게 변해가며 날이 갈수록 더 요란해지고 손님들로 북적이게 된다. 이는 위에서 말한 직업의 변천 과정과 정확하게 일치한다. 변사가 사라지지만 영화산업은 더욱 발전하여 더 많은 영화인을 고용하며, 타이프라이터는 사라지지만 컴퓨터를 만들거나 관련 소프트웨어를 만드는 여성 근로자는 더욱 늘어나고, 버스 차장은 사라지지만 버스카드와 인식기기를 만드는 공장이 번창하는 것이다. 더구나 지하철까지 생겨나 교통서비스는 더욱 세밀하게 우리를 위해 봉사하고 다양한 루트를 따라 승객들을 실어 나르게 된다. 이것을 발전이라고 하지 않으면 과연 우리는 무엇을 발전이라고 말할 것인가!

가 비슷하다고 말할 것인가. 아니다. 그렇게 계산하면 우리는 버스 안내양이 사라지는 것이 여성의 직업수를 줄였다고 말하는 것과 같다. 타이프라이터의 해고가 일자리의 감축을 말한다고 주장하는 것과 같다.

대형마트가 다루는 품목수가 1만 가지에 이른다는 것은 꼭 그만큼의 비율로 대형마트에 납품하는 상인의 숫자가 많다는 것을 의미한다. 물건을 납품하는 상인의 수는 슈퍼의 가짓수에 한정되기 마련이다. 그게 폭발적으로 불어났다. 그만큼 한두 개 품목에 사활을 걸고 있는 상인의 숫자가 많아졌고 바로 이것이 다양성의 창출이다. 보기보다 뒤에 숨겨진 훨씬 많은 상인들이 먹고 살고 있다. 대형마트를 규제하면 구멍가게보다 훨씬 많은 숫자인 독립적인 납품 상인들의 활로를 틀어먹는 것과 같다.

쌀도 마찬가지! 구멍가게는 한두 개 산지의 쌀만 가져다놓을 뿐이지만, 대형마트에 가면 거의 전국의 쌀을 다양한 도정도수에 따라 진열하고 있다. 나락 상태에서 그 자리에서 고객이 요구하는 도정도수에 따라 빻아주는 기발한 서비스까지 비로소 할 수 있게 되는 것이다. 당연히 수요가 늘어나고 생산자도 좋고 소비자도 좋아진다.

이것이 진보요, 발전이다. 대형마트가 종합적인 전산망과 통신망, 인터넷으로 통합된 재고관리를 할 수 있다는 것은 해당 상품의 생산자가 안정적인 생산 활동을 할 수 있게 해주는 것이고 더욱 그 숫자가 불어난 상인들에게 새로운 직업과 생업을 주는 것이다. 커튼 뒤에서 일어나는 이런 일들에 대한 무지는 아침에 해가 떴다고 말하면서 천동설을 주장하는 오류와 마찬가지의 오해들을 불러일으킨다. **제 눈에 안보이니까 존재하지 않는다고 생각하는 것은 얼마나 어리석은 일인가!**

청동기 시대가 이미 왔는데 돌도끼 만드는 영세업자들이 다 죽는다고 주장할 셈인가?

농민들도 반대

바로 이런 속사정이 있기 때문에 유통업 규제에 반대하는 농민들의 시위까지 터지게 된 것이다. 두부를 중소기업 전문 업종으로 지정한 것이 콩 농가의 반발을 불렀듯이, 농민들이 안심하고 거래할 수 있는 대형마트를 규제하는 유통산업 발전법이나 상생법 등에 대한 농민들의 반발도 이어지고 있다.

두부를 중소기업 전문 업종으로 지정한 동반성장위의 결정은 이런 문제들에 대한 천동설적 오류를 극명하게 보여준다. 동반위는 2011년 11월, 대기업 두부 제조사에 대해 포장 두부는 확장을 자제하고 비포장 두부는 신규 진입을 억제하며 포장용 대형 판두부는 아예 철수하도록 강제적인 사업조정을 실시했다. 말하자면 두부를 만드는 소규모 공장들이 많은데 대기업들이 이런 협소한 시장에까지 끼어들면 되느냐는 일종의 두부 생산업자들에 대한 골목상권 보호 논리였다.

그러나 채 2년이 지나지 않아 콩 생산 농가들이 들고 일어났다. CJ제일제당이나 풀무원 등 대기업 두부 제조업자들이 철수한 시장은 혼란에 빠지고 말았다. 농민회원 2천 명으로 구성된 국산콩생산자협회는 동반성장위원회를 찾아가 대기업도 자유롭게 두부를 만들 수 있도록 규제를 풀어달라고 요청하기에 이른 것이다. 국내에서 생산된 콩의 40% 이상이 두부용으로 소비되는데다, 두부시장의 80%를 CJ제일제당과 풀무원이 차지하고 있는 상황에서 이들의 철수가 바로 콩 농가들에게 직접적인 타격을 안긴 것이다. 대기업이 안정적인 유통망을 유지하면서 농가들도 비로소 안정적으로 생산 계획을 잡을 수 있었는데, 여기에 일대 혼란이 생겨버린 결과였다. 실제로 콩 소비도 줄어들었다. 대기업이 소비자들에게 다양한 판촉 행사를 하고 다양한 두부제품을 선보이면서 콩 농가들은 안심하고 콩을 증산해왔던 것인데, 대기업이 빠지면서 다양성이나 맛이나 품질에서도 두부를 찾는 소비자들의 손길이 눈에 띄게 줄어버린 것이다. [아마 지금쯤 독자들은 이 다양성이라는 단어에 대해 충분히 이해할 것이라고 본다.]

서울시의 품목 규제 천동설

지자체들이 두 눈을 부릅뜨고 대형마트 규제에 열을 올리는 가운데, 메가시티인 서울시조차 이런 움직임에 가세해 논란을 불렀다. 서울시는 소위 대형마트 판매제한품목이라는 긴 리스트를 만들어 대형마트의 장사를 방해하려는 갖은 책동을 시도했다. 물론 골목상권을 보호하고 골목의 구멍가게를 보호한다는 러다이트나 천동설적인 오류에 바탕을 둔 바보놀음이었다. 품목을 보면 야채류에서 콩, 콩나물, 오이, 애호박, 양파, 감자, 고구마, 풋고추 등 17개 품목, 신선조리식품으로는 두부, 계란, 피자 등 9개 품목, 수산물로는 갈치, 고등어, 오징어, 조개 등 7개 품목, 정육으로는 사골, 도가니 등 6개 품목, 건어물로는 오징어, 대구포, 미역, 생김 등 8개 품목, 기호식품으로는 담배, 소주, 맥주, 막걸리 등 4개 품목, 그 밖에 종량제 봉투가 포함됐다. 모두 52개 품목을 대형마트 판매금지품목으로 권고할 참이었다.

결국 이런 조치는 일부 공산품만 구입하는 사람이 아니라면 대형마트에 가지 말라는 식의 어처구니없는 강제 조치일 뿐이었다. 한 군데 장을 봐서는 김치찌개도 끓일 수 없는 것은 물론이거니와, 소주나 담배를 사려고 해도 따로따로 장을 봐야 하는 기이한 유통지옥이 만들어질 참이었다. 결국 농민들이 나서고서야 이 어처구니없는 소동은 겨우 봉합되었다. 농민들은 '유통 악법 철폐 농어민 중소기업 영세 임대상인 생존투쟁위원회'라는 긴 이름의 단체를 만들어 서울시를 항의 방문하는 등 실력행사를 벌였고 겨우 이 광란의 유통 규제를 막았던 것이다.

야채류	콩, 콩나물, 오이, 애호박, 양파, 감자, 고구마, 풋고추 등 17개 품목
신선조리식품	두부, 계란, 피자 등 9개 품목
수산물	갈치, 고등어, 오징어, 조개 등 7개 품목
정육	사골, 도가니, 등 6개 품목
건어물	오징어포, 대구포, 미역, 생김 등 8개 품목
기호식품	담배, 소주, 맥주, 막걸리 등 4개 품목
기타	종량제 봉투

영업시간 및 일수 규제

지자체 조례 뿐 아니라 '유통산업 발전법'을 개정하려는 국회에도 농민단체를 위시한 생산자와 판매업자들의 반대가 이어졌다. 영업시간이나 영업일수를 제한하는 방법은 아주 고전적인 규제였다. 소비자들의 쇼핑을 불편하게 만들어 대형마트를 찾지 못하도록 만드는 고약한 규제는 당장 반발을 불렀다. 여기에는 한국농업경영인 중앙회, 여성농업인 중앙회, 한국 토종닭협회, 한국 수산업경영인 협회 등 6개 농수축산 단체대표들이 모두 참여했다. 이들은 대형마트에 대한 영업일수 규제 등이 취해진 이후 농어업 법인들의 매출이 24%나 줄었다고 지적하고 유통법의 개악에 반대한다는 공식 입장을 발표했다.

국회가 추진했던 유통법 개정안은 강제 휴무 지정일을 한 달에 3일 이상으로 늘리고 영업 금지 시간도 오후 10시부터 다음날 10시까지 늘리도록 하는 방안이었다. 결국 변형된 러다이트 운동이었고 사라지는 것은 보지만 새로 생겨나는 것은 보지 못하는 까막눈들의 천동설이었다.

자영업자들이 너무 많다

한국의 골목길을 가득 채우고 있는 자영업자는 7백만 명이 넘는다. 가족들까지 합치면 더 많은 사람들이 골목길 자영업에 목숨을 건다. 자영업자들의 취업자 비중은 한국이 28.8%이다. 자영업 비중은 대체로 국민소득 수준이 높아질수록 떨어지고 소득 수준이 낮을수록 높아진다. 제대로 된 직장이 없을 때는 누구라도 시장에 좌판을 설치해야 하는 것이다. 그래서 소득 수준이 낮을수록 자영업 비중은 높아진다. 우리나라의 자영업자 비중은 83년에 33%로 가장 높았다가 점차 낮아지는 추세에 있다. 그러나 경기 흐름에 따라 불쑥 올라가기도 하고 되 떨어지기도 한다. 산업구조에 따라서도 크게 차이가 난다. 아무래도 오래된 선진국들은 자영업자 비중이 낮다. 사업서비스라고 부르는 지식산업 종사자들이 많아지는 것이 가장 바람직하다고 하겠으나, 사회발전이 그렇게 하루아침에 이루어지는 것은 아니다.

터키의 자영업 비중이 39.1%, 그리스 35.5%, 멕시코 34.7%를 기록하고 있는 것도 그런 이유 때문이다. 우리는 각종 사회지표를 OECD 국가에 비교하는 경우가 많은데, 자영업의 경우 한국은 터키, 그리스, 멕시코에 이어 4번째로 그 비중이 높은 국가에 속한다. 경제성장의 결과가 오랜 기간 누적되어서 안정된 사회가 된다면 자영업자 비중도 서서히 줄어든다. 우리나라는 비슷한 국민소득 국가군 중에서는 자영업자 비중이 가장 높다. 장사라도 해서 먹고산다는 식의 개념이 아직도 높다. 한국의 자영업 비중은 일본이 과거 지금의 한국과 유사한 소득수준에 있을 당시의 자영업 비중보다 높은 것으로 알려져 있다.

자영업자라는 카테고리에는 고소득 자영업자도 물론 포함되어 있다. 성형외과 의사라고 우리가 말할 때의 직업군도 그런 경우다. 최근에는 성형외과 병원도 영업이 시원치 않다고 하지만, 고급기술로 무장한 직군이어서 크게 나빠지지는 않는다. 그러나 최근 자영업자 분야에서 비명소리가 터져 나오고 있는 것은 주로 90년대 이후 제조업 비중이 체계적으로 줄어들면서 공장에서 밀려난 근로자들이 대거 자영업으로 뛰어들고 있는 새로운 환경도 큰 몫을 하고 있다. 이런 흐름은 주기적이기도 해서 97년 외환위기 이후에도 수년 동안 자영업 분야에서 창업 붐이 뜨겁게 일어난 적도 있다.

최근에는 자영업 취업자 비중이 23% 이하로 서서히 줄어들고 있는데, 이는 자영업에서 극심한 퇴출 압력이 높아가고 있는 것도 한 요인일 것이다. 퇴출 압력이 점점 높아지는 상황이니 신규 창업은 두말할 나위 없이 그 열기가 식고 있는 것이 현실이다.

골목에서는 비명소리가 터진다

대로변과 주택가 골목길을 막론하고 수도 없이 많은 간판에 외국인들도 놀란다. 거리의 간판들은 한결같이 너무나 우직스럽게 큰 것이어서, 간판을 작고 아름답게 만들기 캠페인이 일어날 정도였다. 이 수많은 간판들은 과연 상점 주인에게 그가 먹고살기에 충분한 고객을 모아주고 있는 것일까.

소상공인에 대한 정부 지원정책을 마련하기 위한 사전 조사의 일환으로 실시된 중소기업청의 조사 보고에 따르면, 한국에서는 소규모 자영업이 너무 많이 생겨났다가 너무 많이 폐업하고 있다.

지난 2004년 이후 2009년까지 5년 동안 새로 생겨난 자영업 사업체는 모두 60만 개였다고 한다. 그러나 이 기간 중 사업에 실패해서 폐업한 사례는 모두 58만 개에 달하는 것으로 조사됐다. 2011년의 경우 새로 생긴 치킨 집은 8,100개였고 사라진 치킨집이 7,600개였다. 이 수치들의 이면에 있는 것이 바로 우리네 인생이요, 삶이다. 수많은 자영업자들이 사업을 준비하고 간판을 올리고 실내 인테리어를 갖추고 손님을 위해 수도 없이 시행착오적으로 메뉴판을 준비하고 종업원을 구하고…. 그들과 함께 흘린 땀과 눈물이 그 얼마였을 것인가! 그러나 그들은 간판을 내리고 말았다.

이들이 결국 고생한 보람도 없이 가게 문을 닫을 때의 그 비참한 심정이라는 것은 누구라도 짐작하고도 남음이 있는 것이다. 그렇게 힘든 것이 자영업이다. 돈은 돈대로 날아가고 빚은 빚대로 남아서 단란한 가정의 생계를 위협하게 되는 것이다.

그렇게 소상공인이 1년 안에 폐업할 확률은 16.8%, 2년 안이 33.7%, 3년 46.1%, 5년차 62.9%, 10년차에는 무려 창업기업의 78%가 기어이 문을 닫고 마는 것이다. 10명 중 불과 두 명만이 폐업하지 않고 버티고 있거나, 그나마 자영업을 통해 생계를 꾸려가는 수준에 안착하게 되는 것이다.

버티고 있는 자영업자들이 벌어들이는 수익이라고 해봤자 실로 형편없는 것이다. 위의 조사에 따르면 한 달 평균 영업이익은 평균이 187만 원에 불과했고 월 100만 원 이하를 번다는 자영업자도 무려 17.8%에 달했으며, "100~200만 원을 번다."가 29.7%,

300만 원까지는 벌 수 있다는 응답이 23.9%에 불과했다. 이것이 자영업의 진면목이다. 물론 자영업자들을 대상으로 하는 조사라는 것은 대개가 응답에 의존하는 것이어서 업자들은 자신의 수익을 감추고 가능하면 세금을 내지 않으려는 내심의 동기를 갖고 있다는 점도 충분히 감안하여야 한다. 실제로 일부 조사에 따르면 자영업자의 대부분은 탈세를 시도하며, 그래서 우리나라 전체의 탈세의 거의 절반을 이들 자영업자들이 시도한다는 분석도 없지는 않다. 그러나 골목길 자영업자들 중에는 실제로 위기에 직면한 사람들이 적지 않다는 것이 부인할 수 없는 현실이다.

자영업 중의 자영업

대로변과 골목길의 넘쳐나는 음식점들은 더욱 그럴 것이다. 통계상으로는 음식숙박업으로 분류되지만 숙박은 비중이 5%에 그치고 그나마 일정한 규모를 갖추고 있다고 보면 골목길 자영업의 진정한 문제는 음식점들이라고 할 수 있다. 음식숙박업의 자영업 비중은 한국이 30.1%로 독일 16.9%, 캐나다 7.6%, 미국 2.7%에 비해 월등하게 높다. 그만큼 고통이 극심한 것은 당연한 결과다. 한국의 음식점들은 영세하고 종업원 수도 5인 이하가 대부분이다. 그러다보니 공급자는 많고 소비자는 소수에 불과한 구조적인 문제가 발생하게 된다. 전체 인구와 식당 수를 계산해보면 업체당 고객 수는 한국이 86.4명에 불과하다. 이런 정도의 작은 인구로 적절한 이익을 올리는 것은 무리다. 참고로 일본은 식당 한 곳당 인구가 한국의 두 배인 일본 161.7명이고 미국은 다시 일본 의 두 배인 329.1명에 달한다. 같은 조건이라면 미국 식당이 한국 식당보다 무조건 4배의 평균적인 수익을 올린다고 볼 수밖에 없는 그런 통계다.

위에서 치킨집 이야기를 했지만 치킨집들은 치열한 경쟁 때문에 심야시간대에조차 일일이 가정집 심지어 놀이터에까지 치킨을 배달해주는 등의 극단적 서비스까지 과업을 수행하듯이 하지 않으면 버텨낼 수 없다. 바로 이 때문에 롯데쇼핑이 '통큰 치킨'이라는 저가치킨을 내놨을 때 그토록 많은 골목길 자영업자들이 이에 반대하면서 그 소동이 벌어졌던 것이다.

사실 골목길 자영업자들은 다른 이유가 아니라 다만 경쟁자가 너무 많다는 바로 그것 때문에 운명적이라고 할 만한 고통을 감내하고 있다. 이는 자영업자들 스스로도 잘 알고 있는 그대로다. 위의 조사에 따르면 자영업자들 중에 자신의 경쟁상대로 대형업체를 꼽은 사람도 19%에 달했지만, 바로 자신의 가게 주변에서 영업하는 소형업체야말로 경쟁자라고 지적한 사람이 46.4%에 달했다. 인터넷 홈쇼핑도 8.2%로 조사됐다.

월마트 반대 운동

자영업 비중이 상대적으로 낮은 미국에서조차 대형 유통업체에 대한 대대적인 반대운동이 치열하게 전개되었다는 것은 기록해둘 만한 일이다. 그만큼 러다이트 운동을 방불하는 이런 종류의 천동설적 오류는 뿌리가 깊은 것이다.

이들 역시 한국의 반유통업체 운동가들과 다를 바 없는 사고 체계를 갖고 있었다. 당연히 대형 할인점은 전통을 파괴했다. 우리는 전통을 파괴하는 것을 아쉬워할 수도 있지만 바로 그것이 혁신의 본질이라는 점도 잘 알고 있다. 문제는 이 혁신이 누군가에게는 기득권의 해체나 소멸을 의미한다는 점이다. 미국의 유통혁신에도 수많은 역사적 난관들이 조성되었다.

만일 미국의 유통시장이 우리가 시카고 갱단 영화에서 보는 조그만 소매상들, 잡화점들, 머리가 벗겨진 아저씨가 앞치마를 입고 계산을 하는 그런 소매상들로만 여전히 장악되어 있다면, 오늘의 미국은 결코 존재하지 않았을 것이다. 그리고 더욱 중요한 점은 미국의 부가 점차 커져 세계의 다른 나라로 흘러넘치지도 않았을 것이다.

월마트 자신조차 예측하지 못했던 시장 파괴와 혁신의 힘이 바로 진보의 힘이요, 진화의 본질이다. 진화는 누가 예측하거나 의도한 것이 아니다. 그것은 새로운 수단과 지식에 의해 어떤 종류의 저항과 반대에도 불구하고 일어나는 일이다. 일부에서는 자본주의 4.0 등을 말하면서 진화와 기획 혹은 계획을 혼동하는 발언들을 내놓기도 했지만, 기획하거나 의식하는 변화는 결코 진화가 아니다. 진화는 계획이나 준비가 아니다. 나날의 치열한 싸움

과정에서 우리가 그것에 반대하더라도 기어이 다가오는 어떤 종류의 변화가 바로 진화다. 그래서 그것은 종종 진화라는 말보다는 적응이라는 말로도 불린다. 유통 혁신도 그런 시장의 진화의 하나였지만, 사람들은 미국에서도 한동안 치열하게 그것에 반대했다.

주장1. 지역을 파괴한다

월마트가 비난받는 이유는 세 가지다. 우선 월마트가 진출하는 도시마다 기존의 소매 점포들, 특히 독립 점포들은 사실상 초토화되었다. 월마트의 저가 전략에 버텨낼 힘들이 이들 소매 점포들에는 없었다. 대형할인 매장은 월마트가 처음이 아니었지만, 월마트만큼 유통을 잘 조직한 기업은 없었다. 창업한 지 불과 40년 만에 세계 1위의 자리에 뛰어오른 기업은 월마트밖에 없다. 지역의 소상공인들을 초토화하기 때문에 월마트는 '지역의 파괴자'라는 별명도 얻고 있다.

유스투스 뫼저가 걱정했던 지역 파괴가 대량으로 일어난다고 생각하면, 미국 내 독립점포들이 월마트의 진출에 반대했던 이유를 충분히 짐작할 수 있다.

주장2. 노동을 착취한다

월마트는 유통의 전 과정과 단계마다 '컴퓨터라이징'을 통해 노동을 단순화한다. 그래서 노동자를 저임의 착취 구조로 몰아넣는다는 비난을 받는다. 월마트에서 일하는 데는 사실 그다지 고급의 지식과 기술이 필요 없다. 노동을 잘게 분할해 '단순노동화'함으로써 1인당 인건비를 최저로 떨어뜨린다. 월마트 분석가들은 첨단 정보기술과 낮은 수준 노동력의 결합이라는 기이한 현상에 주목한다. 정보기술 시스템이 오히려 고급 노동력을 배제하는 것이다. 장비는 갈수록 첨단화하지만 노동은 단순화되고 임금은 낮아진다. 이를 두고 월마트화Walmartization라고 부르는 사람도 있다. 바코드가 바로 그런 혁신의 상징이었다. 바코드는 세계를 바꾸었고 세계적인 혁신을 불러왔다. 이것이 세계의 새로운 표준이 된 것이다.

주장3. 제조업을 착취한다

누구든 월마트와 거래하면 극심한 단가 압력을 받는다. 월마트는 "언제나 최저가"를 영업의 목표로 삼고 있기 때문에 무자비한 납품가격 삭감이 들어온다. 이점은 뫼저도 말했듯이 도시의 공장이 분업생산 방식으로 지역의 소상공업자를 파괴한다고 말하는 유사한 상황이 나타난 과정을 말한다. 그렇게 생산업자에 대한 유통업자의 확고한 우위가 월마트에 이르러 비로소 완전한 형태로 실현되었다.

청바지 생산자인 리바이스는 월마트에 납품을 시작한 지 불과 2년 만에 미국 내 공장을 닫고 말았다. 도저히 납품 단가를 맞출 수 없었기 때문이다. 리바이스는 결국 디자인만 남기고 미국 내 공장 직원들을 해고했고 모든 청바지를 해외에서 수입해 오게

됐다.

월마트는 그 특유의 바잉 파워로 미국 내 공장들을 가차 없이 문 닫게 만들었다. 물론 세계의 모든 공장들을 최저 가격을 위한 무한정의 경쟁에 몰아넣었다. 미국 공장들은 대거 중국으로 생산기지를 옮겼지만, 중국 기업 역시 납품가격과 생산비용을 낮추라는 압력을 받고 있다. 그러나 그 과정에서 중국은 비로소 산업국가로 점차 변모하기 시작했다.

웬만한 기업들은 기진맥진했다. 중국에서 불과 8달러짜리 셔츠를 만들어 월마트에 납품하고 있는 폴로도 마찬가지였다. 폴로는 더는 생산원가를 낮출 수 없다고 하소연하고 있다. 이는 의류나 봉제품에 국한된 이야기가 아니다. 컴퓨터에서부터 잡화에 이르기까지 세계 최고 수준의 기업들조차 월마트에 걸려들면 단가를 쥐어 짜일 수밖에 없다.

농산물도 마찬가지. 미국 농부들은 물론이고 제3세계의 농부들이 모두 월마트에 납품하기 위해서는 끊임없이 단가압력을 받게 된다. 에콰도르의 바나나 농장에서부터 제3세계의 대부분 농부들, 커피나 샐러드류 생산 농가 등은 누구랄 것 없이 월마트의 압력에 시달리게 된다.

우리는 그런 월마트를 비난해야 할까? 월마트는 바로 그런 힘을 통해 새로 사업을 시작한 사람에게도 기회를 준다. 싸고 좋기만 하면 누구라도 월마트에 납품할 수 있다는 것은 소규모 상공인들에게는 복음과 같은 것이었다. 월마트와 함께 세계적 기업으로

커온 기업들도 수 없이 많다. 그게 혁신의 힘이다. 초토화시키는
바로 그 힘이 새로운 시장을 일으켜 세우는 힘이기도 한 것이다.

안티 월마트

그래서 월마트에 반대하는 단체들도 많이 생겨났다. '월마트
워치'라는 단체에서부터 '정신 차려, 월마트Wake-up Walmart' '월마트
를 개혁하기 위한 동맹' 등의 다양한 단체와 운동들이 월마트 타
도를 외치면서 활동하고 있다.

안티 체인점 운동의 역사

미국에서 체인점 1호라고 하면 1859년 조지 헌팅턴 하트퍼드
라는 사람이 뉴욕 맨해튼에 차린 '대서양 및 태평양 차 회사A&P'의
첫 점포였다. 이 회사는 식료품 전 품목에 걸쳐 취급품목을 확대
하면서 체인으로 발전해갔다. 1870년에는 프랭크 울워스라는 사
람이 5센트 샵, 10센터 샵을 체인화 했다. 20세기에 들어서면 이
미 미국 내에서 모두 20개 체인점 사업자가 도합 1만개 점포를 운
영할 정도로 체인 사업은 급성장하게 된다. A&P가 15,000개, JC
페니가 1,400개, 약국 체인인 월 그린이 440개 등이었다. 물론 강
자 중의 강자였던 시어즈 로벅, 몽고메리 워드 등의 통신판매 회
사는 또 별도였다.

안티체인 운동이 막을 올린 것은 1929년이다. A&P, 크로거,

세이프웨이가 유통시장의 40%를 장악한 상황이었다. 루이지애나의 부자 W. K. 핸더슨이 안티체인점 운동의 선구자였다. 마침 증권시장의 대불황이 미국과 세계경제를 흔들었다. 체인점, 다시 말해 유통혁신의 대형마트와 체인들이 미국 경제위기를 조장하고 서민들의 살림을 파괴하며 노동자들의 임금을 삭감한다는 정치투쟁이 시작됐다.

한번 공세가 시작되자 반대여론은 요원의 불길처럼 타올랐다. 사상 첫 체인점 규탄대회에는 미국 전역에서 수천 명의 대표들이 모여들었다. 이미 그럴 조짐도 있었다. 1926년 캔저스 상원의원 아서 캐퍼는 체인점 등 전국적인 네트워크를 갖는 대형점포들이 미끼상품을 팔고 유인 가격을 제시하는 판촉활동을 금지하는 법을 제출해놓고 반유통 캠페인을 벌이던 중이었다. 1930년에는 체인스토어들이 가격을 내리지 못하도록 하는 가격유지정책이라는 이름의 법안을 제출하기도 했다. 이들 법안은 무려 6년간의 조사를 거쳐 독점금지법 위반이 아니라는 판정을 받았다. 이 가격유지법에는 수많은 제조업자들까지 가세했다. 시장의 진화에 반대하고 조합주의적 카르텔을 만들고자 하는 욕구는 이미 1920년대 미국에서 걷잡을 수 없는 불길로 타올랐다.

일본에서의 대점법

캘리-캐퍼 액트라고 이름 붙여진 제조업 지원법도 제출되었다. 이 법률은 대형 유통업자들이 점포를 개설할 때마다 점포당 별도의 개점세licence fee를 부과하고 판매액에 대해 1백만 달러당 1%1만달러의 판매세를 차별적으로 부과하는 내용을 골자로 한 것이었다. 1931년 미국 대법원은 이 법률에 대해서는 합헌 판결을 내렸다. 대형유통업들의 성장에 반대하는 〈포워드 아메리카〉라는 영화까지 개봉되었다.

원가의 인하나 가격 인하가 금지되었다. 가격을 내리지 말라는 이상한 정책이 쏟아진 것은 디플레이션 때문이기도 했다. 대공황은 루스벨트의 소위 뉴딜에도 불구하고 악화일로였다. 대공황의 먹구름이 걷히기 시작한 것은 결국 긴 시간 동안 생산 조정이 이루어졌고 2차 대전이 임박해지면서 공급 부문의 애로가 점차 해소되었기 때문이었다.

일본에서도 유사한 규제가 나타났다. 대형 유통망의 번창을 경계하자는 것은 일종의 천동설적 오류였기 때문에 미국뿐만 아니라 일본에서도 동일한 착각들을 불러일으켰다. 1973년에는 대점법이라는 유통 규제법이 만들어졌다. 대규모 소매점포를 규제하는, 한국으로 치면 유통산업 발전법의 일본판이었다. 점포 크기가 1,500 제곱미터 이상은 이 법의 규제를 받았다. 지역 가게들과 미리 사업조정 과정을 거쳐야 하는 등 SSM 규제법과 거의 유사한 형태였다. 이런 규제 때문에 일본에서는 대규모 유통점포를 개점하는 데 거의 10년이 걸린다는 말이 나오게 된 것이다. 이 법은 일본 유통업을 정체상태로 몰아넣는다는 합리적 반론들이 제기되면서, 결국 15년이 지난 1998년에 폐지되고 말았다.

유럽에서도 대부분 유사한 과정을 거쳐 대규모 유통산업을 규제하려는 법들은 폐지되고 있다. 프랑스에 아직도 남아있지만 EU법에 따라 폐지를 권고 받고 있다. 프랑스는 대규모 점포를 개설하기 위해서는 지역의 경제적 수요를 먼저 조사하고 검증받아야 한다는 규제가 있었으나, 바로 이 규정이 경쟁을 제한하지 못하도록 한 EU 규정을 위반한 것으로 해석된 것이다.

월마트가 미국을 살렸다

1962년 아칸소에서 첫 점포를 열었던 월마트는 1만 개 점포를 개설할 정도로 사세를 급속하게 확대해갔다. "Save Money, Live Better!"가 슬로건이었다. "언제나 최저가!"도 크게 내걸렸다. 고용은 급속하게 늘어났다. 팽창의 시간들이 빠르게 흘러갔다. 90년대는 미국이 신경제라고 부르는 특이한 호경기를 즐길 정도로 경제가 활짝 폈다. 생산성이 기록적으로 올라갔다. 수확체감이 아니라 수확체증의 새로운 경제학을 써야 한다는 등의 찬사들이 미국경제에 바쳐졌다. 네트워크 경제라는 신조어도 나왔다. 세계적인 컨설팅 회사인 매킨지는 이 신경제 현상이 왜 미국에서 나타나게 되었는지를 조사하기 시작했다. 그 결과는 의외였다. 미국의 기록적인 생산성 향상의 4분의 1이 월마트 한 회사가 만들어낸 것이라는 분석이 나왔다.

월마트는 자신의 고객뿐만 아니라 거래하는 기업들, 나아가 미국 제조업 전체를 혁신하도록 부추기고 강제하면서 일대 원가혁신을 가져왔고 이것이 바로 미국의 재생을 만들어낸 힘이라는 사실이 밝혀진 것이다.

월마트는 경쟁업체에 대해 40%나 생산성이 높은 회사였다. 이런 격차가 다른 기업들에게도 생산성 혁신의 동기와 에너지를 만들어냈다. 매킨지의 결론은 놀라운 것이었다. "월마트는 전 미국인들에게 그들의 소득을 2.3%나 형상시켰다!"

이것이 월마트가 만들어낸 새로운 미국이었다. 매킨지는 월마트 때문에 점포 문을 닫은 개별 독립 점포들도 조사했다. 지역경제가 어떻게 변모해갔는지도 추적 조사했다. 월마트가 진입하면서 처음에는 지역의 독립 점포들이 대거 문을 닫았다. 어느 도시든 월마트가 들어가면 도시 전체의 물가가 평균 13%나 떨어졌다. 월마트의 생산성은 다른 평균 점포들에 비해 40%나 높았기 때문에 무참하다고 할 정도로 월마트의 가격은 쌌다. 이는 엄청난 절약이었다. 독립 점포들의 폐업은 당연히 그 결과였다. 점포들은 흉물스럽게 비었고 지역경제는 일거에 악화되는 것처럼 보였다. 그러나 그것은 잠시였다. 월마트는 말 그대로 혁신적으로 낮은 가격으로 물건을 팔았기 때문에 소비자들의 호주머니가 두터워졌다. 넉넉해진 소비자들은 월마트에서 절약한 만큼의 추가 지출이 가능했다. 이 돈을 노린 새로운 가게들이 하나둘씩 생겨났다. 점포는 더 무성해졌고 한때 텅 비었던 점포들은 무언가 다른 사업을 영위하면서 소비자들을 만족시키려는 다른 점포들로 모두 채워졌다. 이게 월마트가 만들어낸 기적이었다.

연간 2천억 달러

매킨지는 월마트가 만들어낸 동력을 정확하게 파악하는 데 충실했다. 미국 전체로 월마트는 소비자들의 호주머니에 연간 2천억 달러를 떨어뜨린다고 계산했다. 이 월마트의 성공이 한국에 들어온 것이다.

여기서 잠자던 한국인의 혁신 정신이 깨어났다. 한국의 유통 혁명이 시작된 것이다. 지금 그 한국인의 유통 혁신을 오도된 여론과 여론에 떠밀린 정부가 틀어막고 있다. 월마트는 세계 1만 개 점포를 성공적으로 경영하고 있지만, 오직 한국에서는 패배자가 되어 물러났다. 그러나 27개국에 펼쳐져 있는 1만 개 점포는 인종과 국적에 상관없이 2천만 명의 고객을 매주 맞고 있다. 지금은 세계인의 호주머니에 돈을 떨어뜨리고 있는 것이다. 월마트 덕분에 잠자던 중국도 깨어났다. 중국은 저가품의 세계적 공장이었다. 월마트가 만들어낸 세계적 유통 혁명이 중국을 중산층의 나라로 만들고 있다. 우리는 도덕적 언어로나 경제적 언어로, 중국인들이 열심히 일하고 저축하고 그들의 살림살이가 현저하게 개선되고 있는 오늘의 현상에 반대해야 할 아무런 명분을 갖고 있지 않다. 세계는 초대형 유통 체인점인 월마트 덕분에 점차 평평해지고 평등해지고 골고루 잘 사는 방향으로 진보하고 있는 것이다.

세상의 거짓말에 웃으면서 답하다

초판 1쇄 2015년 9월 9일
초판 2쇄 2015년 9월 18일

지은이   정규재

펴낸이   권기대
펴낸곳   도서출판 베가북스

총괄이사 배혜진
편 집   조웅연
디자인   한시대
마케팅   배혜진, 이상화, 허영은

출판등록 제313-2004-000221호

주 소 (150-103) 서울시 영등포구 양산로3길 9. 201호 (양평동 3가)
주문 및 문의 02)322-7241 **팩스** 02)322-7242

ISBN 979-11-86137-15-4

홈페이지 www.vegabooks.co.kr
블로그 http://blog.naver.com/vegabooks.do
트위터 @VegaBooksCo   **이메일** vegabooks@naver.com